개정증보판

일본어학 개론

개정증보판

일본어학 개론

이향란 지음

어문학사

머리말

 수년간 일본어학개론 수업을 담당하면서 한권으로 끝낼 수 있는 교재가 없을까? 하고 많이 아쉬웠다. 일본어학 관련 원서는 일본어만의 특징을 서술한 것이라 한국어와 비교할 수 없어, 일선현장에서 일본어교육을 담당하고 있는 분들한테 실제로 도움을 주기는 어렵다고 생각되었다.

 특히 장래 일본어교사를 양성하는 사범대 일어교육과에서 강의를 하는 입장에서는 더욱더 아쉬운 마음이 간절했다. 게다가 우리학생들의 최대 목표인 임용고사에 도움을 줄 수 있는 책이 필요했다. 이러한 점들이 본서를 내게 된 계기가 되었다.

 본서는 다년간의 강의노트를 토대로 여러 문헌을 참고해서 만들었는데, 기존서와 다른 점은 각각의 장에서 한국어와 일본어를 비교하는 관점에서 다루었고, 또한 13년간의 임용고사 기출문제를 해당하는 내용에 기재해 두었다는 것이다.

 제1장에서는 2009년도 임용고사부터 실시된 2차 논술 문제에 대비해서 한국어와 일본어의 차이점을 음성·음운, 문자, 어휘, 의미론, 경어, 문법 등 여러 분야에 걸쳐 서술 해 두었다.

 제2장에서는 한국어와 일본어 표현을 비교했는데, 특히 한국인 일본어 학습자들이 범하기 쉬운 일본어 오용례를 품사별, 분야별로 분류해 두었다. 그리고 한일 속담과 관용구를 비교·분석해 두었다.

제3장에서는 우리말에는 한 가지 말밖에 없는데, 일본어에는 여러 말이 있는 단어를 모아 의미론적으로 접근해서 비교·분석해 두었다.

　제4장은 문자·어휘, 제5장에서는 경어, 제6장에서는 문법론을 제7장에서는 음성·음운론을 한국어와 비교해서 설명해 놓았다.

　부록에서는 각장의 부족한 내용을 보충자료로 담아 두었다. 또한 마지막 부분에 5년간(2006년 ~ 2010년)임용고사 기출문제를 실어 놓았다. 많은 참고문헌과 다년간의 강의노트를 중심으로 감히 이 책을 내게 되었지만, 워낙 방대한 내용에 전공분야가 아닌 파트가 더 많아, 부족한 부분이 많을 것으로 사료된다.

　끝으로 일본어학습자 특히 임용고사수험생, 일본어교육을 담당하고 계시는 여러분께 본서가 조금이나마 도움이 되었으면 하는 바람이다.

　본서는 2008년도 출간된 『일어학개론』을 개정증보 한 것이다.

2010년 2월 저자
이향란

목차

9 기출문제

일본어 임용고사 평가 영역 및 평가 내용 요소

구분	기본 이수 과목	평가 영역	평가 내용 요소	중등학교 교육과정 관련성
교과교육학	일본어교육론	교육과정의 이해	중, 고등학교 일본어 교육과정의 성격과 목표	고등학교-일본어 I -목표
			일본어 수업의 교수학습 방법	고등학교-일본어 I -교수·학습방법
			일본어 수업의 목표와 평가방법	고등학교-일본어 II -평가
		코스 디자인	코스디자인과 관련된 내용의 분석과 이해	고등학교-일본어 II -교수·학습방법
		교수법	제반 교수법에 대한 이해와 적용	고등학교-일본어 II -교수·학습방법
		언어의 4기능 지도법	듣기 기능의 지도법	고등학교-일본어 II -목표
			말하기 기능의 지도법	
			읽기 기능의 지도법	
			쓰기 기능의 지도법	
		언어습득 이론	제2언어의 습득이론	고등학교-일본어 I -교수·학습방법
			제2언어의 발달과정	
		평가의 이해와 적용	평가의 종류	고등학교-일본어 II -평가
			언어의 4기능 평가방법	
			평가 방법의 활용	
		교재의 분석과 적용	교재의 종류	無
			교재의 이용방법	
			교재 분석 및 작성	
	일본어학개론	문자·표기	일본어의 문자	고등학교-일본어 I -내용(쓰기)
			현대 일본어 표기법	
		음성·음운	자음과 모음의 체계	고등학교-일본어 I -내용(발음)
			음소와 변이음	
			음절구조, 악센트 및 인토네이션의 특징	
			한자의 음훈	

구분	기본 이수 과목	평가 영역	평가 내용 요소	중등학교 교육과정 관련성
교과내용학	일본문학개론	문법 (형태론)	형태소·단어	고등학교―일본어 I ―내용(문법)
			품사	
		어휘·의미	어구성과 의미	고등학교―일본어 I ―내용(어휘)
			어휘의 분류, 어종	
			의성어·의태어	
			위상어	
			현대어 속의 문어	無
		대우표현	존경어, 겸양어, 정중어, 미화어	고등학교―일본어 II ―목표
		일본문학의 시대별 특징	일본 문학사적으로 인정되는 시대별 구분과 각 시대별 특징	無
		일본 문학의 장르(종류)	일본 문학의 장르 및 종류(운문문학, 산문문학, 극문학, 문학사조 등)의 특징	無
		일본 문학의 작품과 작가	각 시대별로 유명한 작품과 작가의 특징	無
	일본어문법	구문론 (단문)	각종 구문의 특징	고등학교―일본어 II ―내용(문법)
			시제와 상	
			태	
			모달리티	
			긍정과 부정	
		구문론 (복문)	문장성분	
			종속절의 의미와 용법	
			종속절과 주절의 관계	
		담화	화법, 시점, 문체, 도치	
			구정보 / 신정보	
			지시사	

구분	기본 이수 과목	평가 영역	평가 내용 요소	중등학교 교육과정 관련성
일본어 회화	일본어 회화	커뮤니케이션 능력	사회언어능력	고등학교-일본어Ⅱ -내용(말하기)
			담화능력	
			이문화 커뮤니케이션 능력	
	일본어 작문	작문	일본어 문장 구성 능력	고등학교-일본어Ⅱ -내용(쓰기)
		번역	한일(일한)번역능력	
	일본어 강독	문장의 이해	글의 내용 파악	고등학교-일본어Ⅱ -내용(읽기)
			글의 내용 이해	
		문장의 분석	주제어 찾기	
			요약문 작성	
	일본 문화	언어행동 문화	일본인의 언어행동과 비언어행동	고등학교-일본어Ⅱ -문화적 내용
		생활문화	일상생활로서의 의, 식, 주 문화 예절	
		전통문화	대표적인 일본의 전통예술과 전통의식	
		대중문화	대표적인 일본의 대중예술과 대중놀이	
		문화교류	한일 문화교류의 흐름과 현상	고등학교-일본어Ⅱ -문화

1. 한국어와 일본어의 차이점

일본어학 교육에 있어서 한국어와 일본어를 비교해서 살펴보는 것은 한국인 일본어학습자의 입장에서는 그 의의가 크다고 본다. 그래서 일본어학의 개론적인 내용을 다루기 전에, 한국어와 일본어의 차이점을 음성·음운, 문자, 어휘·의미, 경어, 문법 파트로 나누어 간략하게 살펴보기로 한다.

01 음성·음운

1. 음절과 박(拍)

한국어는 원칙적으로 자음으로 끝나는 폐음절(閉音節)인데 비해, 일본어는 모음으로 끝나는 개음절(開音節)이다.

「ニッポン(日本)」은 「ン」으로 끝나지만 일본어의 대부분의 경우는, 「サクラ(桜)[sakɯɾa]」처럼 주로 「자음+모음」으로 끝나는 개음절(開音節, open syllable)이 많고, / kan / (缶), / gan / (癌·ガン)처럼 자음으로 끝나는 폐음절(閉音節)구조로 되어 있는 예는 극히 드물다. 반면에 한국어는 「김, 밥상, 학생, 선생님」처럼 주로 자음으로 끝나는 音節이 많다.

즉 한국어는 폐음절(閉音節 : closed syllable) 구조를 가지고 있는 음절이라 할 수 있다.

이와 같이 음절상의 차이로 일본인은 한국어를 발음할 때, 문제점이 많이 나타난다. 특히 받침이 있는 발음, 예를 들면 「맥도날드」를 「마그도나르도」라는 식으로 발음을 하게 된다.

반면 한국인은 음절 감각만 있고, 拍의 감각이 없으므로, 앞에서 지적한 것처럼 특수박인 「ン」, 「ッ」, 「ー」을 짧게 발음하는 문제점이 있다고 본다. 「ン」은 짧게 발음해도 의미상의 문제점은 없지만, 「ッ」, 「ー」은 짧게 발음하거나, 발음하지 않으면 의미상의 문제점까지 초래한다. 예를 들면 다음과 같다.

例 : イタイ(痛い) / イッタイ(一体)　　セケン(世間) / セッケン(石鹸)

　　ビル(빌딩) / ビール(麦酒)　　　カド(角) / カード(card)

　　オジ(叔父) / オージ(王子)　　　クロ(黒) / クロー(苦労)

　이러한 점으로 보아, 한국인의 일본어 음성교육상 拍의 감각을 익히게 하는 것은 매우 중요한 문제라 생각된다.

2. 모음과 자음

　일본어의 모음은 「ア[a], イ[i], ウ[ɯ], エ[e], オ[o]」 5개와 반모음 [j], [w] 2개로 이루어져, 모음이 많은 한국어(단모음 8개, 이중모음 11개)나 영어 발음 시, 상당한 어려움이 따른다. 반면, 일본어는 ウ[ɯ]를 제외한 나머지 모음은 한국어 모음과 유사하여, 한국인의 일본어 모음은 비교적 쉬운 편이다. 그러나 ウ[ɯ]는 비원순모음(非円唇母音)으로 한국어 「우[u] : 원순모음」와는 다르므로 발음에 유의해야 한다.

　한국어의 자음은 총19개로, 자음의 破裂音과 破擦音에는 평음(平音)·격음(激音, 센소리)·濃音(硬音, 된소리)의 세 계열이 있다. 평음은 약한 無声有気音, 격음은 강한 無声有気音, 경음은 無声無気音이다. 경음은 일본어 어중에 나타나는 촉음의 바로 다음 발음에 가깝다.

　즉 한국어는 유기음(有気音)과 무기음(無気音), 그리고 된소리가 의미를 구별하는 기능 즉 변별기능(弁別機能)을 가지고 있다. 예를 들면, 공[koŋ]과 콩[kʰoŋ], 동[toŋ] 통[[tʰoŋ] 똥[t'oŋ] 그리고 달[tal]과 탈[tʰal] 딸

[tʼal]이 각각 변별적인 반면, 일본어는 「か [ka]蚊모기」와 「が [ga](蛾나 방)」, 「きん [kiN](金)」과 「ぎん[giN](銀)」인가에 따라 뜻이 달라진다. 즉, 無声音과 有声音이 변별적이다.

한국어의 무기음은 어두에서는 무성음으로 발음되지만, 「감기[kamgi]」 처럼 유성음과 유성음 사이에서는 유성음으로 발음된다. 즉, 한국어는 유성음과 무성음이 뜻을 구별하는 변별기능을 가지지 못하고, 이음(異音) 관계에 지니지 않는다. 그래서 한국인은 일본어 발음 시, 예를 들면 「げた[geta]下駄」를 「けだ[keda]」로 발음하는 것처럼, 어두의 유성음은 무성음으로, 어중의 무성음은 유성음으로 발음하는 경향이 있으므로 유의해야 한다.

또한 조음점과 조음법의 차이로 한국인 일본어학습자는 「ぞうさん(象さん)·みんぞく(民族)」를 많은 학습자들이 「じょうさん·みんじょく」로 발음하는 것을 볼 수 있다. 이와 같은 현상은 한국어의 「ㅅ, ㅆ, ㅈ, ㅉ, ㅊ」 등의 발음은 일본어의 「じょ」와 같은 조음점을 가지고 있기 때문이다.

3. 악센트

한국어 표준어는 최근 연구 결과를 보면 강약과 고저악센트를 가지는 복합악센트설이 유력하다. 그러나 일본어처럼 고저악센트가 변별기능을 가지지는 못한다. 다만, 경상도 방언은 유일하게 고저악센트(Pitch(高低) Accent)가 변별기능을 가진다고 할 수 있다. 예를 들면, 다음과 같다.

진하게 표시된 박이 악센트가 높게 발음되고, 흰 부분이 낮게 발음되는 박
동서(高低)●○(同婿) / 동서(低高)○●(東西)
신문(高低)●○(訊問) / 신문(低高)○●(新聞)

양식(高低)●○(洋食) / 양식(低高)○●(糧食)

　일본어 악센트는 「하나하나의 語에 대해서 사회적 관습으로 정해진 박 (拍) 상호간에 인정이 되는 상대적인 高低 관계의 규칙」이라 할수 있다. 예를 들면, 동경방언의 2박 이상의 악센트 절에서는 「雨(アメ) : 비」의 경우는 「ア」를 높게, 「メ」쪽을 낮게 발음하고, 「飴(アメ) : 사탕」의 경우는 「ア」를 낮게, 「メ」쪽을 높게 발음한다.

　이와 같이 일본어(동경어) 악센트는 음의 고저에 의한 악센트이고, 語 또는 文節에 관하여 사회적 관습으로 정해져 있는 것이 있는데, 그 기능 으로는 語의 의미의 변별(弁別)과 문중(文中)에 있어서 語 또는 문절의 끊김을 확실히 하는 역할, 즉 통어기능(統語的機能)을 한다. 예를 들면, 다음과 같은 것이 있다.

　　　　(統語的機能) → 진하게 표시된 박이 높게 발음되는 곳이다.
(1) **カネオクレタ**(金をくれた)　　(2) カネオ**クレ**タ(金, 遅れた)
(3) ニワト**リガイ**タ(鶏がいた)　　(4) **ニワト**リガイタ(二羽, 鳥がいた)
(5) **キョーヨーガナイ**(教養がない)　(6) **キョーヨー**ガナイ(今日, 用がない)

02 문자

　한국어와 일본어는 같은 漢字漢語 문화권에 속한다. 또한 語種에 따라 복수의 문자종류(漢字와 한글 또는 仮名)의 사용분류가 있는 점 및 가로 쓰기, 세로쓰기가 있는 점도 공통된다. 그러나 띄어쓰기는 한국어에는 있 지만, 일본어에는 존재하지 않는다. 또한 한국어는 순수 한글로만 표기할

수 있지만, 일본어는 일본고유의 글자인 仮名로만 표기하기 어렵고, 주로 ひらがな, カタカナ, 漢字를 병용해서 표기한다. 이외에도 로마자, 산용 숫자, 구독점이나 괄호 등의 기호가 사용된다.

漢字는 의미를 나타내는 단위가 되기 때문에, 일본어의 표준적인 표기인 「漢字仮名交じり文(한자가나병용문)」에서는 주로 실질적인 내용의 부분, 즉 동사나 형용사, 형용동사의 어간부분, 명사 등을 나타내는 곳에 사용된다.

이것에 대해 仮名는 언어음의 기본적 단위인 음절을 나타내는 글자이다. 이러한 仮名에는 2종류의 글자가 존재한다. 즉 ひらがな와 カタカナ이다. ひらがな는 漢字로 나타내기 어려운 문법적인 관계나 기능을 담당하는 부분(용언의 활용어미, 조사, 조동사 등)을 나타내는 데에 이용한다. 그리고 음성언어를 충실히 모사할 수 있는 カタカナ는 주로 외래어 표기나 전보문에 사용되었지만, 최근에는 속어, 의성어, 의태어 표기 및 강조하고 싶은 말에도 カタカナ를 사용하는 경향이 강하다.

이상과 같은 문자의 기능 분담은 원래는 중국어를 나타내는 문자인 漢字를, 언어구조가 다른 일본어에 적용시키는 과정에서 생겨난 것이다.

03 어휘 · 의미

어휘는 한국어도 다양하지만, 일본어도 아주 세분화되어 있는 언어라 할 수 있다. 예를 들면 「생각하다」는 일본어로 「思う」와 「考える」, 「말하다」는 「言う」, 「話す」, 「しゃべる」, 「語る」, 「述べる」등으로 나눌 수 있다. 「~까지」는 「まで」와 「までに」로 나누어 사용한다. 그 외 상세한

내용은 의미론 파트를 참고했으면 한다.

음상징어는 한국어가 상당히 풍부한 언어라고 알려져 있다. 모음조화에 기인하는 모음대립이나, 격음(激音)·농음(濃音) 등을 이용하여 약 8,800語 남짓 존재한다고 한다. 일본어도 음상징어가 비교적 발달되었다고 본다.

먼저 음상징어의 크고, 작음을 나타내는 용법이 양언어가 다름을 알 수 있다. 예를 들면, 「반짝반짝」과 「깡총깡총」의 큰 동작은 「번쩍번쩍」과 「껑충껑충」이 된다. 이것은 양성모음 「아, 오」가 음성모음인 「어, 우」로 바뀌었는데, 이와 같이 한국어의 음상징어의 크고, 작음을 나타내는 것은 양성모음과 음성모음의 조화, 즉 모음조화현상이다. 양성모음은 동작이 주로 작고, 귀여움을 나타내고, 음성모음은 동작이 큰 것을 상징한다. 또한 한국어의 음상징어의 크고, 작음을 나타내는 것에는 모음뿐 아니라 자음과도 관계된다. 예를 들면 「떼굴떼굴」과 「쫄쫄(물이 흐르는 모양)」보다는 「데굴데굴」과 「줄줄」이 동작이 더 큼을 나타낸다고 볼 수 있다. 또한 「줄줄」보다는 「출출」이 더 큰 느낌을 받는다. 이것은 경음보다는 평음이, 평음보다는 격음이 더 큰 느낌을 준다고 볼 수 있다.

반면, 일본어는 「きらきら(반짝반짝)」보다는 「ぎらぎら(번쩍번쩍)」이 「ころころ(떼굴떼굴)」보다는 「ごろごろ(데굴데굴)」이 더 큰 동작을 나타낸다고 할 수 있다. 이처럼 濁音이 동작의 큼을 나타낼 뿐만 아니라, 또한 「キー〈ギー, サラサラ〈ザラザラ, トン〈ドン」의 예처럼, 濁音이 무거운 소리, 둔탁한 소리, 큰 소리, 강한 소리를 나타내는 반면에, (半濁音을 포함해서)清音은 작은 것, 가벼움, 예리함, 약한 것 등을 나타낸다.

한국어는 남성어와 여성어가 거의 구별되어있지 않지만, 일본어는 남

성어와 여성어를 어느 정도 구별하여 사용하고 있다. 예를 들어 여자 친구끼리 「ごはん食べに行きましょうね。」로 말한다면, 남자 친구끼리는 「めし食いに行こうぜ。」로 말할 것이다. 이와 같이 어휘선택이나, 종조사 뿐만 아니라, 인칭대명사, 감동사, 접두사 등에서도 남성어와 여성어의 차이점이 나타난다고 볼 수 있다. 예를 들면 다음과 같다.

女性語：あたし・お~・~わよ・~わね・~のよね・~かしら・あらまあ
男性語：ぼく・おれ・わし・おお・ほう・~ぞ・~ぜ・~な・命令文(食べろ・逃げろ)・親父・おふくろ・飯・食う・ぶっ倒す・ぶん殴る

04 경어

경어 체계는 우리말도 간단하지는 않지만, 일본어는 상당히 복잡한 체계를 가진 언어이다. 예를 들면, 아버지 친구의 전화를 받아 「아버지 지금 안계십니다」를 일본어로 그대로 옮긴다면 「お父さん今いらっしゃいません。」이 되는데, 이것을 그대로 사용한다면, 실례가 될 뿐만 아니라, 웃음거리가 된다. 올바른 일본어 표현은 「父は今おりません。」인데, 자기 집안의 사람(身内)을 타인에게 이야기할 때는 아버지라도 최대한 겸양어를 사용하는 것이 예의다. 자기 집안의 사람뿐만 아니라, 본인이 소속된 집단의 사람, 예를 들면 상사라도 타인에게 이야기할 때는 최대한 겸양어를 사용해야 한다.

즉 누구한테 경어를 사용하는가를 기준으로 한 경우, 일본어 경어는 상대경어(相対敬語)이고, 한국어 경어는 절대경어(絶対敬語)라 한다. 일본어 경어의 구체적인 내용에 관한 것은 경어 파트를 참조한다.

　한국어와 일본어의 가장 큰 유사점은 어순이 S(주어) + O(목적어) + V(서술어)로 같다는 점이다. 또한 조사의 용법에 있어서도 닮은 점이 많다.

　그러나 시제(時制 : Tense)와 태(態 : Voice)는 유사한 점도 있지만, 다른 점이 많다. 예를 들면, 우리말「오다(현재형)」와「올 것이다(미래형)」가 일본어로는「来る」밖에 표현할 수 없다. 즉 한국어는 현재시제와 미래시제가 각각 존재하지만, 일본어는 현재형이 미래형을 대신한다. 그리고 기다리고 있었던 버스가 저만치 오고 있을 때, 우리는 주로「저기 버스 온다.」라고 표현하는데, 일본어는「来た(왔다)」로 표현하고, 또 빌려갔던 책을「다음에 만날 때 주세요.」는「今度会った時、返してください。」로 각각 다른 시제를 사용함을 알 수 있다.

　일본어의 태(Voice) 중에는, 우리말에는 볼 수 없는「迷惑受身(폐가 되는 수동태)」표현과「使役受身(사역수동태)」가 존재한다. 전자의 예를 들면,「母に死なれる」,「雨に降られる」,「泥棒に盗まれる」,「赤ちゃんに泣かれる」등이 있는데, 전부 본인한테 폐가 되는 내용이고, 후자의 일례를 들면「飲ませられた(＝のまされた)」로 이것은「飲ませる(使役)＋られた(受身)」로 우리말은「억지로 술을 마시게 되었다」가 된다.

　애스펙트(Aspect)에 있어서도 양국어의 표현이 다른 경우를 볼 수 있는데, 예를 들면「점점 엄마를 닮아가네.」가 일본어로는「だんだんお母さんに似てくる。」로 표현된다. 이 외에도 일본어는「~して下さい」처럼 직접적인 표현을 잘 쓰지 않고,「~てもらいませんか(~ていただけませんか)」,「していただけると助かるのですが」처럼 완곡표현(婉曲表現)을 잘 사용한다.

일본어 특성

① 母音이 타 언어에 비하면 적다. (基本母音 あいうえお 5개)

② 주로 母音으로 끝나는 開音節構造(CV)를 하고 있다. (한국어 閉音節)

③ 特殊音素(ン、ッ、一)를 가지고 있다.

④ 高低악센트가 변별기능을 가지고 있다.

    はし●○(箸)   あつい○●○(暑い)   かう○●(買う)

    はし○●(橋)   あつい○●●(厚い)   かう●○(飼う)

⑤ 有声音과 無声音이 변별기능을 가지고 있다. (한국어는 유기음과 무기음이 변별기능을 가짐)

⑥ 語順이 한국어와 같은 SOV(주어 + 목적어 + 서술어)구조를 하고 있다.

⑦ 男性語와 女性語가 구분되어 있는 말도 있다.

    男性語 : ぼく・おれ・わし・おお・おほ・~ぜ・~ぞ

    女性語 : あたい・あたし・あら(まあ)・~わね・わよ

⑧ 직설적인 표현을 피하고 婉曲표현을 많이 한다.

⑨ 文字는 ひらがな・カタカナ・漢字를 병용한다.

⑩ 띄어쓰기가 원칙적으로 없다.

⑪ 読点(、)과 句点(。)을

⑫ 경어사용은 身内를 고려하는 相対敬語를 사용한다. (한국어는 絶対敬語)

⑬ 漢字를 읽는 방법이 여러 가지 있다. (한국은 音読)

    音読み(音 + 音) : 学校・先生・上下・父母・韓国・日本語

    訓読み(訓 + 訓) : 古川・上下・父母・草花

    重箱読み(音 + 訓) : 重箱・工場・番組・本棚・台所・気持

    湯桶読み : (訓 + 音) : 場所・見本・雨具・消印・貸室・夕刊

4. 다음은 한국어와 일본어의 차이점에 대한 설명이다. 내용이 맞으면 ○표, 틀
   리면 ×표를 하시오. (4점)

---

(1) 言語類型論では、形態論的な観点から世界の諸言語を孤立語、膠着
    語、屈折語、抱合語に分類しているが、日本語は膠着語に、韓国語
    は屈折語に分類される。

(2) 母音で終わる音節を開音節、子音で終わる音節を閉音節と言うが、日
    本語の音節は原則的に閉音節で、韓国語は開音節である。

(3) だれに敬語を使用するかを基準にした場合、日本語の敬語は相対敬語
    で、韓国語の敬語は絶対敬語であると言われている。

(4) 日本語では、会話への参加を明示的に表現する強い必要性があるか
    ら、あいづちの出現頻度が非常に高いが、韓国語では日本語より出
    現頻度が低い。

---

(1) _____ (2) _____

(3) _____ (4) _____

● **参考文献**

梅田博之(1977)「朝鮮語における敬語」『岩波講座日本語4 敬語』岩波書店

国立国語研究所(1997)「日本語と朝鮮語(上)(下)」『日本語と外国語との対照研究』
    くろしお出版

田中春美編主幹(1988)『代言語学辞典』成美堂

日本語教育学会編(1998)『日本語教育ハンドブック』大修館書店

日本語教育学会編(2005)『新版日本語教育事典』大修館書店

飛田良文編者(2007)『日本語学研究事典』明治書院

宮地裕編(1989)『日本語学要説』(講座日本語と日本語教育1)明治書院

2. 한국어와 일본어 표현 비교

　한국내에서 일본어는 시간이 흐름에 따라, 사용하는 사람들이 점점 줄
어들고 있다. 젊은 세대로 갈수록 일본어 사용이 감소되고 있다. 그러나
아직도 많은 분야에서 일본어를 그대로 사용하는 경우를 볼 수 있다. 특
히 의류분야나 건설·공사현장에서 많이 사용되고 있는 실정이다. (소데)
나시나 에리 등은 젊은 세대에서도 많이 사용한다.

1. 日常生活用語

곤로(풍로) ← 焜炉

다마(전구, 구슬) ← 玉

다라이(큰 대야) ← たらい

단스(옷장, 장농) ← 箪笥

사라(접시) ← 皿

쓰메키리(손톱깎기) ← 爪切り

오봉(쟁반) ← おぼん

요오지(이 쑤시개) ← 楊枝

와리바시(나무 젓가락)←割り箸

자부동(방석) ←ざぶとん

2. 衣類

덴싱(올이 나감) ← 伝線

뗑뗑이 가라(물방울 무늬) ← 点点柄

에리(옷깃, 칼라) ← えり

우라(안감) ←裏

우와기(윗도리)←上着

소데나시(민소매) ← 袖無 소매

몸뻬(허드레 바지) ← もんぺ

3. 일본식 외래어를 사용하는 경우

메리야스 ← メリヤス (medias)

리모컨 ← リモコン (remote control)

에어컨 ← エアコン (air conditioner)

테레비 ← テレビ (television)

프(후)라이팬 ← フライパン (frying pan)

컨닝 ← カンニング (cunning)

4. 일본식 한자를 사용하는 경우

① 생략에 의한 것

절전(節電) ← 節電 (電気の節約의 준말)

민방(民放) ← 民放 (民間放送의 준말)

② 원래 한자와는 다른 것

문맹(文盲) ← 文盲(蚊虻)

요청(要請) ← 要請(邀請)

선고(選考) ← 選考(銓衡)

③ 접(미)사에 의한 것

~화(化) ← ~化(一般化)　　~(적)的 ← ~的(一般的)

~(성)性 ← ~性　　　　　~식(式) ← ~式(西洋式)

④ 그 외

직행(直行) ← 直行, 낙승(楽勝) ← 楽勝, 주조(酒造) ← 酒造, 편승
(便乗) ← 便乗 등 일본에서 건너온 한자어는 그 수가 상당히 많다.

5. 우리말 뜻과 발음이 같은 말

무시(하다) ← 無視[muʃi]　　　　무리(하다) ← 無理[muɾi]

지리 ← 地理[tʃiɾi]   사기 ← 詐欺[sagi]

시사 ← 示唆[ʃisa]

6. 일본어 번역 투

궤도에 오르다 ← 軌道に乗る

기억이 새롭다 ← 記憶に新しい

빈축을 사다 ← 顰蹙を買う

애교가 넘치다 ← 愛敬があふれる

운이 나쁘다 ← 運が悪い

원한을 사다 ← 恨みを買う

7. 우리말과 일본어를 혼합하여 사용하는 말

마호병(보온병) ← 魔法(まほう)+병

피카번쩍 ← ぴかぴか+번쩍번쩍

☑ ぴかぴか는 뻔쩍뻔쩍 빛나다의 의태어

왔다리갔다리 ← 왔다의 (왔 + たり) + 갔다의 (갔 + たり)

닭도리탕 ← 닭 + とり+탕

☑ とり는 にわとり(닭)의 준말로 결국 駅前앞처럼 닭이 2번이나 사용되었다.

구모리하다 ← くもり(くもる(흐리다)의 連用形) + 하다

☑ 날씨가 흐리다는 의미로 노년층에서 사용되고 있다.

8. 日本語속의 우리말

チョンガー[chonga] ← 總角(총각)

ハナから[hana](처음부터) ← 하나

パッチ[paʃʃi](속바지) ← 바지

☑ 이외에도 「なら(奈良)[nara] ← 나라」와 「わっしょい! わっしょい![waʃʃoi](영차! 영차!) ← 왔어」 등의 예는, 한국어에서 일본어로 건너갔다는 설은 많지만, 아직 확실한 증거가 없는 상태다.

02 「~하다」와 「~する」

2003

14—2. 다음 문장의 밑줄 친 부분을 일본어로 고치시오. (2점)

(1) 대학을 졸업한 이래, 대학에 한 번도 가보지 않았다.

_____

(2) 두 사람의 관계가 악화된 것은 다나카씨가 약속을 지키지 않았기 때문이다.

_____

1. 「~する」가 우리말로 다양하게 대응되는 경우

臭がする(냄새가 나다)　　　　故障する(고장 나다)

音(声が)がする(소리가 나다)　　注射する(주사를 놓다)

拍手する(박수치다)　　　　　　司会(を)する(△)(사회(를) 보다)

便秘する(변비가 생기다)　　　　微笑する(△)(미소 짓다)

2. 「~하다」는 가능하나 「~する」는 사용되지 않는 경우

忠誠하다(○) → 忠誠する(×)·忠誠を誓う(○)

事情하다(○) → 事情する(×)

挙動하다(○) → 挙動する(×)

非公開하다(○) → 非公開する(×)

不参하다(○) → 不参する(×)・不参加する(○)

可能하다(○) → 可能する(×)

誠実하다(○) → 誠実する(×)

健康하다(○) → 健康する(×)

3. 「～する」는 가능하나 「～하다」는 사용되지 않는 경우

意見する(○) → 의견하다(×)・훈계하다(○)

傾斜する(○) → 경사하다(×)

強盗する(○) → 강도하다(×)

科学する(△) → 과학하다(×)

故障する(○) → 고장하다(×)

重傷する(△)・重傷を負う → 중상하다(×)

睡眠する(△) → 수면하다(×)

塩・胡椒する(△) → 소금・후추하다(×)

4. 「～하다」와 「～する」가 일치하는 경우

握手する(악수하다)	演説する(연설하다)	公開する(공개하다)
出席する(출석하다)	承認する(승인하다)	変化する(변화하다)
予習する(예습하다)	練習する(연습하다)	恋愛する(연애하다)

5. 「～하다」가「～している」와 대응되는 경우(「～する」는 불가능)

近似하다(近似している)   緊迫하다(緊迫している)

混乱하다(混乱している)　　　混雑하다(混雑している)

充実하다(充実している)　　　衰弱하다(衰弱している)

適合하다(適合している)　　　徹底하다(徹底している)

優越하다(優越している)

6. 「~되다」가「~される」로 되지 않고「~する」로 대응되는 경우

감염되다 → 感染する　　　　공통되다 → 共通する

관련되다 → 関連する　　　　둔화되다 → 鈍化する

마비되다 → 麻痺する　　　　모순되다 → 矛盾する

악화되다 → 悪化する　　　　안정되다 → 安定する

직결되다 → 直結する　　　　향상되다 → 向上する

감동되다 / 하다 → 感動する　　관계되다 / 하다→ 関係する

긴장되다 / 하다 → 緊張する　　대립되다 / 하다 → 対立する

발달되다 / 하다 → 発達する　　발생되다 / 하다 → 発生する

발전되다 / 하다 → 発展する　　안심되다 / 하다 → 安心する

성장되다 / 하다 → 成長する　　직결되다 / 하다→ 直結する

☑ 「安心される・安定される・感動される・緊張される・成長される」 등은 「~される」 형태로도 사용되나 이것은「~되다」의 뜻이 아니라「~되시다」로 경어로 사용된 경우이다.

1999

7. 次の文の中から表現のしかたにあやまったところを抜き出し、正しく書きなさい。〈2点〉

(1) 湯気を噴出する口を求めて釜の蓋をゆるぐように、数分の間を置いては大地を震わしていた。

(2) 彼は今日こそは彼女に結婚を申し込むべき彼女の家へと向かった。

2002

8−4. 다음의 (a)~(g) 문장 중에서 밑줄 친 부분이 올바른 문장 2개를 골라 기호로 쓰시오. (2점)

(a) ここは高い所だから、大水になっても<u>安全する</u>。	(e) 人間は<u>考えをする</u>動物だ。
(b) このごろのわかい人はあいさつの<u>方法</u>も知らない。	(f) あなたのそばに大きな字引きがありますね。 　<u>そのもの</u>はだれのですか。
(c) <u>自己</u>を中心にして物を考える。	(g) 3時以前は会社ですが、<u>それ以後</u>は留守になります。
(d) あの人は医者であり、また大学の<u>先生でもある</u>。	

2003

2. 다음은 한국인 일본어 학습자의 작문 오용 예이다. 밑줄 친 부분의 일본어 오류를 바르게 고쳐 쓰시오. [총 2점]

2−1. 강원도의 풍경도 <u>유명했다</u>. → 江原道の風景も<u>有名した</u>。 (1점)

2-2. 2층에서 발소리가 <u>난다</u>. → 二階で足音が<u>でる</u>。(1점)

---

1. 우리말 音은 같으나 漢字가 서로 다른 경우

(　)안의 표현은 오용례이고, → 다음의 표현이 바른 일본어이다.

〈誤用例 → 日本語表現〉

노력(<u>勞</u>力) → 努力（どりょく）　상대(相<u>対</u>) → 相手（あいて）　노동(<u>勞動</u>) → 労働（ろうどう）

2. 読み方의 誤用例

「読み方」의 오용례에서는 장・단음 문제, 탁음의 유무가 가장 많이 나타나고, 그 밖에 특이하게 발음되는 단어에서도 많이 나타났다.

〈誤用例 → 日本語表現〉

見本(けんぼん) → みほん	建物(けんぶつ) → たてもの
韓国(かんごく) → かんこく	散歩(さんぽう) → さんぽ
旅行(りょうこ) → りょこう	予約(ようやく) → よやく
住民(じゅみん) → じゅうみん	拘束(くそく) → こうそく
書留(かきどめ) → かきとめ	言語道断(げんごどうだん) →ごんごどうだん
人権(にんけん) → じんけん	柔道(ゆどう) → じゅうどう
文句(ぶんく) → もんく	一緒に(いっしょうに) → いっしょに
文字(ぶんじ) → もじ	作業(さくぎょう) → さぎょう
動作(どうさく) → どうさ	誤作動(おさくどう) → ごさどう

(임용문제)

発作(はっさく) → ほっさ　　　　操作(そうさく) → そうさ

発足(はっそく) → ほっそく　　　一切(いっせつ) → いっさい

貧弱(ひんやく) → ひんじゃく　　耐震(ないしん) → たいしん

茶道(だどう) → さどう*　　　　境内(きょうない) → けいだい

有無(ゆむ) → うむ　　　　　　　一期一会(いっきいっかい) →　いちごい
　　　　　　　　　　　　　　　　ちえ

　　☑ 「茶道」는 「ちゃどう」라는 발음도 있지만, 일반적으로 「さどう」를 더 많이 사
　　　　용한다.

3. 순서가 뒤바뀐 경우

〈誤用例 → 日本語表現〉

노고(労苦) → 苦労(くろう)

동서고금(東西古今) → 古今東西(ここんとうざい)

물품(物品) → 品物(しなもの)

시종일관(始終一貫) → 終始一貫(しゅうしいっかん)

약혼(約婚) → 婚約(こんやく)(약혼자(約婚者) → 婚約者(こんやくしゃ)・フィアンセ)

영광(栄光) → 光栄(こうえい)・栄光(えいこう)

☑ お目(め)にかかれて光栄(こうえい)です。受賞(じゅしょう)の栄光(えいこう)に浴(よく)する。
　　勝利(しょうり)の栄光(えいこう)に輝(かがや)く。등 문맥에 따라 다르게 사용됨에 주의해야 한다.

왔다갔다(来たり行ったり) → 行ったり来(き)たり

여기저기(こちあち) → あちこち

요령부득(要領不得) → 不得要領(ふとくようりょう)

위협(威脅) → 脅威(きょうい)

이러쿵저러쿵(こうだああだ) → ああだこうだ

이럭저럭(こうにかどうにか) → どうにかこうにか

이것저것(これあれ) → あれこれ

죽느냐 사느냐(死ぬか生きるか) → 生きるか死ぬか

졸병(卒兵) → 兵卒

현모양처(賢母良妻) → 良妻賢母

화초(花草) → 草花

흑백(黒白) → 白黒

4. 副詞 誤用例

〈誤用例 → 日本語表現〉

극단적으로(極端的に) → 極端に

성공적으로(成功的に) → 成功に・成功のうち

일반적으로(一般的に) → 一般に・一般的に

정상적으로(正常的に) → 正常に

바로 지금 막(すぐ今) → つい今し方

바로 근처(つい近所) → すぐ近く

바로 그것입니다(ついそれです) → 正にそれです

다시 한 번(また一度) → もう一度

자기도 모르게(自分も知らずに) → 思わず・うっかり・思わず知らず

5. 助詞 誤用例

〈誤用例 → 日本語表現〉

● 의미를 알다(意味をわかる) → 意味がわかる

● 학교를 마치다(学校を終わる) → が

● 1시간 후에(1時間後) → 1時間後に*

- 다음주에(来週に) → 来週*

- 옛날에(昔に) → 昔*

☑ *의 예처럼 우리말에는 「~에」라는 조사가 들어가는 데, 일본어에는 「~に」를 동반하는 것과 동반하지 않는 것이 있고, 또 양쪽 다 사용되는 예도 있다. 구체적인 시간을 나타내는 표현에는 「に」를 사용한다.

  1) 「に」를 동반하는 것 → 3時, 9日, 5月, 2007年 등

  2) 「に」를 동반하지 않는 것 → 先週, 来週, 今週, 先月, 今月, 来月, 去年, 今年, 来年, 昨日, 今日, 明日, 明後日, 朝, 今朝, 毎日, 午前, 午後 등

  3) 양쪽 다 사용하는 경우 → 昼, 晩, 夜, (月・火・水・木・金・土・日)曜日 등

- 선생님을 만나러 가다 (先生を会いに行く) → に

- 버스를 타고 가다(バスを乗っていく) → に

- 늘 도회지를 동경하다(いつも都会をあこがれる) → に

- 전부 3500円의 됩니다

  (全部 3500円がなります) → 全部で3500円と(に)なります

- 나중에 상담한다(後に相談する) → 後で

- 이 책은 2권에 4000엔입니다

  (この本は2冊に4000円です) → で(수량을 한정)

- 개최지는 서울로 결정되었다(開催地はソウルに決まった) → と

- 리포트는 24일까지 제출해 주세요.

  (レポートは24日まで提出してください) → までに

- 물은 100도가 되면 끓어오른다.

  (水は100度になればふっとうする) → なると

6. 用言 誤用例

〈誤用例 → 日本語表現〉

- (문제점을)가지다, 안다(問題点を<u>持つ</u>) → 問題点を抱^{かか}える

- (사고가)나다, 생기다

  (事故が<u>出る</u>・事故が<u>できる</u>) → 起きる・生じる

- (사고를)내다(事故を<u>出す</u>) → 起こす

- (감동이)일어나다(感動が<u>起きる</u>) → 起こる

- (오해를)받다(誤解を<u>もらう</u>) → 受ける

- (학위를)받다, 취하다 → 学位を<u>受ける・取る・もらう</u>

☑ 「もらう」의 특징은 학위, 장학금, 선물, 상(賞), 편지, 전화, 통지, 허가
  등 구체적인 물건, 혹은 무엇인가 남는 것에 주로 사용된다.

- 시간을 내다(時間を出す) → 時間^{じかん}を作^{つく}る

- 돈을 내다(お金を出す) → お金^{かね}を払^{はら}う

- 의견을 내다(意見を出す) → 意見^{いけん}を言^いう

- (호감을)받다, 가지다(好感^{こうかん}を<u>もらう</u>) → 持つ

- (집을)보다(지키다)(家を見る・家を守^{まも}る) → 留守番^{るすばん}をする

  (시험을)보다(試験を見る) → 受ける

  (며느리・사위를)보다(嫁^{よめ}・婿^{むこ}を見る) → 迎^{むか}える・もらう

- 가지러 오다(<u>持ちに来る</u>) → 取りにくる

- (일이)쌓이다(仕事が積^つもる) → 溜^たまる

☑ 「쌓이다」의 일본어는 「積もる」와 「溜まる」가 있는데, 「積もる」는 「雪が~」
  「塵^{ごみ}が~」등에 사용되고, 「仕事・宿題・借金^{しゃっきん}・ストレス」등에는 「溜まる」가 사
  용된다.

- 가능한 했던 것은(可能したのは) → 可能^{かのう}であったのは

- 글자가 깨지다(文字が割れる) → 文字化けする・文字が化ける
- ~날로 삼아왔다(~日に思ってきた・~日にとってきた・~日として
  育ってきた) → ~日にしてきた

☑ 「～にする」는 「～로 삼다」의 의미를 가지고 있다.

- ~를 닮다(~を似る) → に(と)似ている・に(と)似た

☑ 「～를 닮다」라고 해서 「～を似る」라 하면 안 되고, 반드시 「～ている」나
  「～た」형태로 사용해야 한다. 이러한 부류에는 「太る・やせる」등이 있다.

- (버스가)복잡하다(バスが複雑する) → 込んでいる・混雑している
- (사건 등)찾아볼 수 없다(探して見られない・訪ねて見えない)
  → 見い出せない・見つけられない
- 상상외로 다양하다(想像外に多様する) → 案外(意外と)様々で
  ある
- (성격 등이)뒤끝이 없다(後がない) → 後に残らない

☑ 「後がない」는 앞으로 희망 또는 가망이 없다는 의미이다.

- 어딘가 몸이 아프세요? (どこか体が痛いですか) → どこか悪いで
  すか・どこか具合でも悪いですか・どこか病気ですか・体の具合
  が悪いですか
  나 지금 아파요(私今いたいよ) → わたし今病気だよ
  몸이 아플 때 약을 먹다(体が痛いときに薬を飲む) → 病気のとき
  に薬を飲む

☑ 몸 상태가 좋지 않거나, 어딘가 몸이 아플 때는 「痛い」를 사용해서는 안
  되고, 「具合が悪い」나 「病気」라는 표현을 써야 한다. 「痛い」는 「歯が痛い・
  頭が痛い・おなか痛い・目が痛い・足が痛い」처럼 구체적으로 어딘가 아플 경
  우에 사용된다.

- 이 책 빌려 주실 수 있겠습니까?(この本、借りていただけません

か) → 貸して

- 잘 봐주십시오(よく見てください) → 大目に見て下さい・よろしくお願いします

- 전화 바꿨습니다(お電話替えました) → お電話替わりました

☑ 전화기를 바꾸었다는 뜻이 아니라 자기를 찾는 전화에 본인이 나왔다는 의미이다.

- 점점 닮아 가다(だんだん似ていく) → くる

- 추운 날씨였습니다(寒い天気でした) → 寒かったです

- 해마다(행사 등이) 돌아오다(年ごとに帰ってくる) → 毎年、回ってくる

7. 名詞 誤用例

① 학교와 관련된 **誤用例**

〈誤用例 → 日本語表現〉

- 개강(開講) → 始業 ↔ 終業

☑ 개강·종강·신입생 환영회 모임 등을 「コンパ(company)」라 하고, 특히 종강모임을 「終講集まり」라 하지 않고, 「打ち上げコンパ」라 한다. 대학생들의 미팅은 일본에서는 「合コン(合同コンパ의 준말)」이라 하고, 미팅(ミーティング)은 말 그대로 모임, 회합을 나타낸다.

- 교감선생님(校監先生様) → 教頭先生

☑ 교감을 教頭라 하며, 선생님이라 해서 様를 붙이면 안 된다. 先生라는 말에 존경의 뜻이 포함되어 있다.

- (논문)개요발표(概要発表) → 構想発表

- 단과대학(単科大学) → 学部

- 대학교(大学校) → 大学

☑ 일본에서는 4년제 대학교를 「大学」이라 하고, 2년제 대학을 「短大」, 고졸과 중졸을 대상으로 하는 전수학교를 「専門学校」라 부른다.

• 대리출석(代理出席) → 代返

• 반(斑) → 組

• 보충자료(補充資料) → 補足資料

• 석사(碩士) → 修士

☑ 석사과정은 「修士課程」 또는 「マスターコース」라 하며, 박사과정은 「博士課程」 또는 「ドクターコース」라 한다.

• 세미나(セミナ) → ゼミ

• 여고생(女高生) → 女子高生

☑ 우리는 여자고등학생을 줄여서 「여고생」이라 하는데, 일본어는 「女子高生」라 하며, 여대생도 「女大生」라 하지 않고, 「女子大生」라 한다.

• 요약문(要約文) → レジュメ・要約文

• 전학(転学) → 転校

• 조교(助教) → 助手

• 재수(再修) → 浪人(一浪, 二浪)

• 초등학생(初等学生) → 小学生

☑ 대학생은 「学生」라 하고 중·고등학생은 일반적으로 「生徒」라고 하며 초등학생은 「児童」라고 한다. 「小学生、中学生、高校生、大学生」라고도 한다.

• 총장(総長) → 学長

☑ 동경대를 비롯하여 일부 몇 대학에서는 총장(総長)이라는 말도 사용하기 시작했다.

• 클럽활동·특기적성교육(クラブ活動) → 部活

• 학년(学年) → 年生

- 학부형(学父兄) → 父兄
- 학점(学点) → 単位

② 먹는 것과 관련된 예

〈誤用例 → 日本語表現〉

- 곱창구이(腸焼き) → ホルモン焼き
- 미식가(美食家) → グルメ・食通・美食家
- 빙수(氷水) → カキ氷
- 새 송이버섯(新松茸) → えりんぎ

☑ 송이버섯이 「松茸」라 하여, 새 송이버섯을 「新松茸」라 하면 안 되고, 에 린기라 한다. 또 팽이버섯을 「こまきのこ」라 하지 않고, 「えのき(茸)」라 부른다.

- 소꼬리 탕(牛しっぽ湯) → テールスープ
- 식단(食単)・메뉴 → 献立・メニュー
- 아귀 탕(鮟鱇湯) → 鮟鱇なべ
- 오징어(いか) → いか・するめ・あたりめ

☑ 「いか」는 물오징어를 의미하고, 말린 오징어는 「するめ」라고 하는데, 상인 사회에서는 「するめ」의 「する」가 「身代を磨る(摩る)」(가산을 탕진하다)와 음이 같음을 꺼리어 「あたりめ」로 바꾸어 부르기도 한다. 꼴뚜기는 「飯蛸」라 하며, 일본에서는 낙지와 문어를 잘 구별하지 않고, 둘 다 「鮹」라 하는데, 굳이 구별하자면, 낙지는 「テナガダコ」, 문어는 「ミズダコ」라 한다.

- 전어(銭魚) → このしろ

☑ 홍어는 「がんぎえい」, 삼치는 「さわら」, 일본에서 잘 먹지 않는 우럭은 「きつねめばる」, 조기는 「イシモチ」, 다슬기 「川にな」, 우렁이 「田螺」, 도라지 「ききょう」, 더덕 「つる人参」이라 한다.

- 유통기한(流通期限) → 賞味期限

③ 자동차와 관련된 **誤用例**

〈誤用例 → 日本語表現〉

- 과속하다(過速する) → スピードを出す

  ☑ 스피드 위반하는 자를 경찰이 몰래 숨어 단속하는 것을 속어로 「鼠取り」
    라 한다.

- 경승용차·소형차·경차(軽乗用車·小型車·経車) → 軽車·軽

- 수동·스틱(手動·スチック) → マニュアル

- 승차감(乗車感) → 乗り心地

- 안전벨트(安全ベルト) → シートベルト

- 육교(陸橋) → 歩道橋

- 장농면허(증) → ペーパードライバー

- 전세버스(伝貰バス) → 貸し切りバス

- 주유소(注油所) → ガソリンスタンド

- 초보자(운전)(初歩者) → 初心者

④ **日常生活**과 관련된 **誤用例**

〈誤用例 → 日本語表現〉

- 내복(内服) → ばば下着

- 속옷·내의(内衣) → 下着·肌着

- 등기(우편)(登記) → 書留

  ☑ 우리는 등기우편을 「登記郵便」이라 적는데, 일본에서의 「登記」는 「家屋
    の登記」「登記簿」등에만 사용되고, 등기우편은 「書留郵便」이라 한다.

- 뜨거운 물, 더운 물(熱い水) → お湯(ゆ)

- 물수건(水タオル) → おしぼり

- 보증금(保證金) → 敷金(しききん)+礼金(れいきん)

☑ 「敷金(しききん)」은 다다미를 새로 놓은 돈(畳(たたみ)を敷(し)いたお金(かね))을 의미하고, 「礼金(れいきん)」은 사례금에 해당되는 말이다.

　일본에서는 처음에 방을 구하려면, 거의 이러한 「敷金」과 礼金을 지불해야 하는데, 나올 때는 敷金은 어느 정도 되돌려 받을 수 있지만, 礼金은 사례금에 해당되므로 되돌려 받을 수 없다.

- 부의금(賻儀金) → お香典(こうでん)・香料(こうりょう)・ご霊前(れいぜん)・御仏前(ごぶつぜん)

☑ 부의금은 위와 같이 전혀 다른 명칭으로 사용되며, 장례식 또한 「お葬式(そうしき)」라 한다. 축의금은 「お祝(いわ)い金(きん)」이라 하며, 보통 3만 엔 정도 하는데, 부의금(お香典(こうでん))은 향 값으로 내는 돈이라 보통 3,000엔에서 5,000엔정도 내는 것이 일반적이다.

- 비밀번호(은행 등)(秘密番号) → 暗証番号(あんしょうばんごう)

- 비상금(非常金) → へそくり(がね)

- 병(病) → 病気(びょうき)・病(やまい)

☑ 병이 들다, 사랑의 병의 뜻으로 흔히 病(やまい)를 많이 사용하는데, 일본에서는 전자는 病気(病気になる・病気にかかる 등)를 후자는 病(恋の病・病は気から)를 사용함에 주의한다.

- 서예(書芸) → 書道(しょどう)

☑ 우리나라에서는 붓글씨 하는 것을 「書芸」라고 하는데, 중국에서는 「書法」, 일본에서는 「書道(しょどう)」라 한다.

- 선물(膳物) → お土産(みやげ)・プレゼント・贈(おく)り物(もの)

☑ 「お土産(みやげ)」는 각 나라, 각 지방의 특산물 등을 선물하는 것이고, 「贈(おく)り物(もの)」는 주로 「お中元(ちゅうげん)」이나 「お歳暮(せいぼ)」때 선물하는 것으로 생각하면 된다. 나머지는 「誕生日(たんじょうび)のプレゼント・入学(にゅうがく)のプレゼント・お祝(いわ)いのプレゼント」등 「プレゼン

卜」를 사용하므로 주의가 필요하다.

- 술고래(酒クジラ)·술부대 → 底無_{そこな}し·飲兵衛_{のんべえ}·上戸_{じょうご}
- 술집(酒屋_{さかや}) → 飲_のみ屋_や

☑ 「酒屋_{さかや}」는 주류 판매업을 의미하고, 술을 마시는 곳은 「飲_のみ屋_や」라 한다.

- 세탁소(洗濯所) → クリーニング屋_や
- 예식장(礼式場) → 結婚式場_{けっこんしきじょう}
- 일회용(一回用) → 使_{つか}い捨_すて

☑ 「一回用」이라는 말도 사용하는데, 주로 「書きことば」에서 사용된다.

- 자동납입(自動納入) → 自動振込_{じどうふりこみ}
- 추리닝(チュリニング) → トレパン(training pants)
- 치약(歯薬) → 歯磨_{はみが}き
- 텔레비전 프로(テレビプロ) → テレビ番組_{ばんぐみ}
- 편의점(便宜店) → コンビニ(convenience store)
- 화장실(化粧室) → トイレ·お手洗_{てあら}い·化粧室_{けしょうしつ}

☑ 「化粧室_{けしょうしつ}」는 거의 문장체에서 사용되고, 대화체에서는 「トイレ·お手洗い」를 주로 사용한다.

⑤ 四字成語 誤用例

〈誤用例 → 日本語表現〉

- 방방곡곡(坊坊曲曲) → 津々浦々_{つつうらうら}
- 산전수전(山戦水戦) → 海千山千_{うみせんやません}
- 우후죽순(雨後竹筍) → 雨後_{うご}の筍_{たけのこ}
- 유비무환(有備無患) → 備_{そな}えあれば憂_{うれ}いなし。転_{ころ}ばぬ先_{さき}の杖_{つえ}。
- 이구동성(異口同声) → 異口同音_{いくどうおん}(に)

- 자초지종(自初至終) → 一部始終
- 천양지차(天壤之差) → 雲泥の差
- 팔방미인(八方美人) → 多芸多才

☑ 일본에서 팔방미인(八方美人)은 「결점이 없는 미인」과 「누구에게나 기분 좋게 대하는 절조 없는 사람」을 의미한다. 우리나라에서 사용되는 팔방미인에 해당하는 말은 「多芸多才」이다.

⑥ 직업 명칭의 誤用例

〈誤用例 → 日本語表現〉

- 간호사, 간호원(看護士, 看護員) → 看護婦

☑ 일본에서 看護士라 하면 남자 간호원을 말한다. 여자 간호원은 보통 看護婦라 한다.

- 목수(木手) → 大工
- 약사(藥師) → 薬剤師
- 요리사(料理師) → 調理師
- 우체부·집배원(郵遞夫·集配員) → 郵便やさん·郵便配達人·集配人
- 운전기사·운전수(運転技士·運転手) → 運転手
- 한의사(漢医師) → 漢方医

⑦ 시사용어 誤用例

- 구조조정(構造調整) → リストラ
- 비리(非理) → 汚職
- 신종플루 → 新型インフルエンザ

- 정상회담(頂上会談) → 首脳会談
- 퇴직(退職) → 退職・リタイア

04 한일俗談(諺)・慣用句 비교

1998

5.「手をぬく」という慣用句の意味を韓国語で書きなさい。(1점)

1999

5. 次を韓国語に訳しなさい。〈2点〉

(1) 買おうと思っているうちに、つい買いそこねてしまった。
(2) 泣きつらにはち

6. 次の語句の解釈が下に書いてある。当てはまる記号を書き入れなさい。
〈2.5点〉

(1) 鼻にかける(　　)　　(2) 寝耳に水(　　)　　(3) 目にあまる(　　)
(4) 合点がいかない(　　)　　(5) 油を売る(　　)

ア. しゃくにさわる。　　　　イ. 無道で、だまってみていられない。
ウ. しんとして、静かなようです。エ. 自慢する。
オ. 怒ったり、驚いたりした目を大きく見開く。
カ. むだ話をし、なまける。　　キ. なんとなく好きではない。
ク. 納得できない。　　　　　　ケ. 不意の出来事におどろく。

48

コ. 一生懸命に働く。

◆ 1) ~ 5)の意味に当てはまるものを選び、その記号を書きなさい。(2점)

1) 口をすべらす　　　2) 腰がひくい　　　　　　　3) ほらを吹く

4) 歯がたたない　　　5) 帯に短かし、たすきに長し

ⓐ お世辞がうまい	ⓑ 相手が強すぎる	ⓒ 中途半端である
ⓓ つい言ってしまう	ⓔ 大体程度が分かっている	
ⓕ 謙虚な態度を示す	ⓖ おおげさなでたらめを言う	

7-3. 다음 (1), (2)의 관용구에 각각 공통으로 들어갈 가장 적당한 말을 한자(漢字)로 쓰시오. (2점)

(1) □ がおけない (何の気がねもない。遠慮がない)

　　□ がない (関心がない)

　　□ がひける (何かやましい気がして遠慮がちになる)

(2) ○ に余る (黙って見ていられないほどひどい)

　　○ がない (非常にすきだ)

　　○ がまわる (非常にいそがしい)

9-3. 다음 관용구의 □ 안에 들어갈 한자(漢字)를 이용해서 4자 숙어를 만들어 한자(漢字)로 쓰시오. (2점)

• □言もない	• □橋をたたいて渡る
• うり□つ	• 足もとから□が立つ

17. ( ) 안에 들어갈 알맞은 말을 (보기)에서 골라 번호를 쓰시오. [2점]

(1) 年長者の長い間の経験は尊重すべきである。 ー亀のこうより年の(　　)。

(2) 水泳の達者な河童でも時には押し流されて ー河童の(　)流れ。
しまう。

(3) 風流より実利の方がよいというたとえ。　　ー(　)より団子。

(4) どれもこれも同じように平凡で、特にすぐ ーどんぐりの(　)くらべ。
れたものがないこと。

(5) 不幸や不運が重なることをいう。　　　　ー泣き面に(　)。

(보기) ① 背　② 花　③ 甲　④ 川　⑤ 火　⑥ 劫　⑦ 蜂　⑧ 蠅

5. 빈칸 ①과 ②에 들어갈 속담을 일본어로 쓰시오. [4점]

　　会議や交渉がうまくまとまるように、事前に関係者の間で意見調整などをしておくことを「根回し」といいます。根回しの習慣は、公的な場での対立を嫌う日本人の傾向を示しています。「右へならえ」は、ある意見や行動に自分の言動を合わせることをいいます。また、「(　　①　　)」ということわざは、「目立ちすぎると、人から憎まれたり、周囲から押さえ付けられたりする」という意味です。

A：俺さあ、今月からイタリア語とスペイン語、いっしょに勉強することに
　　したんだ。ほら、似てるじゃない、すごく。だから一石二鳥ってわけ。

B：どっちか一つにした方がいいと思うけどなあ。（　②　）、って言う
　　しねえ。

2006

10. 다음은 신체의 일부분을 사용한 관용구이다. 빈칸 ①~④에 들어갈 알맞은 동
　사를 일본어로 쓰시오. [4점]

- 手を（　①　）。：やりそこなってこりる。取り扱いにこまる。
- 足が（　②　）。：出費が予算をこえる。隠したことがあらわれる。
- 目が（　③　）。：たいそう好きである。心を奪われて思慮分別がない。
- 口に（　④　）。：あまい言葉にだまされる。盛んに人々の口にもてはやさ
　れる。

① _____　② _____
③ _____　④ _____

1. 속담(諺)

① 속담(諺) 誤用例

〈誤用例 → 日本語表現〉

- 개천에서 용 나다(川で竜が生まれる) → 鳶が鷹を生む
- 남의 떡이 커 보이다(隣の餅が大きく見える) → 隣の芝生は青い
- 모르는 것이 약이다(知らぬが薬) → 知らぬが仏
- 싼 게 비지떡(安いのがおからの餅) → 安物買いの銭失い

- 쇠귀에 경 읽기(牛の耳に念仏) → 馬の耳に念仏

- 엎질러진 물, 소 잃고 외양간 고치기, 행차 뒤의 나팔(こぼされたお水) → あとの(お)祭り・後悔先に立たず

- 호랑이도 제 말 하면 온다(虎も自分の話をすればやって来る) → 噂をすれば影が差す

② 한·일 속담이 같은 경우

- 그림에 떡 → 絵にかいたもち・高嶺の花

- 돼지에 진주·고양이에게 금화 → 豚に真珠・猫に小判

- 등잔 밑이 어둡다 → 灯台下暗し

- 범은 죽어서 가죽을 남기고 사람은 죽어서 이름을 남기다 → 虎は死して皮を留め、人は死して名を残す

- 벼는 익을 수록 고개를 숙이다 → 実る稲田は頭を垂れる

- 우물 안 개구리 → 井の中の蛙(大海を知らず)

- 원숭이도 나무에서 떨어질 때가 있다 → 猿も木から落ちる・弘法にも筆のあやまり・河童の川流れ

  (2004)

- 하룻강아지 범 무서운 줄 모르다 → 子犬虎を怖がらず

③ 그 외 자주 사용되는 속담

- 금강산도 식후경 → 花より団子(2004)

- 낮말은 새가 듣고 밤 말은 쥐가 듣다 → 壁に耳あり(障子に目あり)

- 눈에 가시 → 目の上のたんこぶ

- 아니 땐 굴뚝에 연기 나랴 → 火のない所に煙は立たぬ

- 엎친 데 덮치기(설상가상) → 泣き面に蜂(1999, 2004)

- 작심삼일(싫증나서 오래가지 못함, 또 그런 사람) → 三日坊主

- 죽도 밥도 안 된다 → おびに短したすきに長し(2001)

- 한강에서 뺨 맞고 종로에서 화풀이하다 → 江戸の敵を長崎で討つ

2. 관용구(慣用句)

① 慣用句 誤用例

〈()안은 誤用例 → 日本語表現〉

- 귀에 못이 박이다·입이 닳다(耳にたこが刺される)

  → 耳にたこができる

- 발이 넓다(足が広い) → 顔が広い

- 손을 씻다(발을 빼다)(手を洗う) → 足を洗う

- 손도 댈 수 없다, 엄두가 나지 않다(手も付けられない)

  → 手も足も出ない

- 제 눈에 안경(自分の目にめがね) → あばたもえくぼ

- 쥐꼬리만큼의 봉급(ねずみのしっぽほどの給料)

  → すずめの涙ほどの給料

- 체면을 세우다(体面を立てる) → 顔を立てる

- 콩 나물 시루 같은 버스(もやし詰めのバス) → すし詰めのバス

② 한·일 관용구의 동일한 표현

- 귀가 멀다 → 耳が遠い ↔ 耳が早い

- 눈(안목)이 높다 → 目が高い

- 뱃속이 검다 → 腹が黒い

- 손을 끊다(손을 씻다) → 手を切る

- (일)손이 모자라다 → 手が足りない

- 입이 무겁다 → 口が重い

- 코가 높다 → 鼻が高い

③ 중요 관용구
- 顎が落ちる → 대단히 맛있다
- 合点が行く → 납득이 가다(1999)
- 閑古鳥が鳴く → 파리 날리다(손님이 없음)
- 図星を指す → 핵심을 찌르다
- 止めを刺す → 최후의 일격을 가하다
- 二枚舌を使う → 일구이언하다
- 馬鹿を見る → 손해를 보다
- 腹を割る → 흉금을 털어놓다
- 自棄糞になる → 자포자기하다
- 虫がいい → 얌체다(뻔뻔스럽다)
- ふいになる → 수포로 돌아가다
- 歯が立たない → 벅차다(2001)
- 馬が合う → 죽이 맞다
- 猫をかぶる → 내숭떨다
- 頭が切れる → 머리가 좋다
- あごで使う → 부려먹다
- 世話を焼く → 여러모로 애를 쓰다
- 法螺を吹く → 허풍을 떨다(2001)

- 道草(みちくさ)を食(く)う → (도중에서)농땡이 치다
- 念(ねん)を押(お)す → 다짐하다
- ブームに乗る → 붐을 타다
- 波(なみ)に乗(の)る → 흐름을 타다
- のどから手がでる → 하고 싶은 마음이 굴뚝같다
- 油(あぶら)を売(う)る → (작업 중에)잡담을 하거나하여 게으름을 피우다(1999)
- けりをつける·けじめをつける → 결말을 짓다
- 根(ね)も葉(は)もない → 아무 근거도 없다
- 歯止(はど)めをかける → (사태의 악화나 변화를 막기 위하여)브레이크를 걸다
- 尻馬(しりうま)に乗(の)る → 덮어놓고 남을 추종하다. 덩달아서 ~하다
- 早(はや)い話(はなし)が → 간단히 말하면(즉, 결국)
- 目の黒いうち → 내 눈에 흙이 들어가기 전에(살아있는 동안)
- 鎌(かま)を掛(か)ける → 베거리를 치다. 의중을 떠보다. 넘겨짚다
- 尻(しり)ぬぐいをする → 뒤치다꺼리를 하다
- 口直(くちなお)しする → 입가심을 하다

• 参考文献

北川千里 他(1988)『外国人のための日本語例文·問題シリーズ7.助詞』荒竹出版

小山恵美子·渡辺摂(1996)『すぐに使える実践日本語シリーズ 副詞』専門教育出版

田仲正江·間柄奈保子(1996)『すぐに使える実践日本語シリーズ 慣用句』専門教育出版

水谷信子(1994)『実例で学ぶ誤用分析の方法』アルク

水野俊平(2000)『日本語作文플러스』제이플러스

森田芳夫(1983)『한국학생의 일본어학습에 있어서의 오용례』성신여자대학교출판부

横山景子·李在斗(1991)『Kopanese, 한국인이 잘못 쓰는 일본어』와이비엠시사영어사

權鍾勳·増田忠幸共著(2000)『잘못 쓰는 일본어 관용일본어』다락원

李暻洙他(2002)『239키워드로 일본어에 도전한다』다락원

허인순(2006)『오용례로 배우는 일본어1.2.3』어문학사

11. (가)는 학생이 작성한 글이고, (나)는 이에 대한 교사의 지도이다. 교사의 지도로 옳지 않은 것은?

① (가) 三週間にわたって雨が降りつづき、洪水の被害が出た。

　　(나) 「わたって」를 「かけて」에 直した 方がいい。

② (가) 彼は負けた試合のことをかんかんと悩んでいる。

　　(나) 「かんかん」을 「くよくよ」에 直した 方がいい。

③ (가) 表面がざらざらしていて、触ると非常に気分が悪い。

　　(나) 「気分」을 「気持ち」에 直した 方がいい。

④ (가) 39°Cにもなっていた体温が、注射のおかげで平熱にかえった。

　　(나) 「かえった」를 「もどった」에 直した 方がいい。

⑤ (가) 私には恋人と呼べる人はいませんが、気にする人はいます。

　　(나) 「気にする」을 「気になる」에 直した 方がいい。

　　☑ 「気持」는 어떤 상태에 처했을 때 감각에 의해서 일어나는 마음의 상태, 또는 대상에 대비하는 마음가짐 따위이다. 「気分」은 그때그때의 주위환경으로 인하여 저절로 느껴지는 감정, 또는 마음의 분위기나 축제 분위기 등을 나타낸다.

① あなたに対する<u>気持</u>は 変らない。

② 今の<u>気持</u>を聞かせてほしい。

③ 風呂に入ったら、さわやかでいい<u>気持</u>だった。(육체적인 쾌・불쾌감)

④ 風呂に入ったら、さわやかでいい<u>気分</u>だった。(정신적인 쾌・불쾌감)

⑤ 人に肩をもんでもらうと<u>気持</u>がいい。(육체적인 쾌・불쾌감)

⑥ 人に肩をもんでもらうとい<u>気分</u>がいい。(정신적인 쾌・불쾌감)

⑦ ほんの気持だけですが。

⑧ 船酔いで気持が悪い。
ふな よ

☑ 「気持」는 무언가 보고, 듣는 것에 따라 그 사람이 느끼는 쾌·불쾌, 좋고·
싫음 등(조그마한 자극이라도 변하기 쉽다. 또한 「気分」이 주로 정신적인
쾌·불쾌감을 나타내는 반면 「気持」는 주로 육체적인 쾌·불쾌감을 나타낸
다고 볼 수 있다).

⑨ もっと気分のいいときにお話ししましょう。

⑩ うきうきした気分で出かけた。

⑪ お祭り気分。

⑫ 気分がすぐれない。

⑬ 気分の悪いときは映画などを見て気分転換をする。
き ぶんてんかん

☑ 「気分」은 그 사람이 그때그때 가지는 정신적인 쾌·불쾌감 등의 종합적인
마음의 상태. 행동이 그때그때의 기분에 좌우되는 모습.

02 준비準備 / 用意 / 支度

☑ 意味論에서 ○ → 바른 표현
△ → 성립될 수도 있고 안될 수도 있는 표현
× → 성립되지 않는 표현?
? → 부자연스러운 표현을 나타낸다.

① 旅行の準備(用意・支度)をする。(○)

② 試験の準備をする。(○)、用意(△)、支度(×)

☑ 「試験の準備をする」는 「試験を行うための準備をする」와「試験を受けるための準備
をする」처럼 두 가지 의미가 있지만 「試験の用意をする」는 전자의 의미로만

사용된다.

③ 食事を準備(用意)する。（○）、支度(×)

④ 資料を準備(用意)する。（○）、支度(×)

☑ 「準備」「用意」는 「〜をする」「〜の〜をする」형태 둘 다 사용할 수 있지만, 「支度」는 보통 「〜の支度をする」라는 형태로 사용되고, 「支度する」형태는 「そろそろ支度しなさい」와 같이 회화체(주로 식사, 복장관계)에서 특히 목적어가 없는 경우에 사용된다.

⑤ 会議の準備を進める。（○）、用意(×)、支度(×)

⑥ 準備は着々と進んでいる。（○）、用意(×)、支度(×)

⑦ 準備の期間を設ける。（○）、用意(×)、支度(×)

☑ 過程에만 주목할 때 「準備」만 사용된다.

⑧ スタッフ「撮影準備完了！」監督「よし！用意！スタート」

⑨ 「用意！ドン！」

⑩ 今から書き取りをしますから、みなさん、書くものを用意してください。（○）

今から書き取りをしますから、みなさん、書くものを準備してください。（△）、支度(×)

☑ 「用意」는 「準備」보다 준비하는 시간이 짧고, 또 절박함과 긴박함을 나타낸다. 「準備」는 필요한 상태를 갖추는 것이고, 「用意」는 필요한 상태가 이미(すでに)갖추어 있는 상태, 또는 단순한 행동에 따라 갖추어지는 것을 말한다.

03

~にかけて / ~にわたって

① 台風は今晩から明日の朝にかけて上陸するそうです。

② 今月から来月にかけて休暇をとるつもりだ。

③ 北陸から東北にかけての一帯が大雪の被害に見舞われた。

☑ 장소나 시간을 나타내는 명사를 받아 2개의 지점·시점간(구간)의 의미를 나타낸다.「~から~まで(に)」와 비슷한 용법이지만, 정확하게 경계를 특정 지우지 않고, 2개의 영역에 걸쳐서 시간이나, 공간을 막연하게 문제로 삼을 경우에 사용한다.

④ 話術にかけては人より優れているという自信がある。

☑ 「そのことに関しては」라는 의미를 나타낸다.

⑤ この研究グループは水質汚染の調査を10年にわたって続けてきた。

⑥ 首相はヨーロッパからアメリカ大陸まで8ヵ国にわたって訪問してきた。

☑ 기간, 회수, 장소의 범위 등을 나타내는 말에 붙어 그 규모가 큰 모양을 나타낸다. 뒤에 「行う, 続ける, 訪れる」등의 동사가 오는 경우가 많다. 딱딱한 문장체에 많이 사용된다.

04

~について / ~に関して / ~に対して

① その点については全面的に賛成できない。

② 将来についての夢を語った。

③ 農村の生活様式について調べている。

☑ 「それに対いて」라는 의미를 나타낸다.

④ 車1台について5千円の使用料をちょうだいします。

⑤ 乗客1人について3つまでの荷物を持ち込むことができます。

☑ 수량을 받아 그 수를 단위로 하여「その単位に応じて → ～当たり(～당)」의
의미를 나타낸다.

⑥ 高さアクセントに関しては日本語の例をみればよくわかる。

⑦ 漢方医学に関しては、圓光大が有名です。

⑧ 金属工学に関しては、東北大学が有名です。

☑ 専門分野에 관하여 말할 때는 주로「～に関して」를 사용한다.

⑨ 日本語が高低アクセントであるのに対して英語は強弱アクセン
トである。

⑩ 彼に対して特別な感情を持っています。

⑪ 老人に対して、あまりにも無関心である。

☑ 대조・대상・상대 등의 의미일 때는 주로「～に対して」를 사용한다.

05 ～につれて / ～にしたがって

① 暑くなるにつれて、身体が疲れやすくなります。

② 娘は成長するにつれて、美しくなった。(○)
娘は成長するにつれて、美容師になった。(×)

③ 町の発展につれて、前になかった新しい問題が生まれてきた。

④ 設備が古くなるにつれて、故障の個所が増えてきた。

☑ 어떤 사태의 진전과 함께, 다른 사태도 진전한다는 대략적인 비례관계
를 나타낸다.「書きことば」의 경우는「～につれ」라고도 한다.

⑤ 地震発生から時間がたつにしたがって、被害の大きさが明らか
になってきた。

⑥ 仕事が進むにしたがって興味も増した。

⑦ 頂上に近づくにしたがって視野が開けてきた。

☑ 「～につれて」와 「～にしたがって」는 별다른 의미상의 차이는 없다.

⑧ 引率者の指示にしたがって行動してください。

⑨ しきたりにしたがって式をとり行った。

⑩ 上司の命令にしたがって不正を働いた。

⑪ 矢印にしたがって進んで下さい。

☑ 사람, 규칙, 지시 등을 나타내는 명사를 받아, 그것에 역행하지 않고, 지시대로 행동하다는 의미를 나타낸다.

06 오르다あがる / のぼる

① 呼ばれて二階にあがった。

② 座敷にあがる。........

③ エレベーターであがった。

④ 山に歩いてのぼる。

⑤ 川をのぼる。

⑥ 階段をのぼって二階に行く。

☑ 「あがる」는 到達点에 초점을 맞추다.(結果)
　「のぼる」는 経路에 초점을 맞추다.(経過)

⑦ 荷物がクレーンに吊されてあがっていった。

⑧ 遮断機があがった。

⑨ さっと五・六人の手があがった。

☑ 「のぼる」는 자신이 움직일 수 있는 것의 전체적인 이동을 나타내지만, 「あ

がる」には 이러한 제한은 없다.

⑩ 大雨で川の水面があがった。(기점에서 이탈)

⑪ この線は左が少しあがっている。(기점에서 이탈)

⑫ 湯からあがる。

⑬ 貸家から月々家賃があがる。

⑭ 大勢の前であがってしまった。

☑ 예문 12, 13, 14의「あがる」는 처음의 상태(기점)를 벗어나는 것을 나타낸다.

⑮ 学校にあがる。

⑯ 血圧があがった。

⑰ 頭に血がのぼった。

⑱ 雨があがった。(○)

　　雨がやんだ。(○)

⑲ 仕事は5時であがった。(完了)

　　仕事は5時で終った。

☑ 예문15~19는 비연속적 이동·완료를 나타낸다.

⑳ 火の手(煙·悲鳴)があがる。

㉑ あの人のことが噂にのぼった。

㉒ 能率(効果·名·腕)があがる。

☑ 예문 20, 21, 22는 위로 이동을 나타낸다. 예문10~22는 넓은 의미에서 공간적인 이동 및 관용어법을 나타낸 것이라 할 수 있다.

2001년도 임용고사

17.「思う」와「考える」의 意味上 주된 차이점을 예를 들어 설명하시오.(한글로 답할 것, 100字 내외) (2점)

① ぼくはこれは間違いだと思う。(○) (思っている(○))

　　ぼくはこれは間違いだと考える。(○) (考えている(○))

② ぼくは彼女は来ないと思う。(○) (考える(○))

③ 彼は彼女は来ないと思っている。(○) (考えている(○))

　　彼は彼女は来ないと思う(×) / 考える。(×)

☑ 主体가 話者이외의 사람인(彼)경우에는 기본형을 사용하지 못하고 「～ている」형태만 사용할 수 있다.

④ ぼくはドイツ語がわかる。(○)

　　彼はドイツ語がわかる。(○)

☑ 「わかる」의 主体는 「ぼく」「彼(第3者)」양쪽 다 기본 형태로 사용할 수 있다.

⑤ 頭の中で思う。(×)　　　　頭の中で考える。(○)

⑥ 心の中で思う。(○)　　　　心の中で考える。(×)

☑ 「思う」는 「心の働き」이고, 「考える」는 「頭の働き」이다.

⑦ 不安に思ったが、暫く考えた後でやりはじめた。(○)

　　不安に考えたが、暫く思った後でやりはじめた。(×)

⑧ くやしい(辛い・恐ろしい・悲しい・寂しい)と思う。(○)、

　　考える(×)

⑨ 痛い(かゆい・寒い・暑い・はっと・おやっと)と思う。(○)、

　　考える(×)

⑩ じっくり(一生懸命・とくと・論理的に)思う。(×)、考える(○)

⑪ 数学の問題を思う。(×)、考える(○)

⑫ 恋人(故郷)のことを思う。(○) → heart♡ 心

　　恋人(故郷)のことを考える。(○) → head 頭

⑬ 明日雨だと思います。（○）→ 直覚的・情緒的인 판단

　明日雨だと考えます。（○）→ 過程的・論理的인 판단

⑭ この人骨は縄文期のものだと考えます。

☑ 「思う」는 情緒的・直覚的(感覚的)인 것에 대하여 「考える」는 過程的・論理的

　이다.

08 알다·わかる / 知る

① 彼はまだ酒の味を知らない。（経験）

② 犯人がだれか私は知りません。（知識）

③ 韓日戦でどっちが勝ったか知っていたら教えてください。（知識）

④ 彼らは戦争の恐ろしさを本当に知ってはいない。（経験）

☑ 「知る」는 주로 経験이나 知識에 의한 것이 많고, 学習에 의해 외부에서 지
　식을 획득하는 것 → 意志的인 行為가 많다

⑤ 問題が難しすぎて、僕にはわからない。

⑥ 筆者が何を言わんとしているかよくわからぬ。

⑦ 辞書を引けばわかるだろう。

⑧ 曖昧だったところが、先生の説明を聞いているうちにわかって

　きた。

⑨ 周りが暗くてどこにスイッチがあるのかわからない。

☑ 「わかる」는 들어서 理解하다, 읽어서 理解하다. 즉, 파악한 대상의 내용이
　해. → 無意志的인 行為

⑩ あの人、だれかわかる?

⑪ 彼の住所わかるかなあ。

☑ 인물의 실태를 어떠한 수단으로 파악할 수 있는가 없는가를 문제로 삼고

있다.

⑩ あの人、だれか知っている?

⑪ 彼の住所知っているかい? 知ってるよ。 / いや、知らない。

☑ 단지 頭腦의 존재 여부를 답할 뿐이지, 아는(知る)手段은 問題가 되지 않는다.

⑫ 実験によってわかった。

☑ 불확실한 내용이 실험에 의해 확실하게 되다.

⑬ 実験によって知った。

☑ 実験을 통해 새로운 知識을 獲得하다.

09 남다 あまる(余る) / のこる(残る)

① ご飯がのこった。(○)

　ご飯があまった。(○)

② ゆうべのご飯がまだのこっている。(○)

　ゆうべのご飯がまだあまっている。(×)

③ 僕はここにのこる。傷あとがのこる。相撲「残った! 残った!」

　彼の顔には子供の頃の面影がのこっている。

　生きのこる / 売れ残る / 焼け残る

☑ 「のこる」는 계속 존속하다(時間의 経過, 存続)는 의미를 가지고 있다.

④ 一人あまっちゃうな!

⑤ 15を2で割ると7が立って1あまる。

⑥ お金が3,000円のこった。(○) → 일정액에서 남은 부분

　お金が3,000円あまった。(○) → 必要量을 초과한 부분(여유분)

⑦ 目にあまる行為 / 身にあまる光栄 / 手にあまる仕事 / ありあま
  る財産

☑ 「あまる」는 必要量(最大限度)를 초과하다는 의미를 내포하고 있다.

10 말하다言う / 話す / 喋る / 述べる / 語る

1. 言う・話す・喋る

① ひとりごと(せりふ・早口ことば)を<u>いう</u>。(○) 話す(×)

② 男は「キャッ」<u>といって</u>ベットから落ちた。(○) 話す(×)

☑ 「言う」에는 전달기능은 없다. 즉 「言う」는 전달을 목적으로 하지 않고, 단
  순히 「말이나 음성을 발하다」라는 表出의 기능을 가지고 있다. 듣는
  상대를 의식하지 않는 발화에도 사용된다.

③ 彼女は素直(すなお)にうなずいて「はい」<u>といった</u>。(応答)(○) 話す(×)
  彼女は結局行くのはよす、<u>といった</u>。(화자의 意志나 命令을 나
  타내는 말)(○) 話す(×)

④ 冗談(じょうだん)(お世辞(せじ)・うそ・悪口(わるぐち)・皮肉(ひにく)・出任(でまか)せ)を<u>いう</u>。(○) 話す(×)

⑤ ゆかたを着てみんなで花火を見に行ったわと母さんが<u>話した</u>。
  (○) 言った(○)

⑥ 体験(たいけん)(思出)を<u>話す</u>。(○) 喋る(○) 言う(×)

☑ 「言う」는 말을 表出하는 것.(一方的)
  「話す」는 사물의 내용을 말로써 묘사적으로 설명, 전달하는 것이다(상대를
  의식하고 있다).

⑦ 暇(ひま)さえあればべらべら<u>喋る</u>。(○) 話す(?)

⑧ よく<u>しゃべる</u>やつだ。下らないお<u>しゃべり</u>。

☑ 「喋る」는 「言う・話す」와 비교해 보다 담화적이고, 단순한 表出에는 이용되

68

지 않는 점에서는 「話す」와 공통된다. 또한 「喋る」는 말 수가 많고, 내용이 없는, 자제할 수 없는 것과 같은 <u>마이너스적인 평가</u>가 가해지는 경우에 잘 이용된다.

2. 述べる・語る

☑ 「言う・話す・しゃべる」와 비교해서 문체적으로 「형식적 격식 차림」 특징을 지니고 있다.

⑨ 知事は「<ruby>地震<rt>じしん</rt></ruby><ruby>対策<rt>たいさく</rt></ruby>を<ruby>真剣<rt>しんけん</rt></ruby>に考える必要がある」と<u>述べた</u>。(○)

　語った(○) → 공적인 장면

⑩ 彼は私に子供の頃の思い出を<u>語った</u>。(○)　話した(○)　述べた

　(×) → 사적인 장면

☑ 「述べる」는 공적인 장면을 전제로 하지만, 「語る」는 특히 제한을 가지지 않는다.

⑪ 結婚式でお祝いのことばを<u>述べる</u>。(○) 語る(×)

☑ 「述べる」는 表出되는 것이 「言う」와 같은 말인 것처럼 보이나 「冗談・お世辞」 등에는 사용할 수 없다.

⑫ 祝辞(弔辞)を述べる。(○) 言う(×)

☑ 「述べる」는 표출된 내용도 정돈된 것이고, 그것을 전개하듯이 표출하는 것이라 할 수 있다. 또 「述べる(言う)」는 일방적인 전달이고, 「語る(話す)」는 상대방을 의식한 행위라 할 수 있다.

---

11 일단 / 우선 / 그때그때 / 그럭저럭

17. 〈例〉の( )の言葉がどちらも使えるものは? [2.5점]

〈例〉

ㄱ しばらくすると雨は(さらに / もっと)激しく降ってきた。

ㄴ (せっかく / わざわざ)準備したのだから、雨でも出かけましょう。

ㄷ コネで採用は決まっていたが、(とりあえず / いちおう)テストは受けてきた。

ㄹ あの人は、日本I語が(全然 / けっして)わからないだろうか。

ㅁ 私の給料では、軽自動車を買うのが(やっと / ようやく)です。

ㅂ お礼を言いに行ったのに、(むしろ / かえって)ごちそうになってしまった。

① ㄱㄴ   ② ㄱㄴㄷ   ③ ㄱㄴㄷㄹ

④ ㄱㄴㄷㄹㅁ   ⑤ ㄱㄴㄷㄹㅁㅂ

① いちおう免許は持っているんだけれど、車がなくて。(○) とりあえず(×)

② 薬を飲んで3時間寝ていたらいちおう熱も下がりました。(○) とりあえず(×)

③ このテレビいちおう見えるね。(○) とりあえず(×)

④ 嵐もいちおうおさまった。(○) とりあえず(×)

⑤ これでもいちおう学生です。(○) とりあえず(×)

   ☑ 「いちおう」의 특징은 불충분하지만, 最低限의 基準을 充足시키는 행위라고 말할 수 있다. 意図的이지는 않다.

⑥ とりあえず焼鳥三人前とビール三本にしておこう。(○) いちおう(?)

⑦ 読者に示すために、とりあえずこのところ何ヵ月分かにあたる年表を入れることにした。(○) いちおう(×)

⑧ とりあえず目についたものだけは何冊か手に入れておいた。(○) いちおう(○)

⑨ 洗濯機・冷蔵庫・掃除機など買いたい電気製品がいっぱいあったが、とりあえず洗濯機を買うことにした。(○) いちおう(×)

70

⑩「10万円貸してくれないか」じゃとりあえず2万円渡しておこうか。(○)

　じゃとりあえず8万円渡しておこうか。(?)

　☑ 「とりあえず」は 인간의 意図的인 行為에 사용된다.

　　그 때의 상황에서 뭔가의 이유로 어떤 행위를 먼저 행한다는 특징을 가진
　　다. 비중이 가벼워 비교적 행하기 쉬운 것부터 하는 특징을 가지고 있다.

⑪ a.とりあえずご報告まで(○)　　　a.とりあえず御礼まで(○)

　　b.いちおうご報告まで(○)　　　b.いちおう御礼まで(×)

　☑ 「報告」라면, 그 내용이 報告로서 最低限의 基準을 충족시키고 있다.「御礼」
　　는 「いちおう」로는 感謝의 마음을 나타내지 못한다.

　☑ 「とりあえずご報告・御礼まで」의 「とりあえず」의 용법은 소위 「決まり文句(정해
　　진 어구)」로, 그 후의 행위는 막연하게 암시되는 것이지만, 실제로는 아
　　무것도 하지 않는 것이 보통이다.

⑫ いちおう東大に受かりました。→「겸손」

⑬ いちおう調べることは調べたんですが… →「책임회피」

⑭ いちおう食事は済みましたが、お伴しましょうか →「상대에 대한 배려」

12 까지まで / までに

2001년도 임용고사

3. 次の問いに答えなさい。(총 4점)

◆ ( )の中に入る最も適当な言葉を選び、その記号を書きなさい。(1점)

1) 銭湯は夜10時(ⓐまで ⓑまでに)ですが、2) 9時(ⓐまで ⓑまでに)入らな
ければなりません。3) 君が寝ている(ⓐあいだ ⓑあいだに)地震が3回もあっ
たよ。

まで：いつまで続けますか。　　　　　どこまで行っても山ばかりだ。

3時まで走った。　　　　　　東京まで飛行機で行く。

3時まで休憩します。　　　　3時まで働く / 眠る / 勉強する。

お昼までこれを続けて下さい。

☑ まで：到達点을 確実히 함과 同時에 그때까지의 動作·状態가 계속되는 것을 나타낸다. 그 이후는 그 結果의 状態가 계속되지 않는다.

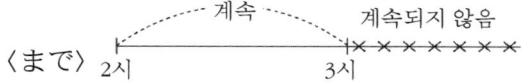

〈まで〉

まfでに：3時までには起きて下さい。

3時までに帰る / 来る / 始まる。

5日までにレポートを提出してください。

5時までにこれをすませて下さい。

列車が東京につくまでに食事をすませて下さい。

☑ までに：어느 한 점을 지정하여, 그 시점 이전에 일어나도 좋지만, 늦어도 그 시점까지는 동사로 나타나는 사태가 실현되고, 그 이후는 그 결과의 상태가 계속되는 것을 나타낸다.

〈までに〉

練習問題

1. 明日7時(まで・までに)ここに来てください。

2. 昨日は10時(まで・までに)ずっと勉強しました。

3. 今日は9時(まで・までに)たっぷり寝たからとても元気です。

4. 銀行は3時(まで・までに)ですが、2時半(まで・までに)入らなければ

お金を出すことはできません。

5. 明日、クラスに来る(まで・までに)このページの単語を全部覚えて来て下さい。

6. 機械は動かなくなる(まで・までに)使うことにしている。

7. 二十歳になる(まで・までに)お酒を飲んではいけない。

8. 雨がやむ(まで・までに)仕事を片付けてしまおう。

9. 二十歳になる(まで・までに)将来の職業を決めなさい。

10. 明日(まで・までに・までで)いいからその本を貸して下さい。

---

13 때문에から(니까) / ので(어서)

① この別荘は山のふもとにあるので、すずしいです。

② 大邱は盆地なので夏は暑くて冬はとても寒い。

☑ 객관적인 文에서는 주로 「ので」가 사용된다.

③ 支払いを決して遅らせなかったので、大いに信用を得た。

④ ろくに栄養のあるものも食べなかったのでやせてしまった。

☑ 부정형에 呼応하는 陳述副詞인 「けっして、ろくに、ちっとも、とうてい」와 「じつに、とにかく、まことに、やっぱり」 등의 副詞가 포함되는 文에서는 주로 「ので」가 사용된다(南不二男).

⑤ おなかがすくから、食べ物を持って行きましょう。(○)

　　おなかがすくので、食べ物を持って行きましょう。(?勧誘)

⑥ 危ないから、この線から前に出てはいけませんよ。(○)

　　危ないので、この線から前に出てはいけませんよ。(?禁止)

⑦ 空がだいぶ暗くなってきたから、雨が降ってくるかもしれませ

ん。(○)

空がだいぶ暗くなってきたので、雨が降ってくるかもしれません。(?推量)

⑧ 雨が降っているから、遠足は中止しよう。(○)

雨が降っているので、遠足は中止しよう。(?意志)

⑨ すぐ行くから、待ってなさい。(○)

すぐ行くので、待ってなさい。(?命令)

☑ 勧誘, 禁止, 推量, 意志, 命令 등의 표현에는 「ので」는 부자연스럽고 「から」가 자연스럽다.(「?」는 문이 부자연스럽다는 것을 나타낸 것이다.)

⑩ 都心でわりに便利のいいところです(から / ので)一度ぜひよって下さい。

⑪ 私ども住み慣れた仙台から名古屋へ転校しました(から / ので)ご通知いたします。

⑫ お茶を入れます(から / ので)どうぞお上がり下さい。

☑ 격식을 차린 依頼・意向의 표현에는「ので」가 잘 사용된다.

☑ 객관적인 표현인「ので」를 사용하면, 정중하고 부드러운 표현이 되고, 다음에 접속되는 정중한 형태의 표현과 잘 상응(照応)한다(永野賢).

⑬ 去年山へ行ったから、泳ぐことができませんでした。
  解説　　　　　　　　　　　テマ

Last year I went to the mountains, <u>SO I COULD NOT SWIM</u>.

⑭ <u>去年山へ行ったので</u>、泳ぐことができませんでした。
  テマ　　　　　　　　　　　解説

Last year I could not swim <u>BECAUSE I WENT TO THE MOUNT-</u>

<u>AINS</u>

☑ 「から」의 경우는 後件이 테마이고, 前件이 그 解説이다.

「ので」의 경우는 前件이 테마이고, 後件이 그 解説이다.

⑮ 熱がある<u>ので</u>学校を休むから、伝えておいてください。

☑ 「から」는 「ので」를 포함할 수 있지만, 그 逆는 안 된다.

⑯ <u>電車が遅れました</u>ので学校に遅れました。(단순한 사실의 기술)
　　　테마

⑰ 電車が遅れましたから<u>学校に遅れました</u>。
　　　　　　　　　　　테마

　(전면에 이유를 내세워 내 잘못이 아니다라는 뉘앙스 포함)

14 条件表現 と / たら / ば / なら

26. (가)~(마)의 조건표현에 대한 설명으로 적절하지 않은 것은?[2.5]

(가) この地域は月になると、雪が降ります。

(나) 国境の長いトンネルを抜けると、そこは雪国だった。

(다) あと円あれば、この財布が買えるのに。

(라) 適当なものがあったら、買ってきてください。

(마) 飲んだら、乗るな。乗るなら、飲むな。

---

① (가)는、一般に前件が成立すれば後件も成立する事柄を表す。 この例では、『ナラ』は使えない。

② (나) は、前件と後件がすでに実現された事柄を表す。 この例では、『ラ』も使える。

③ (다)は、現実とは異なる事柄を仮定する条件文である。 この例では、『タラ』も使える。

④ (라)は、確定条件の用法で、個別的・一回的な事柄を表す。 この例では、

『バ』も使える。

⑤ (마)のナラは、前件と後件の時間的な関係が『タラ』とは逆である。この
　例では、『ト』は使えない。

● と〉たら〉ば〉なら(使用頻度順：小学校 新国語1~6年生)

1. ～と

　① 東京に行くといつも頭が痛い

　　　　　　　　必ず買物をする。

　　　　　　　　いつも人が多い。

　　　春が来ると花が咲く。

　　　水は100度になるとふっとうする。

　　　月にかさがかかると翌日は雨になる。

　☑ 「と」는 항상 정해져 있는 기정사실이 많다.

　② この薬を飲むと眠くなる。

　　　　　　　　死にます。

　　　　　　　　危ない。

　　　1時間たって食欲がなくなります。

　☑ 後件은 「どうする」가 아니라「どうなる」가 된다.

　③ 雨が降ると旅行をやめよう。(×)意志 → ば(○)、たら(○)

　④ 風邪をひくと学校を休みたいです。(×)希望 → ば(○)、たら(○)

　⑤ 学校が終わると来てください。(×)命令 → たら(○)、ば(×)

　⑥ 学校が終わると来てもいいよ。(×)許可 → たら(○)

　⑦ 学校が終わると遊びに行きませんか。(×)勧誘 → たら(○)

　☑ 後件에 意志・希望・命令・許可・勧誘 등의 文에는 사용할 수 없다.(仮定性
　　이 약하다)

☑ 예문 ⑧~⑭는 조건을 나타내는 표현이 아니라, 다음과 같이 여러 가지 용법이 있다. 그래서 「と」의 빈도수가 가장 많은 것으로 나타난 것이다.

⑧ 朝起きると、すぐシャワーを浴びる。(○)、ば(×)、たら(×)

⑨ 彼女は部屋に入ると、窓を開けた。(○)、ば(×)、たら(×)

☑ 同一主体의 계속적 용법(連続動作) → 「て」로 바꿀 수가 있다.

⑩ 部屋にいると、外で車の止まる音がした。(○)

⑪ 食事をしていると、急にグラッとゆれた。(○)

☑ 同時性을 나타낸다.

⑫ 窓を開けると、寒い風邪が入った。(○)、たら(○)

⑬ その話を聞くと、悲しくなった。(○)、たら(○)

⑭ いっぱい飲むと、元気になった。(○)、たら(○)

☑ 理由・契機 등을 나타낸다. → 文末은 과거 형태이고, 「たら」로 바꿀 수 있다.

2. ~ば

2010년도 임용고사

24. 文中で、下線部の表現が正しいものは?

① 旅行に行けば、傘を持っていくといいです。

② 私がここに来たとき、彼らは就職の話をし続けた。

③ その金庫にはだれかによってかぎがかけてあります。

④ まだメンバーが十分集まらないで、会議は始まらない。

⑤ 警察官は職務権限で通行中の車を止まらせることができる。

① 2と2をたせば4になる。(○)

　2と2をたすと4になる。(○)

② 苦あれば、楽あり。(ことわざ)

③ 始めよければ、終わりよし。(ことわざ)

☑ 客観的、一般的事実

④ 東京に行けば(行くと)、すぐ上野公園を見てくれ。(×) 命令

   → たら(○) 동작성

⑤ 仙台に来れば(来ると)、私に電話をしてください。(×) 命令

   → たら(○) 동작성

⑥ 雨が降れば(降ったら)旅行をやめます。(○) 意志

   → と(×) 상태성

⑦ 雨が降れば旅行が中止になる。(×) → と(○)、たら(○)

⑧ お金が(あれば、安ければ)買って下さい。(○)

           상태성

              買おう。(○)

              買った方がいい。(○)

              買いたい。(○)

☑ 조건절이 동작성을 나타내는 용언이 오면, 종속절에 제약이 있지만, (명령·희망·意志·추량의 표현에는 사용할 수 없다.) 상태성을 나타내는 용언이 오면 제약을 받지 않는다.

☑ 仮定性은 약하고, if節에 가장 가까운 표현이라 할 수 있다.

3. ～たら

☑ 話しことば的

☑ 希望・意志・命令・許可・勧誘 등의 표현에 잘 사용한다.

① あったかいうちに召し上がったら。

② ゆっくりしたら。

③ 食べてみたら。

☑ 「たら止め」가 많다.

④ 父が帰ってきたら、相談しましょう。

⑤ 向こうに着いたら、手紙を書きます。

⑥ 散歩していたら、急に雨が降ってきた。

☑ 「その時」「そのあとで」の 의미를 나타낸다.

⑦ 食べてみ<u>たら</u>、思ったより<u>おいしかった</u>。

⑧ 友達の家を訪ね<u>たら</u>、<u>留守でした</u>。

⑨ 前売り券を買いに行っ<u>たら</u>、<u>売り切れだった</u>。

☑ 예문 ⑦~⑨는 「発見」의 의미를 가지는데, 이러한 경우는 文末은 과거 형태로 나타나고, 後件은 화자의 意志와는 관계가 없다.

4. ～なら

① この薬を飲むなら ┌ お医者さんの許可が必要ですよ。
　　　　　　　　　　あの薬を飲んだ方が早いですよ。
　　　　　　　　　　早く飲みなさい。
　　　　　　　　　　私が持ってくる。
　　　　　　　　　　(むしろ)死んだ方がましだよ。
　　　　　　　　　　食後の方がいいです。
　　　　　　　　└ こんなふうに飲んでください。

② 東京に行くなら ┌ 私と一緒に行きませんか。
　　　　　　　　　このおにぎりを持って行きなさい。
　　　　　　　　　新幹線を利用した方が早い。
　　　　　　　　　京都の方がいい。
　　　　　　　　　新幹線で行けよ。
　　　　　　　└ たくさんお金を用意してください。

春の方が一番いいです。

飛行機に限る。

私の友達の家に泊ってください。

③ 乗るなら飲むな飲むなら乗るな。

☑「なら」는「と・ば・たら」와는 조금 성격이 다르고, 後件이 주로「～方がいい」
와 잘 연결이 된다.

15 ～ものだ / ～ことだ / ～のだ / ～んだ

2008

13. 「の」와「こと」의 선택과 관련된 내용이다.「の」를 넣어 적절한 문(文)3개를
골라 그 기호를 쓰시오.[3점]

㉮ 僕は外国人同士が韓国語だけで話している(の / こと)を聞いたよ。

㉯ 先生は学校で学生たちが帰ってくる(の / こと)を待っていた。

㉰ 部長は取引先の担当者に会う(の / こと)を命じた。

㉱ 見る(の / こと)は信じることだ。

㉲ 彼が殺人を犯した(の / こと)が明らかになった。

㉳ 母親は子供がテレビをつける(の / こと)をとめた。

2010

16. 下線部の「の」と「こと」の使い方が正しくないものは?

① 雨なので花見に行くのをやめました。

② このパソコンを運ぶことを手伝ってください。

③ ここから子供たちが遊んでいるのが見えます。

④ いっしょに海外旅行に行くことを約束しました。

80

⑤ ゼミに出られないことを先生に伝えてください。

1. ～ものだ

① 赤ん坊は泣くものだ。

② 金というものはすぐなくなるものだ。

③ 人生なんかはかないものだ。

☑ 진리, 일반적인 사실, 본래 가지고 있는 성질(本性) 등에 대해 감개의 기분을 넣어 서술하는데 사용한다.

④ この町も、昔と違ってきれいになったものだ。

⑤ この服は古くなったものだ。

☑ 감개무량·영탄의 기분을 나타낸다.

⑥ 世話になっていた人に、よくもあんな失礼なことができたものだ。

⑦ こんな小さい記事がよく見つけられたものだ。

⑧ こんな難しい問題が、よく解けたものだ。

☑ 어떤 사건, 행위에 대해 놀람을 나타내기도 하고, 어이가 없어 놀라기도 하는 기분을 나타낸다. 「よく(も)」가 없으면, 부자연스러운 文이 된다.

2. ～ことだ

① かぜを早くなおしたいんだったら、暖かくしてゆっくりすることだ。

② 日本語がうまくなりたければもっと勉強することです。

☑ 그 상황에서 가장 바람직한 것, 가장 좋은 것을 말하여, 간접적으로 충고나 명령의 의미를 나타낸다.

③ 家族みんな健康で、結構なことだ。

④ いつまでもお若くて、うらやましいことです。

⑤ こどもを塾まで送り迎えしてるんだって。ご苦労なことだね。

⑥ 車に跳ねられるなんて…。いたましい<u>ことだ</u>。

☑ 화자의 놀람·감동·비꼼·감개 등을 나타낸다. 사용되는 형용사는 한정되어 있다.

3. ～のだ

☑ 문장체에서 사용되는 것이 보통이고, 회화체에서는 「んだ」로 되는 경우가 많다. 정중한 표현은 「のです」로, 이것은 구어체에서도 사용된다. 딱딱한 문장체에서는 「のである」가 사용된다.

① 道路が渋滞している。きっとこの先で工事をしている<u>のだ</u>。

② 彼をすっかり怒らせてしまった。

よほど私の言ったことが気にさわった<u>のだ</u>ろう。

☑ 前文에서 말한 것이나, 그 때의 상황 등에 대해 그 원인이나 이유 등을 설명하는데 사용한다.

③ やっぱりこれでよかった<u>のだ</u>。

④ だれがなんと言おうと私の意見は間違っていない<u>のだ</u>。

⑤ だれが反対しても僕はやる<u>のだ</u>。

☑ 화자가 자기 자신을 납득 시키려고 <u>강한 주장</u>을 하기도 하고, <u>자신의 결의</u>를 나타내는 경우에 사용한다.

⑥ 彼は私を避けようとしている。いったい私の<u>何</u>が気に入らない<u>のだ</u>。

⑦ こんな馬鹿げたことを言い出したのは<u>だれ</u>なのだ。

☑ 의문사가 들어간 節을 받아, 자기 자신이나 듣는 사람에 대해서 무언가 설명을 요구하는데 사용한다.

1. ~くらい만 사용할 수 있는 경우

① 死にたいくらい悩んだんです。

② お茶ぐらい出してくれてもいいのに。

③ <u>この</u>くらいの曲ならすぐに歌えます。

☑ <u>극단적인 사례</u>로, 「本当に死にたいわけでもない、お茶が欲しいわけでもない」경우에는는 「くらい」밖에 사용할 수 없다. 「くらい」는 연체사「この・その」에 붙는 경우가 많다.

2. 바꿔 말할 수 있는 경우

④ すいませんけど、5分くらい(ほど)したら、掛けなおします。

⑤ ちょっと雑誌を買いたいんだけど、千円くらい(ほど)貸してもらえない?

☑ 「くらい」는 <u>대략적인 수량・정도</u>를 나타내는 「ほど・ばかり」와 동일하게 사용되는 경우도 많다.

⑥ 一クラスに四十人くらい(ほど・ばかり)の<u>生徒</u>がいます。

⑦ <u>海外旅行</u>は十回くらい(ほど・ばかり)したと思います。

☑ <u>구체적인 숫자</u>를 표하여, 분량이나 정도를 나타내는 경우에는 「くらい・ほど・ばかり」로 바꿔 말할 수 있는 경우가 많다.

⑧ 一クラスに四十人もいるんだから、一人くらい100点をとってもいいのに。

☑ 구체적인 숫자를 나타내더라도, 그것이 <u>최저 기준의 숫자</u>인 경우에는 「くらい」밖에 접속하지 않는다.

3. 뉘앙스가 변하는 경우

⑨ 学会に人材多しといえど、木村先生(ほど・くらい)の実力者は そうざらにはいませんよ。

⑩ 学会には人材がありあまるほどで、木村先生(ほど・くらい)の 方ならざらにいますよ。

☑ 실력을 높게 평가하는 경우에는 「ほど」가 또, 낮게 평가하는 경우에는 「く らい」쪽이 문장으로서 안정된다고 할 수 있다.

⑪ あなた(くらい・ほど)素的な人はいないわ。

☑ 「一番~だ」라는 의미를 나타내는 경우에도 이 두 표현은 바꿔 말할 수 있 지만, 「ばかり」는 사용할 수 없다.

4. ~くらい만 가지는 특징

⑫ 風呂ぐらい、毎日わかしとくのが妻の役割ってもんだろう。

⑬ 酒ぐらい飲めなくて、営業が勤まるか。

⑭ 新聞ぐらい読んだらどうですか。

☑ 이러한 「~ぐらい」에는 평가의 최저 기준에 조차 달하고 있지 않다는, 상 대를 업신여기는 분위기가 감돌고, 이 대사는 싸움의 불씨(트집 잡는 말) 가 된다.

---

17 推量表現：ようだ(みたいだ) / らしい / そうだ / だろう

1998

9. 일본어 동사의 기본형에 접속되는 문말 표현 「~ようだ」와 「~らしい」에 관하 여, 다음 용례 ①,②를 참고로 하여, 의미상의 차이점을 설명하시오. (200자 이내) (7점)

① 彼女は確かに、ここに来たことは来たようだ。

② 彼女は、来年、卒業論文を出すらしい。

2000

11. 다음의 밑줄 친 부분은 크게 두 가지 의미로 나눌 수 있다. 두 가지 의미를 쓰고, 그 용법에 따라 (a)~(f)를 나누어 쓰시오. (4점)

(a) さじがなかったので、食べにくかった<u>そうです</u>。

(b) なんだか元気が出<u>そうな</u>曲ですね。

(c) 日本の秋はきれい<u>そうな</u>ので、いつか行きたいと思います。

(d) ミンホさんは一人で行ってみたい<u>そうです</u>。

(e) 韓国語の先生は親切でやさし<u>そうな</u>女の先生です。

(f) 上手になるには練習しかいい方法がなさ<u>そうです</u>。

1. ～ようだ

① あの人はこの大学の学生ではない<u>ようだ</u>。

② <u>どうやら</u>君の負けの<u>ようだ</u>ね。

③ 先生はお酒がお好きな<u>ようだ</u>。

④ こちらの方がちょっとおいしい<u>ようだ</u>。

⑤ <u>どうも</u>風邪を引いてしまった<u>ようだ</u>。

⑥ あの声は、誰かが外で喧嘩している<u>ようだ</u>。

⑦ 家にいないところをみると、帰省した<u>ようだ</u>。

⑧ どこかで事故でもあった<u>ようだ</u>。道路が大変込んでいる。

⑨ ざっと見たところ、最低500人は集まっている<u>ようだ</u>。

⑩ <u>なんとなく</u>不吉なことが起こる<u>ような</u>予感がした。

⑪ <u>なんだか</u>怖い<u>ような</u>気がする。

☑ 感覚的・直感的・主観的인 판단에 주로 사용한다. 直接的인 근거가 필요하다. 「どうやら」「どうも」「なんとなく」「なんだか」등의 부사를 동반하는 경우가 많다.

2. ～らしい

① 天気予報によると明日は雨<u>らしい</u>。

② 新しく出たビデオカメラはとても便利<u>らしい</u>。

③ みんなの噂では、あの人は国では翻訳家としてかなり有名<u>らしい</u>。

④ 兄はどうも試験がうまくいかなかった<u>らしく</u>、帰ってくるなり部屋に閉じこもってしまった。

⑤ その映画は予想以上におもしろかった<u>らしく</u>、彼は何度もパンフレットを読み返していた。

⑥ 料理はいかにも即席で用意した<u>らしく</u>、インスタントのものがそのまま並んでいる。

⑦ ゆうべおれは酔っぱらってけんかした<u>らしい</u>(ようだ)。

⑧ 当時現場にいた目撃者たちの証言をまとめて推理すると、運転手の居眠りが事故の原因である<u>ようだ</u>(らしい)。

⑨ 現地から帰った人の話によると、アフリカでまた暴動があった<u>ようだ</u>(らしい)。

☑ 「らしい」는 화자가 그 내용을 꽤 <u>신빙성이 높은</u> 사항인 것으로 생각하고 있는 것을 나타낸다. 그 판단의 근거는 외부로부터의 정보(<u>간접적인 정보</u>)나 관찰 가능한 사항 등 객관적인 것이지, 단순한 상상은 아니다.

☑ 「らしい」는 화자의 直感的이고 感傷的인 판단에는 사용하기 어렵다. → 「ようだ」를 사용한다. 事態와 화자와의 心理的인 거리가 「ようだ」보다 「らしい」가 방관적이면서 멀다.

☑ 화자 자신이 내린 판단에 의해서 「ようだ」가 책임이 있다고 생각하는 반면

「らしい」는 책임이 없다고 생각하는 경우에 많이 사용된다.

3. 〜みたいだ

① A：あの人誰?

    B：誰だろう。近所の人じゃない<u>みたい</u>だね。

② A：試験はいつあるんだい。

    B：来週<u>みたい</u>だよ。

③ A：あの人会社をやめたの?

    B：<u>みたい</u>だね。

④ どうも風邪を引いた<u>みたい</u>だ。

⑤ 何か焦げている<u>みたい</u>だ。へんな匂いがする。

⑥ 今度発売された辞書は、すごくいい<u>みたい</u>だよ。

☑ 「みたいだ」는「ようだ」에 가까운 의미를 지니고 있지만, 「みたい」는 스스럼없는(격의 없는)구어체에 잘 사용하고, 여성이나 아이들 용어라는 느낌이 강하다.

⑦ 山田さんは今日は来ない<u>みたい</u>ですね(もう時間も遅いし)。

⑧ 山田さんは今日は来ない<u>らしい</u>ですよ(直接きいたわけではないが、他の人がそう言っていた)。

⑨ 山田さんは今日は来ない<u>そう</u>です(山田さんから「行かない」という伝言があった)。

4. 〜そうだ

① 彼女はいつもさびし<u>そうだ</u>。

② おいし<u>そう</u>なケーキが並んでいる。

③ 今日は傘を持って行った方がよさ<u>そうだ</u>。

④ 子供は人形を<u>さも</u>大事<u>そうに</u>箱の中にしまった。

⑤ <u>いかにも</u>重<u>そうな</u>荷物を持っている。

⑥ このおもちゃはちょっと見たところ丈夫<u>そうだ</u>が、使うとすぐに壊れてしまう。

⑦ 久しぶりに彼に会ったが、あまり元気<u>そうで</u>はなかった。

⑧ 彼女はきれい<u>そうだ</u>。（×）→ 彼女はきれい<u>に見える</u>。（○）

☑ 화자가 보고, 들은 정황에서 판단한 양태를 나타낸다. 그러나 「きれいだ」「赤い」등 본 것만으로도 곧 알 수 있는 것에는 「そうだ」를 사용하지 않는 것이 보통이다.

5. ～だろう

① 一体<u>何</u>を言っているん<u>だろう</u>。（ようだ×・らしい×）

② <u>なぜだろう</u>。（○）　　<u>なぜ</u>の<u>ようだ</u>。（×）　　<u>なぜ</u><u>らしい</u>。（×）

③ あしたも<u>雪だろうか</u>。（○）　　　　あしたも<u>雪</u>の<u>ようか</u>。（×）
あしたも<u>雪</u><u>らしい</u>。（×）

④ あしたも<u>雨だろう</u>?（○）　　　　あしたも<u>雨</u>の<u>よう</u>?（×）
あしたも<u>雨</u><u>らしい</u>?（×）

⑤ あしたもきっといい天気<u>だろう</u>。（○）

⑥ この辺は木も多いし、<u>たぶん</u>昼間も静か<u>だろう</u>。

☑ 「だろう」는 「ようだ」「らしい」에 비하면, 추량의 객관적인 근거가 극히 박약하다. 또한 추량되는 사태가 불확실하다. 의문사 또는 의문 인토네이션이 있는 文에서는 객관적인 근거가 극히 박약하므로, 당연히 「だろう」밖에 사용할 수 없다.

● **参考文献**

大野普・紫田武編(1977)『岩波講座 日本語 9. 語彙と意味』岩波書店

北川千里 他(1988)『外国人のための日本語例文・問題シリーズ7.助詞』竹出版

国広哲弥・紫田武編(1976・1979)『ことばの意味 1.2.3』平凡社

国広哲弥(1982)『意味論の文法』大修館書店

グループ・ジャマシイ編著(1998)『日本語文型辞典』くろしお出版

寺村秀夫(1982－1991)『日本語のシンタクスと意味Ⅰ~Ⅲ』くろしお出版

森田良行(1989)『基礎日本語辞典 1．2．3』角川書店

――――(1996)『意味分析の方法－理論と実践－』ひつじ書房

小学館辞典編集部『類義例解辞典』(1994)小学館

4. 文字・語彙（論）

☑ 각각의 문제에 해당하는 **本文**은 부록의 기출문제를 참조바람.

1998

[4]

1. 次のことばに当てあまる漢字を書きなさい。(1점)

ⓔ,ⓚ きょうだん　　　　　　　ⓕ,ⓘ こうぎ

2. 次の漢字熟語の読み方をカタカナで書きなさい。(1점)

ⓐ 執拗　　　　　　　　　　ⓑ 多勢

1999

1. 日本語辞典では、次の五つの言葉は、どんな順番でならべられている
   か。その順番を記号で書きなさい。(1点)

① 抗争　　　② 交渉　　　③ 更生　　　④ 故障　　　⑤ 恒常

1999

ⓐ メイリョウになる　　　　　ⓑ ジュンスイに

ⓒ キョムにつながるためである　ⓓ コユウの仮説 (본문 생략)

(2) 下線部ⓐ~ⓓのカタカナを漢字に改め記しなさい。(2点)

2000

① 無垢な　　　　　　　　　② 阻害　(본문생략)

3−1. 下線部①と②の読み方をカタカナで書きなさい。(2점)

2000

(a)ゴサドウが発生する　　　　企業や(b)ギョウセイは

4−1. 下線部(a)と(b)のカタカナを漢字に書き改めなさい。(2점)

2001

5. 次の下線部A~Eのカタカナを漢字に書きなおしなさい。(2점)

A)<u>キンシ</u>　　　　　　　　B)<u>ジンケン</u>の尊重

C)<u>シンライ</u>関係　　　　　　D)<u>コウカ</u>も期待されない

10. 下線部A)~D)の漢字の読み方をひらがなで書きなさい。(2점)

A)<u>示唆</u>　　　　　B)<u>立場</u>　　　　　C)<u>指針</u>　　　　　D)<u>認識</u>

2002

① <u>潜</u>んでいるもの　　② <u>消息</u>を　　③ <u>オトナ</u>　　④ <u>キタイ</u>　　⑤ <u>ナカマ</u>

6−1. 밑줄 친 ①과 ②의 한자 읽기를 히라가나로 쓰시오. (1점)

6−2. 밑줄 친 가타카나로 쓰여진 ③~⑥의 낱말을 한자(漢字)로 고쳐 쓰시오. (2
점)

2003

① <u>普遍性</u>　② <u>かしつ</u>もあれば、弱点もあり　　　③<u>漠然</u>

④<u>こんぽん</u>において人間を信ずる　　　　　　⑤ <u>冷酷</u>な

⑥ <u>せいしん</u>をいうのである

15−1. 밑줄 친 ①, ③, ⑤를 히라가나로 쓰시오. (3점)

15−2. 밑줄 친 ②, ④, ⑥을 한자(漢字)로 쓰시오. (3점)

2003

6. 다음 설명에 맞는 것을 (보기)에서 각각 하나만 골라 기호를 쓰시오. (3점)

---
(1) 「団子」は「だんご」と読み、前の字は音読みで、後の字は訓読みが用いられている。このような読み方を(　　)という。

(2) 「紅葉」を「もみじ」と読み、漢字を一つずつ読まないで全体を一つの訓で読むのを(　　)という。

(3) 「円滑」は「えんかつ」、「口腔」は「こうこう」と読むべきところ、誤った類推により「えんこつ」「こうくう」と読まれる場合が多い。このような読み方を(　　)という。

(보기)

(a) 熟字訓　　　(b) 国字　　　(c) 重箱読み　　　(d) 字音　　　(e) 百姓読み

2004

6-4. (보기)의 어휘들 중 밑줄 친 「雨」를 「さめ」라고 읽는 것을 모두 골라 번호를 쓰시오. (1점)

(보기)

① 五月雨　　　② 大雨　　　③ 春雨　　　④ 梅雨　　　⑤ 小雨　　　⑥ 氷雨

2006

3. 다음 그림 ①, ②, ③에 들어갈 한자(漢字)의 읽기를 히라가나로 쓰시오.(3점)

94

21. 표시된 ①~③에 해당하는 한자(漢字) 읽기를 히라가나로 쓰시오. [3점]

①耐震問題　　　　②薄型　　　　　③最安値

22. 밑줄 친 단어 ①~④를 한자(漢字)는 히라가나로, 히라가나는 한자(漢字)로
　　바꿔 쓰시오. [2점]

① <u>どうてい</u>が (　　　　　　　)　　② <u>網棚</u>のカバン (　　　　　　　)

③ <u>かいさつ</u>係 (　　　　　　　)　　④ 総<u>出</u>で　　(　　　　　　　)

7. 〈보기〉중 한자(漢字)의 후리가나가 잘못 표기된 4개를 골라서 바르게 고쳐 쓰
　　시오. [4점]

〈보기〉

雪崩(なだれ)　　　　乳母(うば)　　　　更迭(こうしつ)　　　　仲人(なこうど)

最寄り(さより)　　　時雨(しぐれ)　　　雑魚(ざこ)　　　　　紛糾(ふんきゅう)

匿名(どくめい)　　　乙女(おとめ)

9. 다음 문(文)의 밑줄 친 부분을 한자(漢字)를 사용하여 변환시켜 다시 쓰시
　　오.[2점]

『朝日新聞』に以前「ねえねえ、きいて」という小話欄があった。そこに
かつて「とらずにとってよ」と題して、神奈川県の主婦の、次のような一
口話の載ったことがあった。
　わが家の玄関の飾り窓にハチが巣を作った。大騒ぎする私。「ハチの
巣とって、とって」といったら、主人がカメラを持ってきた。

9. 교사는 일본어 학습자의 한자섞어쓰기 표기를 아래와 같이 수정하였다. 수정이 적절하지 않은 것은?

[학습자의 표기]　　　　[교사의 수정]

① 薬が利く　　　　　薬が効く

② 解決を計る　　　　解決を図る

③ 聞に乗せる　　　　新聞に載せる

④ 学力が延びる　　　学力が伸びる

⑤ 成功を治める　　　成功を納める

13. 다음 설명 중 적절하지 않은 것은?(①「荷物」は、湯桶読みの例である。（○））

　　☑ 나머지 항목은 2009년도 기출문제 참조.

교사가〈보기〉와 같은 말을 학생에게 들려주고 받아쓰기를 실시하였다. 밑줄 친 부분을 한자로 모두 옳게 쓴 것은? [2.5점]

ㄱ. らいしゅうは　じんじいどうが　ある.

ㄴ. としょかんの　ひゃっかじてんで　しらべる.

ㄷ. かいさつぐちで　うんちんを　せいさんする.

⑤ ㄱ. 来週は人事異動がある.　　ㄴ. 図書館の百科事典がある.

　　ㄷ. 改札口で運賃を精算する.

　　☑ 지면상 답 항목만 제시. 다른 항목은 기출문제 참조.

　語種에 의한 분류에는 和語·漢語·外来語·混種語가 있는데, 하나하나 알아보기로 한다.

1. 固有日本語

　「和語」또는「大和言葉」라 한다.

2. 漢字語

① 国字

　漢字 글자 体를 흉내 내어 일본 국내에서 새롭게 만들어 낸것을 말한다. 和字(倭字)·和製漢字(わせいかんじ)라고도 한다.

　例) 働(く), 込(む), 搾(る), 躾, 峠, 凪, 畑, 鰯, 笹, 榊, 辻, 鱈

② 和製漢語

　일본어 안에서 형성되어 만들어진 漢語를 말한다.

- 漢字를 일본어화 시킨 것 → 甲状腺　労働　返済
- 同音에 따라 다시 바꿔 쓴 것
  → 文盲(蚊虻)　要請(邀請)　選考(銓衡)
- 생략에 의한 것 → 節電　民放
- 和語的 어구성에 의한 것 → 直行　楽勝　酒造　便乗
- 接辞(접사)에 의한 것 → ~化　~的　~性　~式

③ 当て字(宛字)

　형태, 音, 뜻을 겸비한 漢字 원래의 용법에 구애되지 않고, 漢字로 표기

하는 것을 말한다. 뜻에 관계없이 漢字의 音이나 訓을 빌려 사용하므로,
借字(シャクジ)라고도 한다.(2002 임용)

- 音을 빌린 것

  やぼ → 野暮^{やぼ}　　　すてき → 素敵^{すてき}　　　コーヒー → 珈琲^{こーひー}

  のんき → 呑気^{のんき}　　クラブ → 倶楽部^{くらぶ}　　やはり → 矢張^{やはり}

  ちょうど → 丁度^{ちょうど}　　でたらめ→ 出鱈目^{でたらめ}　　めでたい → 目出度い^{めでたい}

- 부분적으로 音을 빌린 것

  <u>茶化</u>す의 <u>茶化</u>^{ちゃか　ちゃか}　　葉書의 葉^{はがき　は}　　　仕事의 仕^{しごと　し}

  味方의 味^{みかた　み}　　　仮名의 名^{かな　な}

- 2자 이상의 漢語에 和語를 적용시킨 것

  田舎^{いなか}, 五月雨^{さみだれ}, 相撲^{すもう}, 梅雨^{つゆ}, 海苔^{のり}, 紅葉^{もみじ}

④ **字音과 字訓**

　字音은「音読み」에 해당하고 字訓은「訓読み」에 해당하는 것으로 字訓에는 正訓, 国訓, 熟字訓, 人名訓 등이 있다.

- 音読み^{おんよ}：上下^{じょうげ}, 下宿^{げしゅく}, 部下^{ぶか}, 天地^{てんち}, 山川^{さんせん}, 親友^{しんゆう}, 人間^{にんげん}, 宝石^{ほうせき}, 新緑^{しんりょく}
- 訓読み^{くんよ}：上下^{うえした}, 上下^{かみしも}, 下^{した}, 下^{しも}, 下^{もと}, 下^さがる, 下^{くだ}る, 下^おりる, 野原^{のはら},
  草木^{くさき}, 家柄^{いえがら},相手^{あいて}
- 重箱読み^{じゅうばこ よ}(音 + 訓)：漢字를 표기하는 숙어를「重箱」^{じゅうばこ}와 같이 앞의

  자는 音으로 뒤의 자는 訓으로 읽는 것을「重箱読み」^{じゅうばこ よ}라 부른다. 예를 들
  면,「重箱^{じゅうばこ}, 工場^{こうば}, 番組^{ばんぐみ}, 本棚^{ほんだな}, 本屋^{ほんや}, 毎朝^{まいあさ}, 落書^{らくがき}, 台所^{だいどころ}, 気持^{きもち}, 役場^{やくば}」

등이 있다.

- 湯桶読み(訓 + 音): 「重箱読み」와 반대로 「湯桶」처럼 앞의 자는 訓으로 뒤의 자는 音으로 읽는 것을 湯桶読み라 부른다. 예를 들면,「場所, 見本, 身分, 手本, 小僧, 弱気, 雨具, 消印, 貸室, 夕刊」등이 있다.

- 略字: 글자의 획수를 적게 한 것을 말하는데, 略体(字)·簡体(字)·簡易字体라고도 한다.

　　簡易別体 예: 万 ←萬 / 礼←禮 / 弁←辯 / 令←齢 / 才←歳

　　部分省略 예: 声←聲 / 号←號 / 点←點 / 圧←壓

　　部分弱化 예: 仏←佛 / 辞←辭 / 釈←釋 / 転·伝←轉

　　점획略化 예: 者←者 / 歴←歷 / 賛←贊 / 黒←黑

- 同字異音 漢字: 같은 글자가 다르게 발음되는 경우의 한자를 말한다.

　　懸念(けねん) ← 一生懸命(いっしょうけんめい)

　　執着(しゅうちゃく)·執念(しゅうねん) ← 執行(しっこう)·執筆(しっぴつ)

　　情緒(じょうちょ) ← 一緒(いっしょ)

　　憎悪(ぞうお)·悪寒(おかん) ← 悪夢(あくむ)

　　通夜(つや) ← 通路(つうろ)

　　繁盛(はんじょう) ← 盛行(せいこう)

　　母音(ぼいん) ← 音楽(おんがく)·音声(おんせい)

　　木綿(もめん)·土木(どぼく) ← 木造(もくぞう)

　　遺言(ゆいごん) ← 遺族(いぞく)·遺産(いさん)

　　遊説(ゆうぜい) ← 説明(せつめい)

• 同音異義(意) 漢字 : 같은 음의 글자가 서로 다른 의미를 나타내는 한자를 말한다.

最近エイセイ放送がよくうつります。(　) 衛生・永生・<u>衛星</u>・永世

この建物はいつカンセイされますか。(　) <u>完成</u>・感性・乾性・歓声

御コウイに感謝いたします。(　) 行為・<u>厚意</u>・好意・高位

この事件にコウギする。(　) <u>抗議</u>・講義・広義・公儀

NHKドラマのシチョウ率が下がった。(　) 市庁・<u>視聴</u>・市長・試聴・市町

パソコンがフキュウされる。(　) 不急・不休・不朽・<u>普及</u>

3. 外来語

외국어(外国語)가 번역되지 않고, 그대로 사용되고, 그것이 사회적으로 승인되어 일본어로서 정착한 것을 외래어(外来語)라고 한다. 즉 일본어화 한 외국어를 말한다. 차용어(借用語)라고도 한다. 외래어는 의미상 원어(原語)와 같다고는 한정지울 수는 없지만, 音(語形)에 대해서도 원어와 동일하지는 않다. 외래어의 좁은 의미로는 보통 漢語를 제외시킨다.

① 和製英語

外来語가 원래는 外国語이지만, 일본어로 사용하게 된 것을 가리키는 데 대해, 和製英語는 영어권에서 전래한 외래어 풍(영어 풍)이지만, 일본에서 새롭게 만들어진 것으로, 본국(영어권 나라)에서는 통하지 않는 표현을 말한다.

다음 예들을 보면 알 수 있듯이, 많은 예가 원어를 바탕으로 만들어진 것이나, 「*ゲートボール(gate ball)」와 같은 예는 영어권에 대조해야 할 사물이 없고, 완전히 일본에서 탄생한 和製英語이다. 또한 「スマート

(smart)」「ムーディー(moody)」「カンニング(cunning)」와 같은 예는 본래 영어의 의미에서 벗어나 사용되고 있는 것, 일부러 비꼬아 색다르게 표현하려는 것이다.

「デモ・ウォークマン・エアコン・リモコン」 등은 한국에서도 일본 和製英語를 그대로 차용하여 사용하고 있는 예이다.

ガソリン・スタンド(gas station)　　マザコン(mother complex)

ポケベル(pocket bell)　　コンビニ(convenience store)

デモ(demonstration)　　コネ(connection)

ウォークマン(walk man)　　エアコン(air－conditioner)

ラジカセ(radio cassette)　　ワープロ(word processor)

パソコン(personal computer)　　リモコン(remote control)

セクハラ(sexual harassment)　　バイト(arbeit)

スモハラ(smoke harassment 담배희롱)　　ナイター(night game)

*ゲートボール(gate ball)

② 外来語(略語)

다음의 예들은 ( ) 안의 略語 쪽을 더 많이 사용하는 경우이다.

アルバイト(バイト)　　シンポジウム(シンポ)

ヘリコプター(ヘリ)　　テレポンカード(テレカ)

チョコレート(チョコ)　　ゼミナール(ゼミ)

プラットホーム(ホーム)　　リビングルーム(リビング)

☑ 「マクドナルド」는 関東지방에서는 「マック」, 関西지방에서는 「マクド」라고 한다.

4. 混種語

2005

12. 어휘의 어종(語種)에서 말하는 '혼종어(混種語)'의 개념을 2줄 이내로 설명
   하고, 〈보기〉에서 이에 해당하는 단어를 2개만 고르시오. (2점)

〈보기〉

話し手, ローカル, 本箱, 受付, なまたまご, 国際関係, なまゴム, 田舎者

　혼종어는 語種에 의한 語 분류의 하나로, 和語·漢語·外来語 중 2종
류 이상이 조합되어 만들어진 말을 가리킨다. 여러 가지로 조합된 구성을
보면, 다음과 같다.

① 한자어 + 외래어 : 営業マン, 環境ホルモン, 逆コース, 金メダル, 銀
　　行カード, 省エネ, 豚カツ, 住宅ローン, 食パン, 電子レンジ

② 외래어 + 한자어 : オゾン層, チェーン店, バス停, ヒット作, テレビ
　　局, デモ隊, ビール瓶

③ 고유일본어 + 외래어 : いちごジャム, 革ベルト, 紙コップ, 串カツ,
　　壊れキャラー, 歯ブラシ, 輪ゴム, 生ビール

④ 외래어 + 고유일본어 : アイロンかけ, パンくず, ピントはずれ, ピ
　　ンぼけ, ボール紙, マッチ箱, ビニール袋, ポリ袋

⑤ 고유일본어 + 한자어 : 水商売, 支払額, 見張り役, 黒字, 赤字

⑥ 한자어 + 고유일본어 : 再試合, 結婚する

　☑ 그 외 「四角い」처럼 「한자어 + 형용사어미」로 끝나는 예도 있고, 「サボる
　　(サボタージュ＋る), ダブる(ダブル＋る), デモる(デモ＋る), アジる(アジ＋る), ハモ
　　る(ハーモニー＋る), トラブる(トラブ(ル)＋る), ミスる(ミス＋る)」 와 같이 「외래어 +
　　동사어미」로 끝나는 예도 있다. ネタバレ(스포일러 성 글), プヨってる(살찌

다)는 주로 **カタカナ**로 표기하지만「고유어 + 고유어」구조로 되어 있다.

延べ語数－和語52.9%　　漢語41.3%　外来語9.8% 混種語6.0%

異なり語数－漢語47.5%　和語36.7%　外来語2.9% 混種語1.9%

☑ 현대잡지 90종 어휘조사에 의한 것


```
        ┌ 単純語(語基)－桜·人·春·国·国家·独立
単語 ┤
        └ 合成語┬ 複合語(語基 + 語基)－복합명사, 복합동사, 복합형사
                    └ 派生語(語基 + 接辞)－단순어에 接辞가 붙은 것
```


☑ 어근(語根 : root)은 어구성 요소의 일종으로, 공시적으로는 語의 기간적(基
幹的)인 요소를 가르킨다. 일반적으로 어구성론에서 말하는 어기(語基 :
base)와 거의 같지만, 어근은 단독으로 사용할 수 없는 측면이 어기와는
다르다.

2007

11. 다음은 단어를 분류한 것이다. 그 분류 기준과 ①, ②, ③ 각각의 그룹 명칭
을 일본어로 쓰시오. [3점]

① 春(はる), 風(かぜ), 雨(あめ), 山(やま), 水(みず), 傘(かさ)

② 春風(はるかぜ), 山里(やまざと), 水遊び(みずあそび)

③ 真心(まごころ), おビール, 秋めく, 強がる

기준 : (   )

명칭 : ① (   ) ② (   ) ③ (   )

① 複合名詞 : 砂利道<ruby>じゃ<rt></rt></ruby>・高速バス・塩焼・牛ドン

② 複合動詞 : 波立つ・芽生える・近寄る・高すぎる・思い出す・貸し出す・話し合う・駆け寄る

③ 複合形容詞 : 細長い・青白い・ずる賢い・古めかしい・古くさい・食べやすい・蒸し暑い・名高い・毛深い・塩辛い

④ 派生語 : 단순어에 接辞가 붙은 것이다. 즉, 語基의 앞에 붙는 접두사와 語基의 뒤에 붙는 접미사가 붙은 것으로 나눌 수 있다.

● 접두사(接頭辞 또는 接頭語)가 붙은 것

　　お米・お酒・ご家族・か弱い・小高い・超かっこいい・もの悲しい・どけち・度派手な・不完全な・未成熟な・アンチ巨人・素顔・初恋・真心・新素材

● 접미사(接尾辞 또는 接尾語)가 붙은 것

　　神様・花子ちゃん・君たち・近代的・子供らしい・大人ぶる・大人びる・汗ばむ・春めく・痛がる・重ったい・脂っこい・水っぽい・忘れっぽい

1998

★
[1] 次の対話文を読んで、あとの問いに答えなさい。(7점)

A：あああ、絶望的！

B：どうしたの?

A：数学のこの点数、ⓐサ・イ・テ・イ！

B：ⓑなに言ってんのよ。 わたしなんか、もっと悪いのに。

A：(ⓒ)、なぐさめてくれて。

1. 話者A、Bの性別として考えられる答えをすべて韓国語で書きなさい。(2점)

2. 下線部ⓐ「サ・イ・テ・イ」の、文中における意味を韓国語で書きなさい。(2점)

3. 下線部ⓑをフォーマルな形に書きなおしなさい。(1점)

4. (ⓒ)に最も適当なことばを書きいれなさい。(2점)

2003

7－1. 다음 〈보기〉에는 원래의 의미로부터 변화한 의미를 갖게 된 것들이 있다.
해당하는 것을 두 개씩 골라 기호를 쓰시오. (3점)

〈보기〉

(a) 坊主　　　　(b) さかな　　　　(c) 妻　　　　(d) 瀬戸物

(e) 女房　　　　(f) 果報　　　　(g) おまえ　　　　(h) 僕

(1) 拡大化(一般化)した意味を持つもの　　　(　　)(　　)

(2) 縮小化(特殊化)した意味を持つもの (　　　)(　　　)

(3) 下落した(よくない)意味を持つもの (　　　)(　　　)

2003

7-2. 다음 글의 (　)에 공통으로 들어갈 말을 한자(漢字)로 쓰시오. (1점)

> 男女、年齢、職業、社会の階層などの違いによって、同一の事物を指示する場合にもそれぞれ特徴的な語が使われる。この現象を(　　　　)という。そしてその使われる語を(　　　)語という。

1. 性

① 女性語：あたし・お~・~わよ・~わね・~のよね・~かしら・あらまあ

② 男性語：ぼく・おれ・わし・おお・ほう・~ぞ・~ぜ・~な・命令文(食べろ・逃げろ)・親父・おふくろ・飯・食う・ぶっ倒す・ぶん殴る

● 女性語의 特徴

✓ 되물을 때 상승조 인토네이션이 될 비율이 크다.

✓ 「お台所」「お勤め」와 같은 美化語를 많이 사용한다.

✓ 「すてき」와 같은 주관적인 평가를 동반하는 형용사, 부사를 자주 사용한다.

✓ 속어를 피하는 경향이 있다.

✓ 틀에 박힌 인사말이나 맞장구치는 말이 많다.

✓ 「わたし くやしくてくやしくて」처럼 반복이 많다.

✓ 부드럽고 정중한 표현을 많이 사용한다.

✓ 종조사, 감탄사 등에 강조 표현을 많이 쓴다.

✓ 한자 사용보다 고유 일본어를 선호한다.

✓ 비유표현을 많이 사용하고, 文末에 여운을 가져다주는 예가 많다.

● 男性語의 特徵

✓ 격식을 차린 장면에서 한자 사용 빈도가 높다.

✓ 「ぞ」나 「ぜ」 등의 종조사를 자주 사용한다.

✓ 1인칭대명사의 종류가 다양하다.

✓ 命令文을 잘 사용한다.

☑ 현재 일본어 **女性語** 특징은 앞의 예처럼, 여성전용의 **終助詞, 人稱代名詞,** **感歎詞** 사용과 동사 명령형을 사용하지 않는 점을 들 수 있다. 그러나 최근의 자료에서는 종래 여성전용어였던 「かしら」「だわ」「のよ」와 같은 **文末**의 용법을 사용하는 여성이 점점 줄고 있고, 남성전용어였던 文末의 「ぞ・だ・だよ・なあ」와 동사에 직접 접속하는 「よ」등을 사용하는 여성이 늘어나고 있다고 보고되고 있는 실정이다. 또 여성이 보다 정중한 말씨를 사용한다는 조사도 있는 한편, 정중한 정도는 **性差**에 따른 것이 아니라, 지위나 파워의 차에 따른 것이라는 보고도 있다. 이처럼 **女性語**의 실태가 극히 애매모호해지고 있는 실정이다. 그러나 중세이후에 생겨나 **明治**시대에 완성된 이 **女性語**는, 아직 한국어나 다른 언어에 비하면 특이한 현상이라고 볼 수밖에 없다. (**飛田良文他**(2007)『**日本語学研究事典**』**明治書院** 참조)

2005

8. 일본어는 구어체에서 남성어와 여성어로 분류되는 특성이 있다. 다음을 남성어와 여성어로 분류하여 그 번호를 쓰시오. (2점)

---

① 相づちが多い。
② 改まった場面での漢字の使用頻度が高い。
③ 「ぞ」や「ぜ」などの終助詞をよく使う。

---

④ 1人称代名詞として「あたし」をよく使う。

⑤ 感動詞の種類が多く、その使用頻度も多い。

⑥ 「きれいね。」のように文末の「だ」を省くことが多い。

⑦ 「すてき」といった主観的な評価を伴う形容詞をよく使う。

2006

16. 현대일본어에는 남녀 언어 표현의 차이가 있다. 그 차이를 고려하여 다음 남녀 대화문을 동일한 의미의 표현이 되도록 빈칸 ①~③을 완성하시오. [3점]

〈女性同士の対話〉

A : (①)、韓国から輸入されたCD持っている？

B : ええ、持っているわよ。

A : ちょっと来週の宿題をするために借りたいんだけど、(②)。

〈男性同士の対話〉

A : すずきくん、韓国から輸入されたCD持っている？

B : うん、(③)。

A : ちょっと来週の宿題をするために借りたいんだけど、いいかな。

2. 年齢
① 老人語：身代(財産)・いいなずけ(婚約者)

② 幼児語：お手手・おべべ・ねんね・マンマ・ブーブー(自動車)・ワンワン

☑ 젊은층에서는 신어, 유행어, 외래어 사용이 많다. 예를 들면 「キモイ(気持悪い)・マイウ(うまい)・セレブの女(お金持ちの女) 등이 있다.

3. 職業・階層 등 社会集団
① 隠語：サツ(警察)・ムショ(刑務所)・デカ(刑事)・ヒモ(情夫)・ヤク

（麻薬）

☑ デカは くそでかの 준말로 원래는 角袖巡査(明治時代의 사복형사)에서 온 말로 角袖가 도치되었음

② 学生用語：学食・代返(대리출석)

③ 警察用語：ホシ(容疑者・犯人)・タレコミ(密告)

④ 忌詞：四→よ・よん / 死ぬ→亡くなる / 散会→お開き

日本語 어구성(語構成)에 의한 音의 変化

1. 연탁현상(連濁現象)

두 개의 단어가 복합어가 될 때, 후부의 단어의 語頭가 濁音으로 되는 현상을 말함.

예 : (歯車)歯+車→ はぐるま　　（花火)花+火→ はなび
　　(目薬)目+薬→ めぐすり　　（腕時計)腕+時計→ うでどけい
　　(拍子木)拍子+木→ ひょうしぎ

이처럼 연탁(連濁)은 말이 복합되었을 때 일어나는 현상이라고 해도 반드시 규칙대로 되지 않고, 다음과 같은 환경에서는 連濁 현상이 일어나기 어렵다.(『日本語教育ハンドブック』pp.232~234 참조) 또 공통어의 현상을 보면, 연탁은 말에 따라서는 점차 사용되지 않게 되는 경향이 강하다.

① 「動詞+動詞」의 구조로 되어 있을 경우

話(はな)しかける, ふりかける, 使(つか)いすてる, 書(か)きとめる

단, 前部要素가 연용형 명사이거나 転成名詞는 연탁(連濁)하는 경우가 있다.(예: 行(い)きづまる, 行(い)きどまる, 行(い)きがけ・通(とお)りがかり・つかみどり・歩(ある)きづかれ)

② 並列이나 対等의 관계에 있을 경우

上下(うえした), 親子(おやこ), 草木(くさき), 白黒(しろくろ), 高低(たかひく), 田畑(たはた), 父母(ちちはは), 野原(のはら), 山川(やまかわ), 読(よ)み書(か)き, 売(う)り買(か)い, 生(い)き死(し)に, 開(あ)け閉(し)め

③ 수식관계에 있어서도 後部 제2拍이 濁音인 경우

くずかご, ざるそば, さつたば, 絵(え)ちず, 舌(した)つづみ, 絵(え)はがき, 朝(あさ)かぜ, 口(くち)かず, 人(ひと)かげ, 街(まち)かど, 鼻(はな)かぜ, 礼儀(れいぎ)ただしい, 心(こころ)さびしい, 手(て)きびしい, ものすごい, ものしずかな

　☑ 단, 後部 제2拍이 清音인 경우는 다음과 같이 連濁化 한다.
　　예: 夜(よ)ざくら, 紙(かみ)ぶくろ, 絵(え)ごころ, 顔(かお)じゃしん, 草(くさ)ぶかい, 計算(けいさん)だかい, 心(こころ)ぼそい

④ 「名詞+動詞」로 前部가 後部의 目的格으로 되어있는 転成名詞는 連濁하기 어렵다.

絵(え)かき, 紙(かみ)きり, ゴミすて, 魚(さかな)つり, 肩(かた)たたき, 貝(かい)ひろい, 罪(つみ)つくり, 塵(ちり)とり, 穴(あな)ほり, 根(ね)ほり葉(は)ほり

例外: 言葉(ことば)づかい, 人(ひと)づかい, 店(みせ)びらき, 山(やま)びらき, 店(みせ)じまい

⑤ 擬声語・擬態語는 連濁하지 않는다.

かんかん照(て)る, からから鳴(な)る, きいきい言(い)う, きらきら光(ひか)る, きゃあきゃあ騒(さわ)ぐ, くんくん鳴(な)る, ころころ転(ころ)んでる, さらさら流(なが)れる, しく

しく泣く, すやすや眠ってる, するする登る, せかせかする, ちらちら
見える, ぱらぱら降ってる, ふらふら歩く

⑥ 促音직후는 連濁하지 않는다.

　これっくらい, どれっくらい, これっきり, なきっつら, かったるい,
ありったけ

　☑ 단, ハ行音・バ行音이 パ行音(半濁音)이 될 경우가 있다.
　書きっぱなし, 立ちっぱなし, だだっぴろい, あけっぴろげ, 話しっ
ぷり, よっぽど

2. 연성현상(連声現象)(1999·2003 임용)

　두 개의 말이 복합어를 이룰 때 뒷말의 어두 음운에 변화가 생기는 것
을 말한다. 즉 −m −n −t 다음에 ア・ヤ・ワ行이 올 때 그것이 マ・ナ・
タ 行으로 전화되는 현상을 말한다.

　중세 말기까지는 일반적이었으나, 점점 쇠퇴하여 현재까지 남아 있는
예는 다음과 같은 것이 있다. 주로 한자음에서 일어나는 현상이다.

　예 : (三位) サンイ→ サンミ　　　　(陰陽) オンヨウ→ オンミョウ
　　　(天皇) テンオウ→ テンノウ　　　(観音) カンオン→ カンノン
　　　(仏音) ブッオン→ ブットン　　　(雪隠) セッイン→ セッチン

3. 조수사의 음 규칙(助数詞の音規則)

　助数詞는 数字에 붙어서 数詞를 구성하는 접미사이다. 助数詞가 모두
어떠한 数字에 다 붙는 것은 아니다. 「一見」「一睡」는 사용되지만, 「二
見, 三見… 二睡, 三睡 …」등은 사용되지 않는다. 또한 「一工夫」「一苦

労」 등은 겨우 「一一, 二一…」정도이다. 「一合目」「一割」등은 일반적으로 1에서 10까지이다. 따라서 접속방법에 관한 音 규칙이 문제가 되는 것은 1에서 10, 혹은 그 이상의 숫자에 접속되는 것이 중심을 이룬다.

助数詞의 音 규칙은 복잡하지만, (NHK編)『日本語発音アクセント辞典』의 해설 편에서 「数詞의 발음」「助数詞의 발음」「악센트」등으로 나누어 상세하게 서술하고 있으므로, 이를 참고로 한다.

① 「数詞+助数詞」의 형태로 1에서 10까지 헤아린 경우, 助数詞의 종류에 따라 数詞가 漢語, 漢語와 和語의 혼합, 和語 등의 그룹으로 나눌 수 있다.

- 漢語 : 一 二 三 四 五 六 七 八 九 十
    → 秒・位・学期・グラム・号・台・ドル・番 등
  一 二 三 四 五 六 七 八 九 十(十)
    → 冊・才・週・種類・章・足・cm・世紀・世帯・点
- 漢語와 和語 : 一 二 三 四 五 六 七 八 九 十 → 役・場所・編・幕・棟
- 和語 : 一 二 三 四 五 六 七 八 九 十 → 月・幕目・言・度・晩

② 数詞에 접한 경우, 助数詞의 발음에 따른 분류 방법이 있다.
- 변화하지 않는 것
    番目・号・秒・割・時間・年生・名・人・円・メートル
    級・か月・か国・か所・個・曲・ヘルツ・センチ・キロ 등

- 3에 접속되는 助数詞의 어두가 濁音化하고, 나머지는 변하지 않는 것

三階(サンガイ), 三軒(サンゲン), 三升(サンジョー)

三寸(サンズン), 三足(サンゾク), 三尺(サンジャク)

- 1, 3, 6, 8, 10에 접속되는 助数詞의 어두가 パ行音(半濁音)으로 변하는 것

  一分(イップン), 三分(サンプン), 六分(ロップン),

  八分(ハップン・ハチフン), 十分(ジュップン・ジップン)

  一拍(イッパク), 三拍(サンパク), 六拍(ロッパク),

  八拍(ハッパク), 十拍(ジュッパク・ジッパク)

  一敗(イッパイ), 三敗(サンパイ), 六敗(ロッパイ)

  八敗(ハッパイ・ハチハイ), 十敗(ジュッパイ・ジッパイ)

  그 외 「~泊ばく・~発ばつ・~歩ぼ」등이 있다.

- 1, 3, 6, 8, 10에 접속되는 助数詞의 어두 중 3의 경우가 濁音, 그 외는 パ行音(半濁音)으로 되는 것

  一匹(イッピキ), 三匹(サンビキ), 六匹(ロッピキ)

  八匹(ハッピキ・ハチヒキ), 十匹(ジュッピキ・ジッピキ)

  一杯(イッパイ), 三杯(サンバイ), 六杯(ロッパイ)

  八杯(ハッパイ・ハチハイ), 十杯(ジュッパイ・ジッパイ)

- 1, 6, 8, 10 때는 「パ」또는 「ワ」로 되고, 그 외는 「ワ」로 되는 것

  一羽(イッパ・イチワ), 二羽(ニワ), 三羽(サンワ), 四羽(ヨンワ), 五羽(ゴワ), 六羽(ロッパ・ロクワ), 七羽(シチワ・ナナワ), 八羽(ハッパ・ハチワ), 九羽(キューワ・クワ), 十羽(ジュッパ・ジッパ・

ジューワ)

4. 모음교체 (母音交替, ablaut, vowel gradation)

하나의 단어 안에서 모음이 다른 모음과 교체되는 것을 말함. 일본어는 「e」음을 꺼려한다는 설이 있는데, 일본어학에서는 금후 연구과제로 되어 있다.

「e」→「a」	雨(あめ)+具(ぐ)→雨具(あまぐ)
	雨(あめ)+窓(まど)→雨戸(あまど)
「o」→「a」	白(しろ)+木(き)→白木(しらき)
「i」→「o」	木(き)+陰(かげ)→木陰(こかげ)
	木(き)+の+葉(は)→木葉(このは)

5. 동화(同化, assimilation)

인접하는 2개 음의 한 쪽이, 다른 쪽을 같은 音 또는 닮은 音으로 변화하는 것을 同化라 한다.

예 : くびす＞きびす / ぬの＞のの / さむい＞さみい

6. 이화(異化, dissimilation)

同化와는 역으로 같은 音 또는 닮은 音의 한쪽이 보다 다른 音으로 변화하는 것을 異化라 한다.

예 : ななか＞なぬか、なのか

7. 음운전도(音韻転倒, 音韻転換, 音位転換, metathesis)

語中에서 2개의 音이 서로 위치를 바꾸는 현상을 말한다. 共時的으로

114

는 일종의 「言い誤り」이고, 어린아이들 말에 많이 보인다.

예 : (消ゴム)kesigomu→kesimogu

(小刀)kogatana→koganata

新たし(あらたし)＞あたらし　　　　　しだら＞だらし

茶釜(ちゃがま)＞ ちゃまが　　　　　晦(つごもり)＞ つもごり

8. 음운첨가(音韻添加, addition)

音消失(loss)과는 반대로, 語에 어떤 音이 첨가되는 현상이다. 共時的
으로는 아마 발음을 쉽게 하기 위하여, 임시적으로 어떤 음이 첨가되는
것을 말한다.

① 어두음 첨가 : ロシア → おロシア(大和 말에는 ラ行로 시작되는
말이 없어, 발음하기 어려웠으므로 「お」를 첨가했다. 현재는 사용
되지 않는다.)

② 어중음 첨가 : 場合(ばあい) → ばわい、ばやい(w, j음 첨가)

試合(しあい) → しやい (j음 첨가)

鳶(とび) → とんび / あまり → あんまり / 皆(みな) → みんな
(撥音 첨가)

やはり → やっぱり, やっぱし / 真青(まさお) → まっさお (促音
첨가)

春雨(はるあめ)→ はるさめ (s음 첨가)

夫婦(ふふ)→ ふうふ (u음 첨가)

③ 어말음 첨가 : いや→ いやん

9. 음탈락(音脱落, loss)

語속의 어떤 音이 消失되는 것을 말한다.

① 어두음 탈락 : (わたし) watashi 〉 (あたし)atashi

② 어중음 탈락 : (かつおぶし) katsuobushi 〉 (かつぶし)katsubushi

(こんぶ)kombu 〉 (こぶ)kobu

(たんどん)tandon 〉 (たどん)tadon(炭団)

(かほ)kaho 〉 (かお, 顔)kao

③ 어말음 탈락 : (大根)daikon 〉 (だいこ)daiko

10. 혼효(混淆, 混交, Contamination, blending)

형식과 의미가 닮은 2개의 語 또는 構文이 심리적으로 混同·合成되어 새로운 형식이 생기게 되는 것을 말함.

예 : ゆする(揺する)+すすぐ(濯ぐ)→ ゆすぐ(濯ぐ)

やぶる(破る)+さく(裂く)→ やぶく (破く)

とらえる(捕らえる)+つかまえる(捕まえる)→とらまえる(捕らまえる)

まがふ(紛ふ)+ちがふ(違ふ)→まちがふ(間違ふ)

ゴリラ+クジラ→ ゴジラ

ライオン+タイガー → ライガー

ソフト+ハード → ソード(会社名)

smoke+fog → smog

magazine + book → mook(잡 지식 서적, 대중 소설 등)

政界+財界 → 政財界乳児+幼児 → 乳幼児

混淆는 발생적으로는 일종의 오용이지만, 어형성의 한 수단으로 의도

116

적으로 행해지는 경우가 있다.

예 : breakfast+lunch→ brunch

motor+hotel→ motel

Europe+Asia→ Eurasia

짜장면+스파게티→ 짜파게티

11. 민간어원설(民間語源説, folk etymology)

言語史에 지식을 가지지 않은 민중이 語의 語源을 형태나 의미에 가깝게 접근하기 위하여 通俗的으로 해석하는 것을 말한다.

예 : イッショケンメー(一所懸命) → イッショーケンメー(一生懸命)

12. 유추(類推, analogy)

언어 형식이 (수적으로)우세한 쪽으로 끌려가는 것을 유추라 한다. (언어형식이 어떤 규범에 따라 동질적으로 변화하는 것을 말한다.)

know−knew−known   throw−threw−thrown

→ snow−snew−snown

ヒ(日) → ヒル(昼) ヨ(夜) → ヨル 와의 대응에 응해서 일어난 것

---

05 日本의 성씨 랭킹 100위
─────────────────────────────────

☑ 일본인의 姓은 일본인들조차 읽을 수 없을 정도로 그 수가 많고, 또한 동일한 한자의 姓이라도 읽는 방법이 다른 경우도 있다. 일본어를 전공하는 학습자는 최소한 일본의 姓200개 정도는 읽을 수 있었으면 한다. 랭킹 순위는 名字辞典에 기록된 숫자를 기본으로 하여 동일한 숫자가 나왔을

경우에는 여러 문헌을 참고하여 랭킹 100位를 만들어 보았다. 日本의 성씨 악센트는 平板型 아니면 뒤에서 3번째 拍에 악센트가 온다. 악센트 型은 音声·音韻論편을 참조했으면 한다.

1. 佐藤(さとう)220万

2. 鈴木(すずき)220万

3. 田中(たなか)150万

4. 高橋(たかはし)130万

5. 渡辺(わたなべ)100万

6. 山本(やまもと)100万

7. 伊藤·伊東(いとう)88万

8. 小林(こばやし·おばやし)85万

9. 中村(なかむら)80万

10. 斉藤(さいとう)70万

11. 加藤(かとう)70万

12. 山田(やまだ)60万

13. 吉田(よしだ)55万

14. 佐々木(ささき·さざき)45万

15. 井上(いのうえ·いのかみ·いのえ)45万

16. 木村(きむら)45万

17. 松本(まつもと)40万

18. 清水(しみず·きよみず)40万

19. 林(はやし)40万

20. 山口(やまぐち·やまくち·やまのくち)40万

21. 山崎(やまざき·やまさき)35万

22. 池田(いけだ)35万

23. 中島(なかじま・なかしま・なかのしま)35万

24. 森(もり)35万

25. 橋本(はしもと)35万

26. 小川(おがわ・こがわ)35万

27. 長谷川(はせがわ・ながたにがわ)35万

28. 石川(いしかわ)30万

29. 岡田(おかだ・おかた)30万

30. 青木(あおき)30万

31. 金子(かねこ)30万

32. 内田(うちだ・うちた)30万

33. 太田・大田(おおた)26万

34. 近藤(こんどう)22万

35. 和田(わだ)22万

36. 小島(こじま・おじま)22万

37. 阿部(あべ・あぶ)22万

38. 島田(しまだ)22万

39. 遠藤(えんどう)22万

40. 田村(たむら・たのむら)22万

41. 前田(まえだ・まえた)20万

42 後藤(ごとう)17万

43. 福田(ふくだ・さきた)17万

44. 藤井(ふじい・くずい)17万

45. 中野(なかの)17万

46. 岡本(おかもと)17万

47. 横山(よこやま)17万

48. 高木(たかぎ・たかき)17万

49. 大塚(おおつか)17万

50. 小山(おやま・こやま)17万

51. 野田(のだ・のた)17万

52. 辻(つじ)17万

53. 村上(むらかみ)14万

54. 原(はら)14万

55. 小野(おの・おぬ・さの)14万

56. 武田(たけだ・たけた)14万

57. 上野(うえの・あがの・かみの・かみつけ・こうずけ)14万

58. 関(せき)14万

59. 吉村(よしむら・きちむら)13万4千

60. 石井(いしい・いわい)13万

61. 三浦(みうら)13万

62. 宮本(みやもと)13万

63. 片山(かたやま)13万

64. 横田(よこた)13万

65. 西川(にしかわ・にしがわ・さいかわ)13万

66. 中川(なかがわ・なかかわ・なかつがわ)13万

67. 北村(きたむら)13万

68. 大野(おおの・おおや・おの)13万

69. 竹内(たけうち・たけのうち)13万

70. 原田(はらだ)13万

71. 松岡(まつおか)13万

72. 矢野(やの)13万

73. 安藤(あんどう)13万

74. 西村(にしむら)13万

75. 森田(もりた)11万

76. 上田(うえだ・うえた・かみた・あげた)11万

77. 野村(のむら)11万

78. 田辺(たなべ・たのべ)11万

79. 石田(いしだ・いした・いわた)11万

80. 中山(なかやま・なかつやま・うちやま)11万

81 松田(まつだ・まつた)11万

82. 丸山(まるやま)11万

83. 広瀬(ひろせ)11万

84. 山下(やました・やまのした・やまもと)11万

85. 久保(くぼ)11万

86. 松村(まつむら)11万

87. 新井(あらい・にいい)11万

88. 川上(かわかみ・かわがみ)11万

89. 大島(おおしま・おおじま)11万

90. 野口(のぐち・のくち・ののくち)11万

91. 福島(ふくしま・ふくじま・ふぐしま)11万

92. 黒田(くろだ・くろた)11万

93. 増田(ますだ・ましだ・ました)11万

94. 今井(いまい)11万

95. 桜井(さくらい)11万

96. 石原(いしはら・いしわら・いしばら)11万

97. 服部(はっとり・はとり・はった・ふくい・はとりべ)11万

98. 藤原(ふじわら・ふじはら)11万

99. 市川(いちかわ・いちのかわ)10万

100. 菊地(きくち・くくち)10万

● 参考文献

石野博史(1983)『現代外来語考』大修館書店

玉村文郎(1984)『語彙の研究と教育(上)(下)(日本語教育指導参考書12)』国立国語
　　　研究所

西尾寅弥(1988)『現代語彙の研究』明治書院

日本語教育学会編(1998)『日本語教育ハンドブック』大修館書店

日本語教育学会編(2005)『新版日本語教育辞典』大修館書店

野村雅昭(1984)「語種と造語力」『日本語学 5月』明治書院

飛田良文編者(2007)『日本語学研究事典』明治書院

飛田良文(1982)「現代語彙の概説」『講座日本語の語彙7 現代の語彙』明治書院

宮地裕(1982)「現代語の語構成」『講座日本語の語彙7』明治書院

5. 敬 語

[2] 次の問いに答えなさい。

(1−3)次の文から敬語の使い方がまちがっている所をとりだし、書きなお
　　しなさい。

1. お客さまが全部お降りしてからお乗りください。(1점)

2. 母が先生によろしくとおっしゃいました。(1점)

3. それでは、あすにでもお宅へいただきにいきます。(1점)

3.次の文の中で敬語に直せる言葉を全部敬語にして、なるべく丁寧な言い
　　方に書き直しない。(2点)

さあ、遠慮しないで、ゆっくり見ろ。

2. 次の文の下線部(①、②)を「目上の人」に言う表現にしなさい。(총 4점)

2−1. 風邪で頭痛が① しますので、② 休みます。(2점)

　　　→

2−2. 都合の① いい日を② 言ってください。(2점)

　　　→

3. 下の会話の場面を考えた上で、下線部A~Dの間違った敬語表現を書き直
　　しなさい。(2점)

金：金ですが、先生A)<u>いますか</u>。

先生の妻：ええ、B)<u>待っていました</u>。どうぞ、お入りください。

金：失礼致します。仙台へC)<u>行ってきましたので</u>、これお菓子、少しばかりですが。D)<u>食べていただこうと思いまして</u>……。

先生の妻：「それはありがとうございます。さっそく今晩いただきます。

5−1. 다음 대화문의 밑줄 친 표현 중에서 잘못되어 있는 3곳을 찾아 바르게 고쳐 쓰시오.(2점)

訪問客：<u>ごめんください</u>。

高校生：はあい。

訪問客：私はこの前お電話した<u>お父さん</u>の古い友だちですが、お父さん、<u>いらっしゃいますか</u>。

高校生：あのう、急用で出かけていて、<u>おりませんが</u>…。

訪問客：そうですか…。困ったなあ。いつごろ<u>お帰りになるか</u>、わかりませんか。

高校生：すぐ<u>お帰りになる</u>と思います。お客さんがあるからすぐもどると言っていましたから。

訪問客：あ、そうですか。それじゃあ…。お母さんは<u>いらっしゃいますか</u>。

高校生：はい。<u>お母さんは裏にいます</u>からいま呼んできます。ちょっと<u>お待ちしてください</u>。

16. 다음 대화를 읽고, 밑줄 친 부분을 경어 표현으로 고치시오. (4점)

受付：いらっしゃいませ。

木村：木村ともうしますが、経理部の田中さんに① 会いたいのですが。

受付：経理部の田中ですね。失礼ですが、お約束していらっしゃいますか。

木村：いいえ、近くまでまいりましたので、寄ってみたのですけれ
　　　ど……。

受付：そうですか。では、② ちょっと待ってください。

(電話で)

　　　木村様と③ いう人が来ていますが……。近くまでいらっしゃったのでお
　　　寄りになったそうです。

　　　……はい、承知いたしました。

(木村へ)

　　　④ 今、来るのでここに入ってお待ちください。

木村：はい、では待たせていただきます。

2004

7. 밑줄 친 부분의 보통어 표현을 겸양어 표현으로, 존경어 표현을 보통어 표현
　으로 고쳐 쓰시오. (총 2점)

7-1. これからも世界の動向にたえず注目していこうと思います。(1점)

7-2. そんなにお酒を召し上がったら、お体に毒ですよ。 (1점)

13-2. 일본어 대화체에는 「です・ます体(정중체)」와 「友達言葉(반말체)」가 있
　　다. 〈보기〉와 같이 밑줄 친 부분의 정중체를 적합한 반말체로 고치시오. (1점)

〈보기〉

鈴木さんも来ますよ。　　　　　→ 鈴木さんも来るよ。

名古屋に住んでいるんですか。　→ 名古屋に_____。

2005

21. 다음 대화문에서 경어의 사용이 <u>잘못된</u> 부분을 찾아 바르게 고치시오. (2점)

> A：今日はどこへおいでになりましたか。
>
> B：ひさしぶりに美術館に行ってまいりました。
>
> A：あ、そうですか。いい作品をご拝見なさいましたか。
>
> B：ええ、ほんとうによかったです。
>
> A：お疲れになったでしょう。お茶でもお入れしましょうか。

2006

23. 다음 두 사람의 대화에서 잘못된 부분을 바르게 고쳐 쓰고, 그 이유를 쓰시오. [3점]

> 武田(A社)：社長さんいらっしゃいますか。
>
> 野村(B社)：はい、社長さんはただいま、お出かけになっていらっしゃいます。

2007

19. 밑줄 친 부분 중 경어 사용법이 바르지 않은 것의 번호를 쓰고, 바르게 고치시오. [3점]

> 来週の日曜日に①参上いたします。
>
> それでは、発表を②始めさせていただきます。
>
> 「山下さん、③いらっしゃいましたら、窓口まで④おいでください」と
> 放送が流れた。

金魚にえさを⑤やっていた兄が、「今の、変だろう」と言った。

「よかった」と先生が⑥おっしゃられた。

ご用の節は⑦お呼びになってください。

弟もそれをあの方から⑧伺ったそうです。

2009

28. 주어진 상황에 적합한 일본어 표현으로 가장 자연스러운 것은?

① 会社の同僚が家まで迎えに来た場合：わざわざ家まで来てもらってありがとう

② 窓の近くにいる人に窓を開けるよう依頼する場合：すみません、窓を開けていただきませんか

③ 部長に早退の許可をとる場合：部長、今日は用事があるんですから早く帰ります

④ 観光客に日程を説明する場合：それでは、今日のスケジュールをご紹介してさしあげます

⑤ 取引先からの電話を受けた場合：社長はただ今、席を外しておりますが、どんなご用でしょうか

01 일본어 대우표현

대우표현은 보통 경어(敬語)와 비어(卑語)로 나누는데, 비어(卑語)는 일본어교육의 대상이 아니고, 경어가 중요한 대상이 된다. 경어는 話者가 화제의 인물이나 듣는 사람·장면 등의 배려에 따라 敬意나 정중한 태도

등을 나타낸다.

경어는 화제의 인물에 대한 경의 표현인 화제경어(話題敬語)와 듣는 사람에 대해서 정중한 태도를 표현하는 대자경어(対者敬語)로 나눈다.

話題敬語는 존경어와 겸양어로 나누는데, 존경어(尊敬語)는 「仕手敬語」라고도 하는데, 文의 주체가 되는 인물을 높이는 표현을 말한다. 그 対를 이루는 것은 겸양어(謙讓語)로 「受け手敬語」라고도 하는데, 상대를 높이고 자기를 낮추는 경어를 말한다.

또한 対者敬語는 丁寧体(丁寧語)와 丁重体(丁重語)로 이루어지는데, 丁寧体는 「です・ます」体라고도 한다. 그리고 丁寧体라고도 하는 丁重体의 중심을 이루는 것은 「ございます」이다.

이와 같이 일본어의 경어는 중심적인 원형(prototype)에서 주변적인 것까지 연속체를 이룬다고 볼 수 있다.

어떠한 표현이 尊敬語・謙讓語・丁寧語(丁重語)에 속하는지 알아보기로 한다.

1. 尊敬語

● 尊敬動詞：なさる，あそばす(する)，おっしゃる(言う)，くださる(くれる)，いらっしゃる(行く、来る、いる)，召し上がる(食べる、飲む)

● 尊敬の助動詞：れる，られる

● 「お」の添加－お ＋ 動詞の連用形 ＋ になる：お読みになる，お掛けになる

　　　　　　　　　　　　　　　　なさる：お書きなさる，お立ちなさる

　　　　　　　　　　　　　　　　あそばす：お聞きあそばす

くださる：お示しくださる

お ＋ 形容詞の連体形 ＋ です：お美しいです

お(ご) ＋ 形容動詞の語幹 ＋ です：おきれいです, ごりっぱです, お
元気です

- 尊敬体言：どなた, この(こちらの)方, 令息, 令嬢, 貴下, 閣下, 高見
- 尊敬接頭語：ご成功, お名前, 御身, 御仏
- 尊敬接尾語：中村さん, 皆様

2. 謙譲語

- 謙譲動詞：さしあげる(やる), まいる(行く, 来る), もうす(言う), い
たす(する), いただく(もらう), うかがう(訪問する), 存ずる(知る,
思う), うけたまわる(聞く, 引き受ける)
- 「お、ご ＋ 동사連用形 ＋ する」：お見せする, お持ちする, お借り
する, お返しする, お送りする, お受けする, お知らせいたします
- おとどけもうします, おゆるしいただきます, 払いねがいます, 読ん
でいただきます(読ませていただきます), 教えてあげます, ご一緒
します, ご案内いたします, ご協力もうしあげます, ご報告もうしあ
げます, ご利用いただきます
- 謙譲体言：私, 私こと, 私供, 僕ら, 家内, 主人, 拙稿, 拙筆, 拝見,
小生, 卑見, 愚息

3. 丁寧語・丁重語

丁寧語 →「명사・형용사 ＋ です」,「동사 ＋ ます」

- ソウルは今何時ですか。

- この映画はおもしろいですよ。
- 毎日運動をします。

  ☑ 丁重語 → 「ございます(あります)」が 대표적이고, 겸양어와 중복이 되는 「参ります・いたします・おります・でございます(です)」도 丁重体 혹은 「ご丁寧体」 표현이라 할 수 있다.

- 生活用品の売り場は5階にございます。
- お風呂場にご案内いたします。
- 出発のご用意ができております。

2008

12. 다음의 ㉮와 ㉯는 사장을 만나러 온 사람에게 비서(秘書)가 말할 수 있는 서로 다른 경어 표현이다. 비서는 ㉮와 ㉯에서 각각 누구에게 말하고 있는지 그 적절한 대화 상대를 쓰시오. [2점]

㉮秘書：はい、社長はおります。少々おまちください。
㉯秘書：はい、社長はいらっしゃいます。少々おまちください。

2009

〈보기〉

ㄱ. 先生、どこに行かれますか。

ㄴ. この頃、お忙しいでしょうか。

ㄷ. ちょっとお茶でも飲みましょう。

ㄹ. これから父のところへ参ります。

ㅁ. この商品は無料でお届けします。

ㅂ. どうぞ、おかけになってください。

ㅅ. 藤田さんは何時頃いらっしゃいましたか。

ㅇ. 暑いので、上着を脱がせていただきます。

14. 〈보기〉에서 경어의 용법이 같은 것끼리 모은 것은?

① ㄱ, ㄴ, ㄹ, ㅂ   ② ㄱ, ㄴ, ㅂ, ㅅ   ③ ㄴ, ㄷ, ㅁ, ㅇ
④ ㄴ, ㄹ, ㅁ, ㅇ   ⑤ ㄴ, ㄹ, ㅂ, ㅅ

2010

12. (가)는 대우표현을 이용한 학생의 글이고, (나)는 이에 대한 교사의 지도이다.
교사의 지도로 옳은 것은?

① (가) お客さま、まだお部屋にいらっしゃいますか。
  (나) 「いらっしゃいますか」を「おりますか」に直した方がいい。

② (가) 失礼ですが、山田さんのお父さんでおりますか。
  (나) 「おりますか」を「ございますか」に直した方がいい。

③ (가) 今、お時間、おありですか
  (나) 「おありですか」を「いらっしゃいますか」に直した方がいい。

④ (가) うちの母が先生に拝見したいと言っております。
  (나) 「拝見したい」を「お会いしたい」に直した方がいい。

⑤ (가) 紹介状をお持ちしていらっしゃいますか。
  (나) 「お持ちして」を「ご持参して」に直した方がいい。

2010

19. 〈例〉から正しい待遇表現を選んだものは?

〈例〉
ㄱ. 部長が書かれた報告書に課長も目を通されました。
ㄴ. 先生、先生も来週のピクニックに誘ってさしあげましょうか。

132

ㄷ. 後ほど、こちらからお電話をかけさせていただきます。

ㄹ. 私は新幹線の駅名を全部存じ上げています。

ㅁ. すみません、そちらにうちの父おじゃましておりませんか。

ㅂ. 面接では、聞かれた質問についてよくお考えして答えました。

① ㄱㄴㅂ　　② ㄱㄷㅁ　　③ ㄱㄷㅂ　　④ ㄴㄹㅂ　　⑤ ㄷㅁㅂ

◆ 二重尊敬語

1. 先生がお教えになられたことをよく考えなさい。（×）
   先生がお教えになったことをよく考えなさい。（○）

2. 先生はもうご退職されております。（×）
   先生はもう退職されています。（○）

3. 今ご家族にお電話なさいますか。（○）
   今ご家族にお電話しますか。（×）

4. ここでお待ちしますか。（×）
   ここでお待ちになりますか。（○）
   ここでお待ちになられますか。（×）

5. そろそろお読みになられますか。（×）
   そろそろお読みになりませんか。（○）
   そろそろ読まれませんか。（○）

6. お風邪をおひきになった。（×）
   風邪をおひきになった。（○）

7. おすわってください。（×）

　おすわりください。（○）

　おすわりになられてください。（×）

　おすわりになってください。（○）

◆ どこかおかしい敬語

1. 社長は、ゴルフをおやりになりますか。→

2. 部長はおりませんか。→

3. 課長、私の説明がわかりますか。（部下が課長に）→

4. 課長、そろそろまいりませんか。→

5. 課長、遅くまでご苦労さまです。→

6. 取引先の会長が、ご訪問される →

7. 部長、そこの茶碗取ってくれませんか →

8. 犬にえさをあげる →

9. 都合により本日休業させていただきます。→

10. おじいさん、おひとりで行かれますか。→

11. 印鑑をご用意してください。→

12. 祝電がまいっています。→

13. お色直しが終わって.....→

14. おはがきをいただいて、どうも、すみません。→

15. 危険ですからご注意してください。→

16. 川端康成さんがお書きになった作品です。→

17. 老人を先に降ろしてやってください。→

18. 手間が省けてお使いやすい品です。→

19. 忘れ物いたしませんよう、気をつけてお降りください。→

20. 本商品のお召し上がり方をご説明いたします。→

21. 格安_{かくやす}のお値段_{ねだん}でお求めできる →

21. 格安のお値段でお求めできる →

22. お問い合わせ先は、下記まで。 →

23. お客様、こちらはたいへんお安くなっています。 →

24. 坊ちゃんに差し上げてください。 →

25. 荷物は、お客様ご自身の手でお持ちしてください。 →

26. 社長、長い間お世話様でした。 →

27. ご心配_{しんぱい}かけまして申し訳_{もうわけ}ありません。 →

28. 先生はご本をお読みになっていらっしゃいます。 →

02 「お・ご」에 관하여

2001

4. 次の問いに答えなさい。

　(　　)に接頭語「お・ご」を付けなさい。ただし、両方とも付けにくいのは
(×)にしなさい。(2점)

1. (　　)料理　　　　　　2. (　　)学校　　　　　　3. (　　)希望

4. (　　)味噌　　　　　　5. (　　)ゆっくり

1. 「お」와「ご」의 쓰임

① お + 和語(순수한 일본어)

　お箸_{はし}, お湯_ゆ, お鍋_{なべ}, お手紙_{てがみ}, お名前_{なまえ}, お忙_{いそが}しい, お美_{うつく}しい, お帰_{かえ}り, お知_しらせ, お許_{ゆる}し, お勤_{つと}め, お答_{こた}え

② ご + 漢語

　ご意見_{いけん}, ご家族_{かぞく}, ご協力_{きょうりょく}, ご住所_{じゅうしょ}, ご専門_{せんもん}, ご理解_{りかい}, ご運_{うん}

③ お + 漢語的 意識이 약한 漢語

お宅（たく）, お茶（ちゃ）, お盆（ぼん）, お肉（にく）, お客（きゃく）, お味噌（みそ）

④ ご + 和語

ごゆっくり, ごもっとも, ごひいき

⑤ 日常生活에서 자주 쓰이는 말은 漢語라도 「お」를 붙여 사용한다.

お時間（じかん）, お食事（しょくじ）, お電話（でんわ）, お弁当（べんとう）, お風呂（ふろ）, お料理（りょうり）, お約束（やくそく）

⑥ 「お」와「ご」를 함께 쓰는 경우

お返事（へんじ） / ご返事（へんじ）, お通知（つうち） / ご通知（つうち）, お香典（こうでん） / ご香典（こうでん）(부의금)

⑦ 「お」를 붙이지 않으면 의미가 불분명하거나, 의미가 변하는 경우가 있다.

おむつ, おなか, おしゃれ, おひや, おかず, おひらき, おしぼり, おやつ, ごはん, おてもと, おやじ, おかげ, おにぎり, おまけ

⑧ 미화어(美化語（びかご）)로 사용된 「お」의 예

お豆, お花, お米, お化粧（けしょう）, お買（か）い上（あ）げ, お魚（さかな）, おビール, お水, お茶碗（ちゃわん）, お昼, お金, お野菜（やさい）, お勉強（べんきょう）, お安（やす）い, おトイレ, おズボン

　☑ 미화어(美化語（びかご）)는 「소재를 미화 하는 말, 자기 자신의 말을 장식하는 말, 또는 사물을 미화해서 표현하는 말로 자기의 품위를 유지하기 위해 사용하는 말로 정의되고, 보통 관용화해서 사용되는 말이 많다. 예를 들면, 「お待（ま）ち遠（どお）さま・お世話（せわ）さま・お節句（せっく）・お祝（いわ）い・お見舞（みま）い」등이 있다.

2. お, ごが 붙지 않는 말(柴田武의 調査)

① 외래어는 원칙적으로 「おコーヒー(?) おトマト(?) おスカート(?) おノート (?)」처럼 お나 ご가 붙기 어렵다. 그러나 예외로 「おジュース, おソース, おズボン, おトイレ, おビール」등은 お를 붙여 사용하기도 한다.

② お로 시작되는 말과 박수가 긴 단어에는 잘 붙이지 않는다.

お応接間(?), お大麦(?), おじゃがいも(?), おさつまいも(?), おいも (○), おほうれんそう(?), おこうもり傘(?), おしょうちゅう(?)

③ 자연현상, 공공 시설물을 나타내는 말에는 잘 붙이지 않는다.

お雨(?), お雪(?), お霜(?), ご学校(?), ご駅(?), ご病院(?), ご県庁(?)

④ 나쁜 감정이나 경멸을 나타내는 말에는 잘 붙이지 않는 경향이 있다.

おつら(?), お顔(○), おにきび(?), おあばた(?), おぐず(?), おしみ(?)
おまぬけ(?), ご誤解(?), ご失敗(?), ↔ ご成功(○)

⑤ 구체적인 동물·식물·음식에는 잘 붙이지 않는 경향이 있다.

おねこ(?), おばら(?), お松(?), おカレー(?), おすきやき(?), おうどん (?),お寿司(○)

⑥ 이미 존경의 의미를 나타낸 말에는 お·ご를 잘 붙이지 않는다.

おどなた(?), ご芳名(?), ご令嬢(?), ご貴下(?), ご高見(?)

● **参考文献**

大石初太郎(1974)『敬語』筑摩書房

菊地康人(1997)『敬語』(講談社学術文庫)講談社

田近洵一編著(1981)『くわしい国文法』文英堂

竹内美智子(1973)「副詞とは何か」『品詞別日本文法講座5』明治書店

「特集・敬語」『本語学』治書院.1983.1月号

日本語教育学会編(2005)『版日本語教育辞典』修館書店

飛田良文編者(2007)『本語学研究事典』治書院

南不二男(1977)「敬語の機能と敬語行動」『波講座日本語4 敬語』岩波書店

宮地裕(1971)「現代の敬語」『講座国語史7 敬語史』大修館書店

―――(1977)「日本語の敬語の構造と特色」『岩波講座日本語4』岩波書店

吉沢典男(1986)『どこかおかしい敬語』ごま書房

權奇洙・全成燁(1995)『標準日本語文法』慶成出版社

6. 文 法 論

単語 → 文節 → 文 → 文章

1. 単語

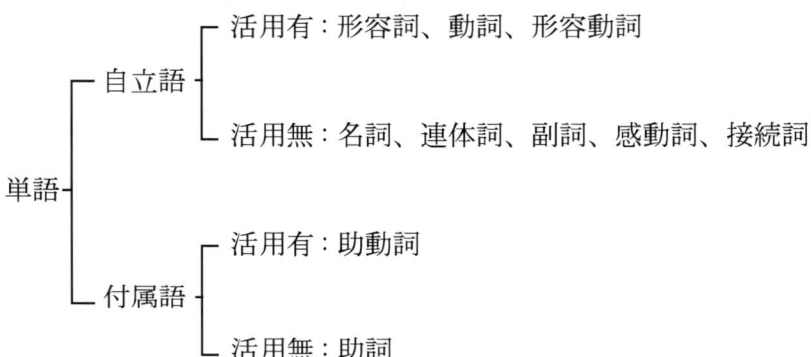

16. 일본의 학교문법은 크게 3가지 기준으로 품사를 분류하고 있다. (보기)를 참고하여 품사 분류 기준 3가지를 각각 1줄 이내의 일본어로 쓰시오. [3점]

(보기)

連体詞　　自立語である。

　　　　　活用がない。

　　　　　修飾語になる。

① (　　　　　　　　　　　　　　　　　　　)

② (　　　　　　　　　　　　　　　　　　　)

③ (　　　　　　　　　　　　　　　　　　　)

◈ 일본의 문법학자

● 山田孝雄(やまだよしお)

　일본 전통적인 문법연구 뿐만 아니라 서양의 심리학 등을 참조하면서 독자적인 이론체계를 구축한 자로, 대표적인 저작으로『日本文法論(1908)』과『日本文法学概論(1936)』등이 있다. 1927년부터 東北大 교수 역임. 단어를 観念語와 関係語로 나누고, 품사를 体言, 用言, 副詞, 助詞로 나누었다.

● 橋本進吉(はしもとしんきち)

　외형에 중점을 둔 문법론을 구축한 자로, 문절의 개념에 핵심을 두었다. 오랫동안 学校文法의 기초가 되고 있다. 대표적인 저작으로는『国語法要説』(1934)이 있고, 단어를 詞와 辞(助動詞, 助詞)로 나누고, 품사를 현재 학교문법에서 사용되고 있는 名詞(代名詞, 数詞), 動詞, 形容詞, 形容動詞, 副詞, 副体詞, 連体詞, 接続詞, 感動詞, 助動詞, 助詞으로 나누었다.

● 時枝誠記(ときえだもどき)

　단어를 詞와 辞(助動詞, 助詞, 接続詞, 感動詞)로 나누고, 言語過程説이라는 독특한 이론으로 문법체계를 구축하려고 했던 학자이다. 품사를 名詞, 代名詞, 連体詞, 副詞, 動詞, 形容詞, 接続詞, 感動詞, 助動詞, 助詞로 나눔. 대표적인 저작에『国語学言論(1941)』과『日本文法国語編(1950)』이 있다.

• 松下大三朗(まつしただいざぶろう)

독자적인 용어와 보통문법을 지향한 학자로, 대표적인 저작으로『改選標準日本文法(1928)』과 일본 최초의 口語文法書인『日本俗語文典(1901)』과『標準日本文法』등이 있다. 품사를 名詞, 動詞, 副体詞, 感動詞로 나누고 있다.

• 本居宣長(もとおりのりなが)

1730~1801年 国学者, 医者. 国学을 연구하여 賀茂真淵(かものまぶち)에 入門. 古語의 実証的分析을 행함.『古事記伝』『玉勝間(たまかつま)』를 저작.

• 鈴木朗(すずきあきら)

1764~1837年 江戸時代後期의 国学者. 本居宣長(もとおりのりなが)한테 배움. 言語学에 뛰어남.『言語四種論』을 저작.

• 大槻文彦(おおつきふみひこ)

1847~1928年 国語学者.『大言海』를 편집하여 1924년 자비로 간행했다.『広日本文典』(1897)의 저작자. 文法論에서 助詞를「弓爾乎波」로 칭하고, 품사를 8종으로 분류했다.(名詞, 動詞, 形容詞, 副詞, 接続詞, 感動詞, 助動詞, テニオハ(助詞)) 일본어의 形容詞와 서양의 形容詞의 다름을 정확하게 지적했다.

• 佐久間鼎(さくまかなえ)

1888~1970年 東京大 졸업. 言語学者·心理学者 九州大学教授 역임. 日

本語 音声学的 研究. 저작에 『音声と言語』 『ゲシタルト心理学』가 있고, 「コソアド」의 体系를 세운 학자이다.

● 金田一春彦(きんだいちはるひこ)

1913~ 金田一京助(きんだいちきょうすけ)의 長男. 日本語 악센트의 史的 연구. 東京外大・上智大 教授 역임. 東京大 卒業. 『日本語』 『日本語音韻の研究』와 부자지간에 편집한 『新明解国語辞典』 등이 있다.

02 品詞論

품사분류는 언어에 있어 단어로 인정된 것을 하나의 문 또는 문의 연속 안에서 어떠한 형태로, 어떠한 문법적인 의미를 담당하고 있는 것인지, 또한 어떤 문법적 기능과 성분을 가지고 있는가? 라는 관점에서 분류하는 것이다. 단어에는 어휘적인 면과 문법적인 면이 있는데, 문법적인 면만 가지고 어휘적인 면을 가지지 않는 독립하지 않는 형태소, 즉 조사와 조동사가 있다, 그러나 일본어교육에서는 품사분류의 원리 자체를 가르치지 않으므로, 조사와 조동사를 문중이나 문말 용법으로 내세워 지도하는 것이 효과적이라 할 수 있다. 본서에서는 일본의 학교문법에서 취급하는 다음의 10품사를 중심으로 품사론을 서술해 나가겠다.

하나의 문의 기본적인 골격을 이루는 품사로서는 명사(名詞), 동사(動詞), 형용사(形容詞 : イ形容詞), 형용동사(形容動詞 : ナ形容詞)가 있는데 동사, 형용사, 형용동사는 활용이라는 어형변화를 하고, 또한 서술하는 구문적인 역할을 담당한다. 부사(副詞), 연체사(連体詞)는 골격이 되는 구문의 성분에 의미적인 한정을 부가하는 역할을 담당하는 품사이다. 그리고 문을 접속시키는 기능을 가지는 접속사(接続詞)와 단독으로 문을 구성할 수 있는 감동사(感動詞)가 있다. 나머지 조동사(助動詞)와 조사(助詞)는 문법적인 기능을 담당하고 있는 품사이다. 이러한 10품사를 하나하나 보기로 한다.

- 10品詞 : 名詞, 動詞, 形容詞, 形容動詞, 副詞,
  連体詞, 接続詞, 感動詞, 助動詞, 助詞

2001

下線部の品詞名を書きなさい。ただし、学校文法として認められている10品詞の中で答えなさい。(답은 한글 또는 漢字로 쓸 것) (2점)

1) 彼女は<u>また</u>ふられたね。　　2) あの男は<u>おかしな</u>人だわ。

3) <u>うん</u>、私も行くよ。　　4) 雨は降ら<u>ない</u>だろう。

5) さっぱり<u>きれいに</u>なった。

2002

4－2. 다음 문장에서 쓰이고 있는 「ない」가 조동사인 것을 모두 골라 그 기호로 쓰시오. (1점)

(a) ひとりでもさびしくは<u>ない</u>よ。

(b) それはよく<u>ない</u>からすぐ改めなさい。

(c) 君の親切は決して忘れ<u>ない</u>。

(d) そんなことぼくにはでき<u>ない</u>ね。

(e) 本がほしかったが金は<u>なかっ</u>た。

(f) 勉強し<u>なけれ</u>ばだめよ。

---

14. 다음 일본어 문(文)에서 부자연스러운 것을 모두 골라 그 번호를 쓰시오. (3점)

---

① 佐藤が私の弟から本をもらった。

② おいしいコーヒーをたくさん飲みたい。

③ ヤンさんは鈴木さんのお世話になった。

④ 鈴木さんは彼が犯人だと思っているようだ。

⑤ 道に迷ったとき、親切な人が私に話しかけた。

⑥ 今週の週末にクラス全員でお花見に行くつもりだ。

---

1. 명사(名詞)

① 普通名詞：花・石・家・つくえ

② 固有名詞：韓国・仙台・巨人軍・明治・大正・昭和(2004임용)・平

成・鈴木ほなみ・木村拓也(キムタク)

③ 助数詞：本・足・着・頭・羽・丁・個・軒・隻・杯・台

④ 代名詞

人称代名詞：わたし・わたくし・あたし・ぼく・おれ・わし(1인칭)

あなた・おたく・君・おまえ・貴様(2인칭)

彼・彼女・彼ら(3인칭)

指示代名詞：これ・それ・あれ・どれ(物)

こちら(こっち)・そちら(そっち)・あちら(あっち)・

どちら(どっち)(方向)

ここ・そこ・あそこ・どこ(場所)

☑ 이외에도 こそあど 용법에는 연체사 부류에 넣기도 하는 「この・その・あの・

どの」と「こんな・そんな・あんな・どんな」が あり, 부사적인 역할을 하는「こんなに・そんなに・あんなに・どんなに(程度)」と「こう・そう・ああ・どう(様子)」と「こいつ・そいつ・あいつ・どいつ」 등이 있다.

⑤ 形式名詞：うち・くせ・こと・ため・とき・とおり・ところ・もの・わけ

⑥ 複合名詞：父母(명사+명사)・渡し船(동사 + 명사)・嬉し涙(형용사어간 + 명사)・読み書き(동사 + 전성명사)・魚つり(명사 + 전성명사)・気短(명사 + 형용사어간)・細長(형용사어간 + 형용사어간)

⑦ 接辞가 붙은 名詞：おー・ごー・おんー・みー：お手紙・ご兄弟・御礼・御身・御子・御言・御仏・御空

生ー：生娘・生糸・生薬・生放送・生ビール・生物

初ー：初音・初恋・初物・初売り・初仕事・初詣

真ー：真夜中・真心・真青・真白・真中

☑ 和語系 접두사에는 おー, おんー, みー, すー, はつー, まー, まっー, まんー 등이 있고, 漢語系 접두사에는 御(ご)ー, 新ー, 超ー, 再ー, 第ー 등이, 外来語 접두사에는 アンチー, スーパー 등이 있다.

◈ 助数詞(じょすうし)

2001

◈ 次の下線部のところをひらがなで書きなさい。(2점)

1) 커피 4잔   2) 자동차 2대   3) 소 1마리   4) 비둘기 3마리   5) 볼펜 3자루

• 本(細くて長いもの)：鉛筆, チョーク, ばら(お花：輪を使用하기도 함), 傘, タバコ, お箸, お酒類(한 병), きゅうり, ネギ, 人参, ビデオ, 映画

146

- 枚(うすくてたいらなもの)：紙, 紙幣, 切手, 切符, お皿, ざるそば,

  すし (한 접시)

- 匹(人間より小さい動物)：猫, 犬, ねずみ, うさぎ(옛날에는 羽를 사

  用)魚類(生きているもの → 匹、死んでいるもの → 尾), 昆虫類

- 頭(大きな動物)：牛, 豚, 馬, 像さん, カバ, 鯨

- 羽(羽がついている鳥類)：鶏, つばめ, はと, 烏, うさぎ (현재는 주로

  匹를 사용)

- 杯(容器の中身を数える：한잔)：コーヒー, お酒類(한 잔), ジュース

- 足：靴下, くつ, ストッキング

- 丁(四角いもの)：豆腐, コンニャク, 焼き魚(한접시)

- 軒：家屋

- 隻：船

- 着：セビロ(양복)

- 一個, 二個와 ひとつ, ふたつ와의 차이점?

◆ 形式名詞

2005

17. 다음 예문에서 'ところ'의 공통적인 문법적 기능을 쓰고, 그 문법적 기능이

　①, ②, ③에서 각각 어떻게 달리 나타나는지 설명하시오. (3점)

---
① ただいま買い物に出かけるところです。

② ただいま電話番号を調べているところです。

③ ただいま書類を事務局に出したところです。

- うち：福はうち、鬼はそと。(本名詞)

寒くならないうちに冬ぶとん出しておきましょう。（形式名詞）

- くせ：髪のくせが悪い。（本名詞）

    元気なくせに働こうとしない。金があるくせにけちだ。（形式－非

    難）

- こと：世の中はいいことがあれば、わるいこともある。（本名詞）

    就職することにしました。（形式－意志による決定）

- ため：先生はためになる話をよくする。（本名詞）

    電車に乗り遅れないためには、早めに家を出た方がいいですよ。

    （形式）

- とき：ときの流れが早い。人はときを待つべきだ。（本名詞）

    勉強しているときは、だれにも会いたくありません。（形式）

- ところ：問題は時間で、ところは問題でない。（本名詞）

    今、アクセントの説明をするところです。（形式）
    この酒は弱いどころかかなり強いです。（副助詞）

- もの：ものの値段が高すぎる。（本名詞）
    慣れるまではだれでも難しく感じるものです。（形式－当然の帰結）
    学生時代にはよくおそくまで帰らなかったものだ。（形式－過去の

    習慣）

- とおり：そのとおりを右に曲がってください。（本名詞）

    私が教えるとおりにしなさい。（形式）

- わけ：わけがわからないことを言っている。（本名詞）
    昨日習ったばかりですから、よくできるわけです。（形式）

- 参考文献
名柄すすむ・広田紀子・中西家栄著(1987)『形式名詞　外国人のための日本語例文・
　　　　問題シリーズ2』

4-3. 다음 문장의 (   ) 안에 공통으로 들어갈 가장 적당한 말을 히라가나로 쓰
    시오. (2점)

> 一人17万、つまり3人で50万強かかる(   )です。
>
> 熱が四十度もあるのですから、苦しい(   )です。
>
> あんなに小さい関取が横綱に勝てる(   )がない。
>
> 少々の病気で仕事を休む(   )にはいかない。
>
> 来月から地方の支社に転勤だ。と言っても左遷される(   )ではないよ。

2. 동사(動詞)

① 동사의 종류

- 五段活用動 : 1류동사 , u동사
- 上一段動詞・下一段動詞 : 2류동사 , る동사 또는 一段動詞
- サ変格動詞, カ変格動詞 : 3류동사 또는 불규칙동사, 변칙동사
- 例外5段動詞 : 형태는 상・하1단동사의 형태를 취하고 있지만, 5단동
  사 활용을 하는 동사 부류이다.

  走る, 要る, 知る, 限る, ちぎる, 参る, くぎる, 散る, 入る, 帰(か
  え)る, 蹴(け)る, 湿(しめ)る, しゃべる

8-2. 다음 (보기)에서 촉음편형「っ」으로 활용하는 것을 두 개만 골라 기호를
    쓰시오. (2점)

(보기)

(a) 寝る   (b) 蹴る   (c) 居る   (d) 甦る   (e) 得る   (f) 似る

• 音便現象 : 5단 동사(예외5단동사 포함)가 「て・た・たら・たり」에 접

속될 때 생기는 현상.

イ音便 → 5단 동사의 어미가 「く・ぐ」로 끝나는 것.(예외行く → 行って)

促音便(=つまる音便) → 5단 동사의 어미가 「う・つ・る」로 끝나는 것.

撥音便(=はねる音便) → 5단 동사의 어미가 「む・ぬ・ぶ」로 끝나는 것.

☑ www.thkim.net → 자료실 → 일본어학습 (동사활용 노래를 배울 수 있다)

② 可能動詞

読める(読まれる), 乗れる(乗られる), 見られる, 食べられる

③ 瞬間動詞와 継続動詞

순간동사 → 生まれる, 折れる, まばたく

계속동사 → 寝る, 勉強する, 走る

2008

14. 〈보기〉의 동사 중 계속동사와 순간동사를 3개씩 골라 쓰고, 계속동사와 순간

동사의 차이를 각각의 동사에 붙는 「ている」의 의미와 관련지어 2줄 이내로

설명하시오.[4점]

〈보기〉

見るある	すぐれる	決まる	要る	歩く
到着する	読む	似る	死ぬ	

④ 自動詞와 他動詞

通過点 → ○せまい道を通る　　　　　○公園を散歩していた。

　　　　　○とんぼが空を飛ぶ

起点 → ○来年大学を卒業する　　　　○駅前でバスを降りた

○いそいで部屋を出た

☑ 일반적으로 「목적격」을 취하고, 수동태를 만들 수 있으면 타동사, 그렇지 못하면 자동사가 되는데, **日本語**는 자동사가 「を」格을 취하는 경우가 있는데, 이것은 「を」가 通過点과 起点을 나타낸다.

2000

9-2. 다음 ⓐ와 ⓑ의 문장에서 밑줄 친 「を」의 의미와 용법 차이를 「よむ」와 「とおる」의 동사의 성격과 관련지어 설명하시오. (3줄 이내) (3점)

ⓐ 本をよむ。　　　　　ⓑ 道をとおる。

⑤ 補助動詞(〜ている, 〜てある)

　　自動詞 ＋ ている(状態) → 花が咲いている。

　　自動詞 ＋ ている(進行) → 車が走っている。

　　他動詞 ＋ ている(進行) → 黒板に字を書いている。

　　他動詞 ＋ てある(状態) → 黒板に字が書いてある。

☑ 자동사는 「〜ている」가 状態와 進行의 의미를 나타내고, 타동사는 「〜ている」가 進行, 「〜ている」가 状態를 나타낸다. 단, 예외로 「眼鏡をかけているひと(状態)」는 「타동사 ＋ ている」라도 状態의 의미를 나타낸다.

⑥ 授受動詞

2005

15. 다음 두 문(文)에서 보조동사 「くれる」와 「あげる」가 구분되는 조건을 '話者의 視点'이라는 관점에서 3줄 이내로 설명하시오. (2점)

①　太郎が花子に水泳を教えてくれる。

②　太郎が花子に水泳を教えてあげる。

4. '의사소통을 위한 일본어교육문법'이라는 관점에서 ①~④의 표현을 가르칠 때 적절한 우선순위를 번호로 쓰고, 그 근거를 1줄 이내로 설명하시오. [3점]

①　受動文　　　　②　能動文　　　③ ~てくれる文　　　④ ~てもらう文

◈　変っていく文法

• 「ら抜きことば」: 食べられる→食べれる, 寝られる→寝れる, 見られる → 見れる, 起きられる→起きれる, 来(ら)れる→来れる

• 「れ足すことば」: 行ける→ 行けれる / 言える→ 言えれる

• 「さ入れことば」: 行かせる→ 行かさせる / 読ませる→読まさせる

• 「い抜きことば」: 言っている→ 言ってる / 雨が降っています→ 雨が降ってます。

• すごく早い→ すごい早い　すごく暑かった→ そごい暑かった

◈　受身文과 うなぎ文

• 能動文: 犬が私を助けた。　　　　　お母さんが私をしかる。

• 受身文: 私は犬に助けられた。　　　私はお母さんにしかられる。

• 迷惑の受身: 父に死なれる。　　　　雨に降られる。

　　赤ん坊に泣かれる。　　　　　　　泥棒に入られた。

☑ 앞서 서술한 바와 같이 일반적으로 타동사가 수동태문이 되는데, 日本語의 경우 앞의 예처럼, 자동사가 수동태문(受身文)이 되는 경우가 있다. 이러한 수동태는 本人에게 폐가 되는 「迷惑の受身」로 일컬어진다.

● うなぎ文 : 奥津敬一郎の 학설로「私はうなぎだ」문에서「私は学生だ」처럼 私=学生가 아니라「私が食べたいのはうなぎだ」또는「私はうなぎを食べたい」라는 의미를 나타내고 있다. 이러한 문을「うなぎ文」이라고 한다. 즉 술어를「た・です」로 代用, 또는 생략해서「XはYだ(です)」로 한 문을 말한다.「お母さんは家です」라는 것은「お母さんは家にいます」를 생략한 것이다.

2004

11－1. (보기)의 일본어 복합동사 중에 전항과 후항의 조합이 바르지 않은 것 2개를 골라 번호를 쓰시오. (1점)

(보기)

① 食べ始まる   ② 走り終わる   ③ 駆け上がる

④ 這い上げる   ⑤ 張り上げる   ⑥ 運び上げる

◆ 形容詞에서 動詞가 된 것

怪しい→ 怪しむ   卑しい→ いやしむ、卑しめる

羨ましい→ 羨む   惜しい→ 惜しむ

悲しい→ 悲しむ   悔しい→ 悔やむ

苦しい→ 苦しむ、苦しめる   親しい→ 親しむ

楽しい→ 楽しむ   懐かしい→ 懐かしむ

微笑ましい→ 微笑む   痛い→ 痛む、痛める

憎い→ 憎む

◆ 自動詞와 他動詞

☑ 日本語 동사에는 형태상으로 자동사와 타동사가 쌍을 이루고 있는 것이 있다. 기본적인 동사 중에도 비교적 많이 있어, 학습자가 습득에 어려움을 느끼는 경우가 적지 않다. 이러한 형태적인 대응관계는 몇 개의 형으로 정리할 수 있는데, 이와 같이 쌍을 이루는 자·타동사가 들어가는 간단한 문을 만들어 지도하면 도움이 될 것 같다.

2005

11. (보기 1)의 동사를 자타대응동사(自他対応動詞)라 한다. 동일한 관점에서 (보기 2)의 ①과 ②에 들어갈 동사를 쓰시오. (2점)

(보기 1)　● 旗が<u>あがりました</u>。　　　　대 旗を<u>あげました</u>。

(보기 2)　● 皆がおどろきました。　　　　대 皆を（　①　）。

　　　　　● 部屋が（　②　）。　　　　　대 部屋をかたづけました。

＜自動詞＞　　　　　　　　　　＜他動詞＞

－aru　　　　　　　　　　　　　　－eru

物価が<u>上がる</u>(<u>上が</u>らない)　　　物価を<u>上げる</u>(<u>上げ</u>ない)

宝くじが<u>当たる</u>(<u>当た</u>らない)　　宝くじを<u>当てる</u>(<u>当て</u>ない)

体が<u>温まる</u>(<u>温ま</u>らない)　　　　体を<u>温める</u>(<u>温め</u>ない)

寄付が<u>集まる</u>(<u>集ま</u>らない)　　　寄付を<u>集める</u>(<u>集め</u>ない)

喧嘩が<u>収まる</u>(<u>収ま</u>らない)　　　喧嘩を<u>収める</u>(<u>収め</u>ない)

鍵が<u>かかる</u>(かからない)　　　　　鍵を<u>かける</u>(かけない)

ドアが<u>閉まる</u>(<u>閉ま</u>らない)　　　ドアを<u>閉める</u>(<u>閉め</u>ない)

車が<u>止る</u>(<u>止ら</u>ない)　　　　　　車を<u>止める</u>(<u>止め</u>ない)

－aru　　　　　　　　　　　　　　－u

154

電話がつながる(つながらない)　電話をつなぐ(つながない)

道がふさがる(ふさがらない)　道をふさぐ(ふさがない)

―u

店が開く(開かない)

腰が痛む(痛まない)

火がつく(つかない)

旅が続く(続かない)

―eru

店を開ける(開けない)

腰を痛める(痛めない)

火をつける(つけない)

旅を続ける(続けない)

―eru

目が覚める(覚めない)

水が出る(出ない)

氷が溶ける(溶けない)

噂が流れる(流れない)

髪が濡れる(濡れない)

秘密が漏れる(漏れない)

―asu

目を覚ます(覚まさない)

水を出す(出さない)

氷を溶かす(溶かさない)

噂を流す(流さない)

髪を濡らす(濡らさない)

秘密を漏らす(漏らさない)

―eru

ビールが冷える(冷えない)

人口が増える(増えない)

家が燃える(燃えない)

髭が生える(生えない)

―yasu

ビールを冷やす(冷やさない)

人口を増やす(増やさない)

家を燃やす(燃やさない)

髭を生やす(生やさない)

―iru

―osu

子^こどもが起^おきる(起^おきない)　　　子^こどもを起^おこす(起^おこさない)

チョークが落^おちる(落^おちない)　　　チョークを落^おとす(落^おとさない)

人^{ひと}が降^おりる(降^おりない)　　　客^{きゃく}を降^おろす(降^おろさない)

2002

8-2. 다음 문장의 (　) 안에 들어갈 가장 적당한 말을 (보기)에서 골라 쓰시오.
(1점)

　言表内容に対する話し手の捉え方、および聞き手に対する働きかけや
伝達のあり方といった、発話時における話し手の心的態度に関する情報
を(　　　　　　)という。これは、文の中の「事柄」以外の話者の主観的な部
分で、たいていは文末に位置する。

(보기)

テンス　　　　　　　　ムード　　　　　　　　アスペクト

ヴォイス　　　　　　　ストラテジー　　　　　モーラ

◆ 문법용어

　동사 술어, 더욱이 한정된 동사 술어만 대상이 되는 문법 범주에 태
(Voice)와 애스펙트(Aspect)가 있고, 이것에 대해 텐스(Tense)와 모댈리
티(Modality) 등은 기본적으로 모든 술어가 대상이 되는 문법범주이다.

● テンス(時制 : Tense)

　시제는 시간적인 국면을 나타낸다는 점에서는 애스펙트(Aspect)와 유
사한 점을 가지고 있다. 한국어의 시제와 유사한 점이 많지만, 다른 점도
있다. 예를 들면, 우리말「가다(현재형)」와「갈 것이다(미래형)」가 일본어

로는 「行く」밖에 표현할 수 없다. 즉 한국어는 현재시제와 미래시제가 각각 존재하지만, 일본어는 현재형이 미래형을 대신한다. 「となりのトトロ」에서 사츠키가 메이의 모자를 발견한 장면에서 「お父さん！メイの帽子があった。(아빠 메이 모자 있어.)」로 과거시제인 「た」로 표현하고 있다. 또한 「안경을 쓴 사람」을 「メガネをかけた(かけている)人」로 현재상태를 나타낼 경우에도 과거시제를 사용한다. 이처럼 일본어는 시점이 과거가 아닌 경우에도 과거시제인 「た」를 많이 사용한다.

● アスペクト(相 : Aspect)
 일본어로 상(相)이라고도 하는 애스펙트는 동사가 나타내는 동작 작용이 어떠한 과정(단계)에 있는가? 즉 진행 중인지 아닌지 등, 움직임의 국면(Aspect)을 나타내는 문법범주를 말한다.
 「食べる」의 일례를 들면 「食べるところだ。(밥을 먹기 직전 단계), 食べ始める。(밥을 먹기 시작하는 단계), 食べている。(밥을 한창 먹고 있는 단계(진행 단계)), 食べ終わった。(밥을 이미 다 먹은 단계(완료, 결과 단계))」와 같다.
 애스펙트는 이전, 이후와 같은 사건의 시간적인 관계를 나타내는 경우에도 관계가 되는 것이 있어, 텐스(テンス)와 근접하다고 볼 수 있다. 예를 들면, 「すでにそのときには〜している」라고 할 때 이전에 동작이 있었다는 것을 상태표현을 이용해서 나타내고 있다. 이러한 표현을 퍼펙트(パーフェクト)라고 하는데, 이것도 애스펙트의 범주 속에서 생각하는 것이 보통이지만, 이것은 텐스(시제)와 관계없는 것은 아니다. 보통 과거시제는 「ル」형과 共起하지 않지만, 「〜ている」형에 의한 퍼펙트 표현에서는 「去年死んでいる」와 같이 과거의 부사가 「ル」형과 共起할 수가 있다.

● ヴォイス(Voice, 態)

태(態)는 동작의 방향성에 관한 문법범주를 말하는데, 상(相) 또는 보이스(ヴォイス)라고도 한다. 애스펙트의 상과 혼동하기 쉬우므로 태는 원어 보이스(ヴォイス)를 많이 사용한다.

동작의 방향성을 나타내는 방법은 언어에 따라 다르지만, 일반적으로 동작·작용을 나타내는 술어동사를 중심으로 동작주와 피동작주 사이에서 성립한다.

일본어의 태를 「보어의 격과 상관관계에 있는 술어형태의 체계」로 규정하는 연구자에 따르면, 일본어에는 수동(受動)·가능(可能)·자발(自発)·사역(使役)의 4종이 있다고 한다.

수동태(受動態 또는 受身라고 한다)는 예를 들면, 「先生が学生をしかる。」즉「XがYをVる」라는 능동문이「学生が先生にしかられる。」즉「YがXにV(ら)れる」로 변한 문을 말한다. 일본어 수동태 문에는 우리말에는 볼 수 없는, 예를 들면,「母に死なれる」처럼 본인한테 폐가 되는 내용 즉「迷惑受身(폐가 되는 수동태)」표현이 존재하고, 사역(使役)에는「飲ませられた(억지로 술을 마시게 되었다)」처럼「使役受身(사역수동태)」가 존재한다.

● ムード(Mood, 法)

무드는 사태(事態)에 대한 화자의 심적태도를 나타내는 문법범주를 말하는데 법(法), 서법(敍法), 모드(モード)라고도 한다. 화자의 심적태도에는 여러 가지가 있기 때문에, 무드(ムード)라는 용어는 학자에 따라 다른 정의가 이루어지고 있다. 일본어 연구에서는 무드에 관한 일정한 이해를 얻을 수 있는 단계는 아니다. 무드와 모댈리티(Modality)를 같은 의미로 사용하는 경우도 있다. 무드는 지금까지 문법 연구에서는 동사활용형의 의미기능과 관련지어 논해져 왔다. 예를 들면, 鈴木重幸는 무드를 형태론적 카테고리로 하고, 「叙述」「さそいかけ」「命令」의 3종을 내세운다. 애스팩트·텐스와의 관계를 어떠한 식으로 받아들일 것인가가 향후 무드연구의 과제가 될 것이다.

● モダリティ(Modality)
화자의 심적태도를 나타내는 문법 카테고리로 서법(敍法), 법(法), 무드(ムード)라고도 한다. 원래 명제에 대한 판단 양식을 가르키는데, 일본어 연구에서는 일반적으로 문에 있어서 발화자의 심적태도를 나타낸다. 무드가 형태와의 관계에 중점이 있는 것에 반해 모댈리티는 의미도 포함한 포괄적인 개념이라 할 수 있다.

예를 들면, 「きっと雨はふらないだろうね。」라는 문에서 의미의 중심이 되는 사항(내용)은 「雨は降らない」로 문의 내측에 나타나 있다. 이것에 대해 밑줄친 「きっと」와 문말표현인 「だろう」「ね」와 같이 문의 외측에 나타나는 요소는 「雨は降らない」에 대한 화자의 주관적인 심적태도를 나타내고 있다. 「雨は降らない」처럼 내용을 나타내는 부분을 명제(命題), 「きっと」, 「だろう」, 「ね」와 같이 화자의 주관적인 심적태도를 나타내는 부분을 모댈리티(モダリティ)라 부른다.

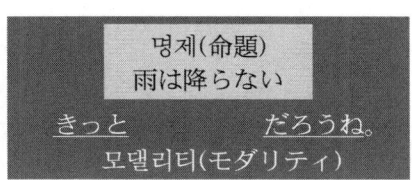

●参考文献

木村新次郎(1991)「ヴォイスのカテゴリーと文構造のレベル」『日本語のヴォイス
　　　　と他動性』くろしお出版
工藤真由美(1995)『アスペクト・テンス体系とテクスト』ひつじ書房
国立国語研究所(1985)『日本語動詞のアスペクトとテンス』国立国語研究所報告
　　　　82, 秀英出版
鈴木重幸(1996)『形態論・序説』むぎ書房
田中春美編主幹(1988)『現代言語学辞典』成美堂
寺村秀夫(1982)『日本語のシンタクスと意味Ⅰ』くろしお出版
―――(1984)『日本語のシンタクスと意味Ⅱ』くろしお出版
飛田良文編者(2007)『日本語学研究事典』明治書院
仁田義雄(1991)『日本語のモダリティと人称』ひつじ書房
日本語教育学会編(2005)『新版日本語教育辞典』大修館書店
益岡隆志(1991)『モダリティの文法』くろしお出版
森山卓郎(1984)「アスペクトの意味の決まり方について」『日本語学』3－12

3. 형용사(形容詞) → イ形容詞

형용사는 전형적인 의미로서 사람이나 사물의 속성, 사람의 감각이나 감정을 나타내는 품사이다. 활용이라는 어형 변화를 하므로 문(文)안에서는 연체수식어로 기능하는 것 외, 술어나 연용수식어 기능도 한다. 일본어교육에서는 형용사를 활용형에 따라「イ形容詞」와「ナ形容詞」로 분류하기도 하는데, 본서에서는「イ形容詞」를 형용사로,「ナ形容詞」를 형용동사로 부르기로 한다. 형용사에서 주의할 점은「寒かろう」는 현재는 잘 사용되지 않는 말이고,「寒いだろう」또는「寒いでしょう」를 주로 사용한다는 것이다.

① 属性形容詞
　高い, 大きい, 重い, 広い, おもしろい

160

② **感覚形容詞**

痛い, かゆい, あまい, からい, しおからい, にがい, しぶい, すっぱい

③ **感情形容詞**

楽しい, 苦しい, 寂しい, 厳しい, 嬉しい, 悲しい

④ **形容詞のウ音便**

めでたい : めでたく→めでとう→おめでとうございます

ありがたい : ありがたく→ありがとう→ありがとうございます

はやい : はやく→はよう→おはようございます

⑤ **補助形容詞**

(1) 時間が<u>ない</u> (형용사)

(2) これはおいしく<u>ない</u> (보조형용사)

(3) 生活がなりたた<u>ない</u> (조동사)

(4) おさえられ<u>ない</u> (조동사)

(5) 思いがけ<u>ない</u> (思いがけない 전체가 형용사)

(6) 彼は学生で(は・も)<u>ない</u> (보조형용사)

☑ 보조형용사「ない」는 형용사 뒤에 접속했거나, 명사를 부정하는「ない」의 경우에 해당한다. 동사와 조동사에 접속한「ない」는 조동사임에 주의해야 한다. 또한 (5)와 같이 ない로 끝나는 형용사가 있음에 주의한다.

⑥ **形容詞의 다양한 의미**

<u>あまい</u>

あまい味がする, あまい味噌汁, あまい言葉, あまい点数, 子供にあ

まい, 人があまい, あまくみる, ねじがあまい, ピントがあまい, あまいのこぎり, 今週の相場はあまい, あまい酒, あまい小説

しぶい

しぶい味がする, しぶい好み, しぶい文章, しぶいのど, しぶい顔(返事), 金にしぶい, しぶい男, しぶい女

⑦ 「ない」로 끝나는 형용사

危_{あぶ}ない, えげつない, きたない, こころない, だらしない, もったいない, なさけない, はかない, はしたない

☑ 조동사「ない」와 형용사「ない」그리고「ない」로 끝나는 형용사를 잘 구분해야 한다. 또한「つまらない(くだらない), 足りない」등은「동사의 未然形 + 부정의 조동사(ない)」로 이루어진 連語에 속한다.

⑧ 형용사의 접미사

형용사 어간에 접미사「さ・み・め・け・げ」등이 붙어서 명사가 된다.

さ : 深_{ふか}さ(깊이)・広_{ひろ}さ・暑_{あつ}さ・寒_{さむ}さ・長_{なが}さ・強_{つよ}さ(세기)↔弱_{よわ}さ・重_{おも}さ・辛_{から}さ・厚_{あつ}さ・悲_{かな}しさ・楽_{たの}しさ・渋_{しぶ}さ

み : 深_{ふか}み(깊은 맛, 깊이 ~のない文章_{ぶんしょう})・強_{つよ}み(강점)↔弱_{よわ}み(약점)・甘_{あま}み・重_{おも}み・辛_{から}み・厚_{あつ}み・悲_{かな}しみ・楽_{たの}しみ・渋_{しぶ}み・白_{しろ}み

め : 長_{なが}め・辛_{から}め(~に味_{あじ}をつける)・早_{はや}め・遅_{おそ}め

け : 寒_{さむ}け(~がする)・眠_{ねむ}け(~がさす)

げ : 惜_おしげ・はかなげ・しぶげ

⑨ **複合形容詞**

형용사어간 + 형용사 → せま苦しい・浅黒(あさぐろ)い・おもしろおかしい・ず
る賢(かしこ)い・悪賢(わるかしこ)い

형용사어간+형용사적 접미사 → 重(おも)たい・くろっぽい・長(なが)たらしい

형용사적 접두사+형용사 → 小高(こだか)い・か弱(よわ)い

⑩ **형용사의 동사화(〜がる)**

「〜がる」는 형용사, 형용동사의 어간 및 조동사「たい」의「た」에 붙여
5단 활용동사를 만드는데, 그 뜻은 (1)「〜하게 여기다, 〜싶어하다」이고,
(2)「〜체 하다」이다.

예 : (1) → うれしがる・さびしがる・悲(かな)しがる・寒(さむ)がる・おもしろがる・
懐(なつ)かしがる

(2) → 強(つよ)がる・痛(いた)がる・えらがる

2004

11−3. 일본어 형용사의 어간에「〜がる」를 붙여서 사용할 수 없는 것 2개를 골
라 번호를 쓰시오. (1점)

① 悲しい　② 痛い　③ 太い　④ 懐かしい　⑤ 薄い　⑥ おもしろい

4. 형용동사(形容動詞(けいようどうし)) → ナ形容詞

(和語) のどかだ・すなおだ・きれいだ・まじめだ・静かだ

(漢語) 重要だ・健康だ・複雑だ・親切だ・便利だ・新鮮だ

(外来語) デリケートだ・ユニークだ・ホットだ・ハンサムだ・シン
プルだ

① **形容動詞**의 형태적인 분류

~だ：円満だ, 元気だ, 親切だ, 新鮮だ, 満足だ

☑ 「親切だ」는 「親切 + 형용동사의 語尾(だ)」이고, 「学生だ」는 「学生(명사) + だ (단정을 나타내는 조동사)」로 전자는 정도부사(非常に, なかなか, かなり, とても 등)를 넣어도 말이 되나, 후자는 문맥이 통하지 않는다. 정도부사의 삽입은 양자를 구별하는 좋은 방법의 하나이다.

~かだ：静かだ, 暖かだ, のどかだ

~らかだ：明らかだ, 柔らかだ

~やかだ：穏やかだ, さわやかだ, しなやかだ, 健やかだ, 和やかだ, 睦 まやかだ

② **連体修飾形 語尾 「な」「の」의 형태를 취하는 것**

| いろいろな本 | 特別な本 | わずかなお金 | 別な問題 |
| いろいろの本 | 特別の本 | わずかのお金 | 別の問題 |

高度の技術

高度な技術

③ 「い」「な」같은 경우

| 柔らかい人 | 温かい人 | 暖かい天気 |
| 柔らかな人 | 温かな人 | 暖かな天気 |

2009

16. 일본어 표현에 대한 설명으로 바르지 않은 것은?

① 「柔らかい体を作る」의 「柔らかい」는, 「柔らかな」의 형태로도 사용된다.

5. 연체사(連体詞)

연체사란 활용을 하지 않고, 체언만을 수식하는 말을 나타내는 품사이다. 주된 연체사로는 「大きな」「いろんな」등 형용동사 등의 활용어가 활용을 잃어버린 것(「大きだ(×)」「いろんだ(×)」), 「この」「こんな」「かの」등 지시어로 되어 있는 것, 「ある」「いわゆる」「来たる」등 동사에 의한 것 등이 있다. 다음에 연체사를 어말의 형태가 같은 것 끼리 묶어 놓았다.

~の → この, その, あの, どの, かの, ほんの, 例の

~な → こんな, そんな, あんな, どんな, 大きな, 小さな, おかしな, いろんな

~た(だ) → たいした, たった, とんだ

~る → ある(어느), さる, 来たる, 来たるべき, あらゆる, いかなる, あくる, かかる(이러한), さしたる

그 외 → <u>たかだか</u>30人, <u>わずか</u>3人, *<u>同じ</u>もの, <u>ちょっとした</u>店, <u>あきれた</u>人

☑ 「同じ」는 연체사로도 볼 수 있지만, 불규칙적인 형용동사로도 볼 수 있음에 주의한다. 「ちょっとした」와 「あきれた」등은 동사이지만, 당해용법에서는 명사 수식만 한다는 점에서 연체사로 볼 수가 있다.

2000

1. 次の文章を読んで、あとの問いに答えなさい。

1-1. (①, ②)の中に「この、その、あの」のうち、適当なものを入れなさい。(2점)

A : 鈴木先生が今度学会で発表なさった論文、もう読みましたか。

B : ええ、ゆうべ一気に読み上げました。

A：（　①　）結論どう思いましたか。

B：そうですね。今図書館から借りてきた（　②　）本の結論とは大分違いますね。

14－1. 다음 대화 내용에서 （　） 에 알맞은 지시어를 히라가나로 쓰시오. (1점)

A：昨日山田さんという人に会いました。その人、道に迷っていたので助けてあげました。

B：（　）人、ひげをはやした中年の人でしょ。

A：はい、そうです。

B：あの人なら、私も知っています。

---

16. 다음을 참고로 하여 문맥 지시의 경우, 'そ'계열의 지시어와 'あ'계열의 지시어가 구분되는 근거를 3줄 이내로 설명하시오. (2점)

---

① A：山田さんが事故で入院したって。

　　B：うん、その話、鈴木さんから聞いたよ。

② A：例の話、どうなった?

　　B：あの話か、あまりうまくいってないようだよ。

27.指示語の用法とその例である。下線部が正しく使われているものは? [2.5점]

① [話し手がこれから話題にしようとする事柄を指す場合]

　　例) それはここだけの話ですが、実は今れ勤することになったんです。

② [話し手が直前に出した話題の中の事柄を指す場合]

　例)多くの人は宗教に対してある種の憧れを持つ。あれは人間には永遠と
　　いうものを信じたいという感情があるからだ。

③ [聞き手は知らないが、話し手自身が言った話に出てきた事柄を指す場合]

　例) 中国人も日本人と同じように自分のことをはっきり言わないことが
　　ある。しかし、この程度は日本人ほどではない。

④ [相手が、直前の話題が話し手自身に関わる問題であることを了解してい
　　る場合]

　例) A：今度転勤されるそうですね。

　　　B：ええ、そうなんです。でも、このことはだれにも言わないでくだ
　　　　さい。

⑤ [記憶中の物事を思い出しながら指す場合]

　例)子供時代は田舎で過ごした。このころが懐かしい。

6. 부사(副詞)

　부사는 여러 설이 존재하지만, 크게 상태부사(状態副詞 또는 様態副詞)·
정도부사(程度副詞)·진술부사(陳述副詞)로 분류하는 것이 일반적이
다. 비가 내린다고 가정할 때, 「雨がザアザア降っている。」에서 「ザアザ
ア」는 비가 내리는 상태(모양)를 나타내는 상태부사이고, 「雨がちょっ
と降っている。」에서 「ちょっと」는 비가 내리는 정도를 나타내는 정도
부사에 속한다. 그리고 「雨は決して降らない。」에서 「決して」는 문말
표현인 「ない」와 호응하는 진술부사에 속한다. 그래서 이 진술부사는 호
응부사(呼応副詞)라고도 한다.

　상태부사와 정도부사는 속성과 정도 등 객관적인 의미를 지니는 것에
대해, 진술부사는 화자의 심적 태도라는 주관적인 의미를 지닌다고 볼 수

있다.

1999

2. 次の文の( )に入れるのに最も適当なものを選びなさい。〈1点〉

赤ちゃんが ( ) 寝ている。

①ほやほや　②もやもや　③すやすや　④どやどや　⑤さやさや

2001

◆ 1)~4)の意味に当てはまるものを選び、その記号を書きなさい。(2点)

1) 一点に集中しない　　　　　2) 雨が静かに降る

3) 油気なくて、ざらざらする　　4) 勢いよく伸びる

例)
ⓐ しとしとと　　　ⓑ ぼんやりと　　　ⓒ がさがさ
ⓓ もぐもぐと　　　ⓔ すくすくと

2002

7−1. 다음 각 문장이 설명하고 있는 말을 (보기)에서 골라 그 기호를 쓰시오. (3
　　점)

(1) わざわざ苦心してやったのに、それにふさわしくない結果が出て、残
　　念だという気持ちを表す。
(2) ゆるやかで気持ちのよい様子。また、心や体がのんびりして気持ちの
　　よい様子。
(3) これまでと比べてずっとよくなるようす。

168

(보기)

(a) ぐんと   (b) すっかり   (c) ゆったり   (d) せっかく

(e) たまたま   (f) とっくり   (g) ふっつり

2002

7-2. 다음 ( ) 안에 들어갈 가장 적당한 말을 (보기)에서 골라 그 기호를 쓰시오. (2점)

(1) (　　)しないで早くやりなさい。	(3) 雨が(　　)降る。
(2) 地震で家が(　　)揺れる。	(4) 涙を(　　)流しながら話した。

(보기)

(a) ぐらぐら   (b) ぐずぐず   (c) くすくす

(d) ひらひら   (e) ぽろぽろ   (f) ざあざあ

2004

12-2. 가장 자연스러운 일본어문의 완성을 위해 (보기)의 부사들 중에서 각각 1개만 골라 그 번호를 쓰시오. (2점)

(1) (　　)植えた木が、台風で倒れてしまったんです。

(2) いつまで昔の恋人の写真をとっておくの。(　　)燃やしてしまいなさい。

(보기)

① つい   ② さっさと   ③ せっかく   ④ ひととおり

⑤ あまり   ⑥ かえって

13. (보기)에 제시한 부사를 「情態副詞」「程度副詞」「陳述副詞」로 분류하여 쓰
    시오. (3점)

(보기)

| ひょっとしたら | ざあざあ | 必ずしも | かなり |
| ずっと | そっと | たぶん | |

3. 그림 (1), (2), (3)을 표현하는 알맞은 말을 (보기)에서 골라 쓰시오. [3점]

(보기)

| にこにこ | ぐうぐう | おいおい | すやすや | うとうと |
| げらげら | しくしく | くすくす | せかせか | めきめき |

① ＿＿＿＿＿＿＿＿＿   ② ＿＿＿＿＿＿＿＿＿   ③ ＿＿＿＿＿＿＿＿＿

18. 빈칸 A~C에 알맞은 말을 (보기)에서 찾아 번호를 쓰시오. [3점]

• お姉さんは結婚の申し込みを断られたのか(A)して帰り、食事もしない。

• 昨日海水浴場で日焼けした肌が(B)する。

• このコートはぼくには(C)だ。大きすぎる。

〈보기〉

① だぶだぶ　　② ひりひり　　③ がらがら　　④ さらさら　　⑤ がんがん

⑥ こつこつ　　⑦ しょんぼり　⑧ ねばねば　　⑨ からから　　⑩ じめじめ

A(　　　)　B(　　　)　C(　　　)

① **状態副詞**：雨が<u>ザアザア</u>降っている。

ころころ(と)，こっそり(と)，そよそよ(산들산들)，どっかり(と)，ひらひら(と)，しみじみ(と)，にっこり(と)，はっきり(と)，ゆっくり(と)，ぐんぐん(부쩍부쩍)=すくすく，しばしば，すっかり，そっと(살짝)，どしどし(척척，줄줄)，ふたたび，ますます(前よりいっそう)

② **程度副詞**：雨が<u>ちょっと</u>降っている。

たいへん，とても，だいぶ，かなり，なかなか，きわめて，ごく，すこぶる，やや，少し，いささか，ちょっと，わずか

③ **陳述副詞**：雨は<u>決して</u>降らない。(否定)

<u>少しも</u>成績があがらない。(否定)

時間がなくて<u>なかなか</u>彼女に会えない。(否定)

(<u>めったに</u>~ない・<u>ろくに</u>~ない・<u>たいして</u>~ない・<u>とうてい</u>~ない)

☑ 「少し・なかなか」 등은 정도부사이지만, 앞의 예처럼 「ない」와 호응할 때는 진술부사가 됨에 주의한다.

北京オリンピックで<u>ぜひ</u>優勝したい。(希望)

<u>せめて</u>あと5分寝ていたい。(希望)

彼は<u>たぶん</u>約束しないでしょう。(推量)

<u>まさか</u>韓国が金メダルを取るとは思わないだろう。(推量)

もし雨が降ったら, やめよう。（仮定）

どうせお金を出すならいい物を買いましょう。（仮定）

どうも本当のことを知らないらしい。（推量）

ひょっとしたら台風が方向が変るかもしれない。（推量）

④ **時間副詞**

しばらく・当分・そろそろ・まもなく・いつか・やがて・さしあたり・当面・まだ・いつまでも・常に・年中・しょっちゅう・よく・ときどき・たまに・すぐ・さっそく・急に・突然・たちまち・結局・ついに・いよいよ・とっくに・さっき・もはや・すでに・かつて・次第に・次々と・一時

⑤ **ユ 外의 副詞**

わざわざ・わざっと・せっかく・思い切って・何だか・どうせ・なるほど・案外・案の定・心から・頭から・強いて・見る見る・代わる代わる・念のため・どっちみち（いずれにしても）

◆ **オノマトペ(擬声語・擬態語) = 音象徴語**

의성어・의태어는 和語 외에, 外来語(チクタク、ジグザグ등)도 있지만 그 수는 아주 적다. 漢語계통(あくせく、汲汲、唯唯諾諾등)은 많은 편이다. 의성어・의태어의 구별은 어렵지만, 의성어보다 어태어가 더 많다. 和語의 오노마토페는 형태적으로 다음과 같은 유형으로 분류할 수 있다. (『日本語教育ハンドブック』pp 365~368 참조)

① 促音 コロ→コロッ(と)：瞬間性, 빠름, 一回性을 나타낸다. 促音으로 끝나는 음에는 반드시「と」가 붙는다.

172

② 撥音 コロ→コロン、コロリ→コロリン : 좋은 울림, 余韻, 가벼움 등을 나타낸다.

③ 長音 ドン→ドーン : 시간이 보다 많이 걸림을 나타낸다.

④ リ音 コロ→コロリ、ドキ→ドキリ : 어떤 종류의 미끈거림, 누긋한 느낌을 나타낸다. 前者의 예가 첫 움직임에 역점을 두고 있는 반면에, 後者의 예는 처음부터 완전히 끝날 때까지를 나타내고 있는 느낌이 든다.

⑤ 反復 キラキラ、コロコロ、サラサラ、ヌルヌル、ブツブツ : 일회 뿐만 아니라, 몇 번이나 반복하는 것을 나타낸다.

⑥ 音의 一部 交替 : あたふた、ぎゃくしゃく、カラコロ、ちらほら、ノラリクラリ、がさごそ、ペチャクチャ

⑦ 清音과 濁音의 대립 : コロ / ゴロ、キー / ギー、サラサラ / ザラザラ、トン / ドン : 濁音이 무거운 소리, 둔탁한 소리, 큰 소리, 강한 소리를 나타내는 반면에, (半濁音을 포함해서)清音은 가벼움, 예리함, 작은 것, 약한 것을 나타낸다. 또 濁音은「シットリ / ジットリ」「ペラペラ / ベラベラ」와 같이 불쾌한 느낌을 준다.

⑧「ガタガター がたつく」「ヨロヨロー よろめく」처럼 일부의 의성어·의태어는「つく」「めく」가 붙어 動詞가 되지만, 이 경우는 마이너스 평가를 가지는 것이 많다.

일본어의 음상징어는 副詞로 분류되지만, 의성어는「と」를 동반하거나 그 대로 문중에 사용된다. 의태어는「と」나「に」를 동반, 또는 그 대로 부사적으로 사용된다. 그러나 의태어 중에는「部屋の中がごちゃごちゃだ」「部屋の中がごちゃごちゃになる」「部屋の中がごちゃごちゃする」「ごちゃご

<u>ちゃの部屋</u>」와 같이 문중에서 여러 가지 기능을 하는 것도 많기 때문에 주의가 필요하다.

7. 접속사(接続詞)

접속사는 뒤에 접속되는 내용이 앞의 내용과 어떠한 의미관계에 있는지를 나타내는 형식으로, 일반적으로 다음과 같이 분류된다. 자세한 내용은 부록에 있는 보충자료를 참조했으면 한다.

- (並立) → および, また, あるいは, ならびに, かつ, そして, それから
- (添加) → しかも, そのうえ, それに, おまけに, なお
- (選択) → それとも, ないし, あるいは, もしくは
- (順接の条件) → だから, したがって, それで, ゆえに, それゆえ, そこで, すると
- (逆接の条件) → しかし, しかしながら, だが, けれども, それでも, でも
- (転換) → ところで, さて, ところが, では

1999

(본문 1999참조)[9]

(4) A~Dの(　)には、前後の文の間の連接関係を示す言葉が入る。下記の中から最もよく当てはまるものを選び、書きなさい。(0.5点)

| だから | そして | すると | しかし | それでは |
| すなわち | なお | ところで | もし | もしかすると |

174

1－2.（ ①, ② ）の中に「しかし、そうすると、そこで、ただし、そして」の
うち、適当なものを入れなさい。(2점)

　大金持ちになった杜子春はすぐ立派な家を買って、玄宗皇帝にも負けな
いくらいぜいたくな暮らしをしはじめました。（　①　）、いくら大金持ち
でもお金には際限がありますから、さすがのぜいたくやの杜子春も一年、
二年とたつうちにはだんだん貧乏になりだしました。そうすると人間は薄
情なものできのうまでは毎日来ていた友達も、きょうは門の前を通ってさ
え、挨拶ひとつしていきません。（　②　）とうとう三年目の春、また杜子
春が以前のとおり、一文なしになってみると、広い洛陽の都の中にも、彼
に宿を貸そうという家は一軒もなくなってしまいました。いや、宿を貸す
どころか、いまでは碗に一杯の水も恵んでくれるものはないのです。

　そこで彼はある日の夕方、もう一度あの洛陽の西の門の下に行って、ぼ
んやり空を眺めながら、途方にくれて立っていました。

（芥川竜之介『杜子春』）

7. 次のA~Cに入る最も適当なものを選び、書きなさい。(2점)

一定の年齢以上の人が口にする言葉に、「近ごろの若い者はものを知ら
ない」というのがあります。私もそう思っています。しかし、だからと
いって「近ごろの若い者は知るべきことを知らない」と思っているわけで
はありません。（　A　）、「近ごろの若い者はものを知らない」というの
は、「高齢者が知っていることを知らない」ということに過ぎないからで
す。（　B　）、「若者が知っていることを高齢者は知らない」という意味
では、「近ごろの高齢者はものを知らない」とも言えるのです。（　C　）若

者と高齢者とでは、知っていることが違うというだけのことなのです。

それで	なぜなら	要するに	たとえば	逆に

2002

8−1. 다음 문장의 ( ) 안에 들어갈 가장 적당한 말을 (보기)에서 골라 쓰시오.(1점)

話すことはむずかしいという声をときどき聞く。そうだなと思う。と、また別に、いや、書くことはむずかしいという声も聞く。それも、そうだなと思う。わたしはずっと今まで教育に関係のある仕事をやってきたから、話すことや書くことに縁が深いほうの人間だ。(　　　　　)話すことのむずかしさに共感できるかもしれない。

(보기)

だから	けれども	ところで
しかし	それとも	たとえば

2003

(기출문제 2003 참조)

15−3. B~D에 알맞은 말을 (보기) 중에서 하나씩만 골라 기호를 쓰시오. (3점)

(보기)

(a) しかるに	(b) したがって	(c) やはり
(d) しかし	(e) さて	(f) たとえば
(g) もし	(h) そして	

2004

(기출문제 2004 참조)

16−1. (ⓐ), (ⓒ), (ⓓ)에 들어갈 알맞은 것을 (보기)에서 골라 쓰시오. (2점)

(보기)

たとえば　　それだけに　　それで　　さらに　　けれども　　それとも

2006

17. 밑줄 친 ①과 ②의 의미용법 차이, ③과 ④의 의미용법 차이를 각각 1줄 이내
로 설명하시오. [3점]

> 午後から雨が降りだした。①そして、夕方には雪だった。
>
> ハンバーガーを2つ食べた。②それから、コーヒーを飲んだ。
>
> 静かで、③そして便利な場所。
>
> 鈴木さんは、英語とフランス語とドイツ語と④それから韓国語も話せ
> る。

8. 감동사(感動詞)

2010

29. 友だち同士の会話である。(가) (나) (다) (라) (마)に入る最も適切なものは?

> 佐藤: (가) 、知ってる?
>
> 大野: 何を?
>
> 佐藤:お前がいいって言ってた木村さん、彼氏いるみたいだよ。
>
> 大野: (나) 、ほんと?
>
> 佐藤: うん、ほんと。
>
> 大野: (다) 、全然しらなかったよ。で、相手はだれ?
>
> 佐藤: (라) 、あそこにいるあいつらしいよ。

| | 大野: (마) 。 | | | | |

	(가)	(나)	(다)	(라)	(마)
①	あっ	うわっ	ほら	ふーん	ちぇっ
②	ねえ	えっ	ちぇっ	ほら	なるほどね
③	うわっ	ほら	あーあ	えっ	ねえ
④	そうそう	ちぇっ	さてと	ううんと	ほら
⑤	おい	ふーん	あのう	ちぇっ	よいしょ

광의의 감동사는 담화에 있어서 독립적으로 사용되는 형식이다. 感動을 나타내는 「ああ、わあ」등의 좁은 의미의 감동사(감탄사) 이외에 「あいさつ、応答、呼びかけ、いいよどみ」등도 품사분류상으로는 감동사로 분류된다.

- (感動)→ あれ(え), あら(あらあら), まあ, あらまあ, おや, おっと
- (あいさつ)→ こんにちは, さようなら, ありがとう, ごめん, どうも, すみません
- (応答)→ はい, はあ, はっ, いいえ, いや, ああ, ええ, なに
- (呼語 또는 呼びかけ) → さあ, おい, もしもし, ちょっと, なあ, あのね, やい
- (いいよどみ : 머뭇거림)→ あのう

① あれ(え)(아니, 저런) : あれ、どうしたんですか。
② あら(어머나) : あら、おひさしぶりですね。
③ まあ(어머, 어머나) : まあ、びっくりしたわ。
④ あらまあ(あら, まあ와 동일하게 사용)

⑤ おや(어, 아니, 어렵쇼)(주로 남성들이 많이 사용한다.) : <u>おや</u>、君
　だったのか。

⑥ おっと(아이쿠, 아차) : <u>おっと</u>、忘れちゃった。　<u>おっと</u>、どっ
　こい。

앞의 예 ① ~ ⑤의 감동사는 전부 깜짝 놀라는 소리로 「아니, 어머나」
에 해당이 되는 「あら、まあ、あらまあ」는 주로 여성들 사이에서 많이
사용되고, 「おや、おっと」는 주로 남성들이 많이 사용하는 감동사이다.

　인사말 표현에 있어서는 일상적인 것을 대별하면 「こんにちは・さよ
うなら」 등 만남과 헤어짐에 관한 것, 「ありがとう・ごめん」 등 감사나
사과에 관한 것으로 구별된다. 단, 「どうも」와 같이 그 사용범위가 넓은
것, 「すみません」처럼 상대방에게 사과(I'm sorry)하는 의미, 감사(Thank
you)의 의미, 또한 상대방을 부르는(Excuse me) 의미 등 폭 넓게 사용되
는 것도 있다.

　일본어 문제로 자주 거론되는 것에 「おはよう」「こんばんは」등 시각
에 따른 분류(전자는 원래 새벽 이후 오전의 인사말인데, 저녁 무렵에 출
근하는 사람들은 밤에도 「おはよう」라고 인사하는 경우 등 그 용법이 확
장되고 있다)가 있지만, 어떤 상대에게, 어떠한 상황에서, 어떤 표현으로
인사말을 할지 등 문화에 따른 차이도 크다.

　呼語(부르는 말)는 전형적으로「ねえ」「おい」「もしもし」등 청자의 주
의를 환기하는 것이지만, 「あのう」등의 머뭇거림(いいよどみ)이나, 「や
あ」등에 연속해서 사용되기도 한다.

9. 조동사(助動詞)

　단독이 아니라, 항상 다른 말에 부속해서 사용되는 말(附属語 · 辭) 중에 활용이 있는 말을 조동사라고 한다. 이 명칭은 本動詞에 부가되어 여러 가지 의미를 첨가하는 보조적인 동사라는 의미이다.

　종래 학교문법에서는 현대어의 조동사를 다음과 같이 의미상으로 분류하는 일이 많다.

Tense－タ

Copula－ダ

否定－ナイ · ヌ · ズ(ン)

法(Mood)助動詞－ダロウ · デショウ · ソウだ · ラシイ · マイ · ヨウだ(ミタイダ)

① た(だ) · です→ 過去 · 完了
② だ · です→ 断定 · 指定
③ ます→ 丁寧
④ ない(ぬ, ず, ん)→ 否定
⑤ たい · たがる→ 希望
⑥ う(よう)→ 意志 · 推量
　　まい(ないだろう)→ 否定の意志 · 推量
⑦ れる · られる→ 受身 · 可能 · 自発 · 尊敬
⑧ せる · させる→ 使役 (せられる · させられる→ 使役受身)
⑨ そうだ→ 様態 · 伝聞
⑩ らしい→ 推定

⑪ ようだ・みたいだ → 推量・比況

⑫ だろう・でしょう → 推量

2000

9-1. 다음 문장 속에 쓰인 밑줄 친 「た」는 각각 서로 다른 의미 용법으로 쓰이고 있다. ①, ②, ③에 해당하는 같은 의미의 용법을 (a)~(f) 중에서 두 개씩 골라 쓰시오. (3점)

① 机の上に飾った花がとても美しい。

② あっ、汽車が来た。

③今朝は五時に起きた。

(a) 見つけた時には届け出なさい。

(b) 心配していたことがついにやってきた。

(c)よく似た兄弟だ。

(d) ぼくも東京へ行ってきたことがある。

(e) 彼が来た時はたしか十二時だった。

(f) 南側に面した部屋は暖かい。

①(   ) ②(   ) ③(   )

2000

11. 다음의 밑줄 친 부분은 크게 두 가지 의미로 나눌 수 있다. 두 가지 의미를 쓰고, 그 용법에 따라 (a)~(f)를 나누어 쓰시오. (4점)

(a) さじがなかったので、食べにくかったそうです。

(b) なんだか元気が出そうな曲ですね。

(c) 日本の秋はきれい<u>そうな</u>ので、いつか行きたいと思います。

(d) ミンホさんは一人で行ってみたい<u>そうです</u>。

(e) 韓国語の先生は親切でやさし<u>そうな</u>女の先生です。

(f) <u>上手になるには練習しかいい方法がなさそうです</u>。

2001

3. 下線部「れ」の文法的意味を下の例ⓐ~ⓓから選び、その記号を書きなさい。(1점)

1) この絵はあの方がか<u>か</u>れました。

2) この子は、父に死な<u>れ</u>て、学校へも行けなくなりました。

3) まだ若いのに気の毒に思わ<u>れ</u>てならない。

例) ⓐ可能	ⓑ自発	ⓒ受身	ⓓ尊敬

17. A)~C)の「ようだ」の文法上の用法をそれぞれ漢字または韓国語で書きなさい。(2점)

A) 彼はまるで白痴の<u>ようだ</u>。　　B) 君の<u>ような</u>のを怠け者というのだ。

C) とても助からない<u>ようだ</u>。

2002

4. 다음은 일본어 문법 교육과 관련된 항목들이다. 각 문항을 읽고 답하시오. (총 5점)

4-1. 다음 각 문장에 알맞게 「行く」를 활용하여 (　) 안에 써넣으시오. (2점)

(1) (　　　)ぬと言ったけれども、それでは行くとしようか。

(2) 行こうか(　　　)まいかと迷ったが、けっきょく行かないことにきめた。

4-2. 다음 문장에서 쓰이고 있는 「ない」가 조동사인 것을 모두 골라 그 기호로
쓰시오. (1점)

(a) ひとりでもさびしくは<u>ない</u>よ。

(b) それはよく<u>ない</u>からすぐ改めなさい。

(c) 君の親切は決して忘れ<u>ない</u>。

(d) そんなことぼくにはでき<u>ない</u>ね。

(e) 本がほしかったが金は<u>なかっ</u>た。

(f) 勉強し<u>なけれ</u>ばだめよ。

2004

8-1. 문장 (1)과 (2)의 밑줄 친 「ぬ」에 대해 그 의미와 활용형을 (보기)에서 골
라 쓰시오. (2점)

(1) 風と共に去り<u>ぬ</u>。 (　　　　) (　　　　)

(2) 言わ<u>ぬ</u>が花。 (　　　　) (　　　　)

(보기)

意味：過去, 完了, 推量, 断定, 否定, 比況

活用形：未然形, 連用形, 終止形, 連体形, 已然形, 仮定形, 命令形

2005

14. 다음 문(文)을 각각 부정문(否定文)으로 고치시오. (2점)

① 今日は雨が降りそうです。

② 今日は天気がよさそうです。

25. (가)~(마)의 밑줄 친 『タ』에 대한 설명으로 가장 옳은 것은?

(가) 旅行に行っ<u>た</u>学生たちが帰って来る。

(나) 帽子をかぶっ<u>た</u>人が手を振っている。

(다) そうか、今日は博物館の休館日だっ<u>た</u>。

(라) 漱石は優れ<u>た</u>文学作品を数多く残した。

(마) ぼくが言うより君が直接言っ<u>た</u>ほうがいい。

---

① (가)と(나)は、過去の意味を表す。

② (가)と(다)は、状態の意味を表す。

③ (나)と(라)は、『テイル』形でも使える。

④ (다)と(마)は、過去の意味ではない。

⑤ (라)と(마)は、『ル』形でも使える。

◆ た(だ)

- 弟は先週アメリカへ行っ<u>た</u>。(과거)

- 部屋の掃除が今済ん<u>だ</u>。(완료)

- 今忙しいから今度会っ<u>た</u>時、ゆっくり話しましょう。(미래)

- 来<u>た</u>、来<u>た</u>、バスが来<u>た</u>。(현재동작의 진행)

- お父さんめいの^{ぼうし}帽子あっ<u>た</u>。(발견) ああ、ここにあっ<u>た</u>。(발견)

- 池田さんはあの眼鏡を<u>かけた</u>人です。(かけている 결과의 상태)

- 白くぬっ<u>た</u>壁。(ぬっている 결과의 상태)

- 飲ん<u>だ</u>飲ん<u>だ</u>。(가벼운 명령)

☑ た(だ)는 단순한 과거나 과거완료를 나타낼 뿐만 아니라, 현재진행과 상태 등 여러 가지 문법적 의미를 내포하고 있다.

◆ だ・です

　단정을 나타내는 「だ」는 예를 들면 「私は学生だ(명사(N) + だ)」에서 「N이다」에 해당된다. 이 때 주의할 점은 「複雑だ(복잡하다), 健康だ(건강하다)」에서 「だ(形容動詞의 語尾)」와 혼동해서는 안 된다는 점이다. 이 둘을 구별하는 방법은 程度副詞인 「非常に」「なかなか」「かなり」등을 앞에 넣어 문맥이 통하면, 形容動詞의 語尾인 「だ」이고, 문맥이 통하지 않으면 「명사(N) + だ」에 해당된다고 보면 된다. 예를 들면 「非常に複雑だ(○)」「なかなか健康だ(○)」「かなり学生だ(×)」 등이다. 「です」는 「だ」의 정중체형이다.

◆ たい(たがる)→ 希望

　☑ 희망을 나타내는 조동사 「たい」文에서는 「水が飲みたい。」「水を飲みたい。」로 조사 「が」와 「を」 둘 다 허용이 된다. 그러나 다음 ①의 예처럼 「たい」 다음에 「～と思う・～という・～から・～ので」 등이 접속되면 「を」만 허용이 된다. 또한 ②의 예처럼 조건구가 올 때 주어와의 혼동을 피하기 위하여 「を」를 사용하고, ③과 같이 「を」와 「たい」 사이 문장이 길어질 때도 「を」만 허용된다. 그리고 ④와 같이 「受身・使役＋たい」의 文에서도 「を」만 허용된다.

① 水を飲みたいと<u>思う</u>。

　お話を聞きたい<u>という</u>、…

　ラーメンを食べたい<u>から</u>、…

　小説を読みたい<u>ので</u>、…

② アフリカの子供を助けたいが、…

　中村先生を訪ねたいですけれど、…

③ 山田さんと話をもっとゆっくり話したいと思います。

④ 李(2010)を参照されたい。

　　私は母を喜ばせたい。

2005

18. 형용사 'ほしい'와 동사 'ほしがる'가 구별되는 문법적 조건을 2줄 이내로
　　설명하시오. 단, 적절한 예문을 제시 하시오. (2점)

2007

20. 다음 글을 제시된 〈조건〉에 맞게 일본어로 옮기시오. [3점]

田中씨는 매일 늦게까지 <u>잔업</u>을 하고 있는 것 같다.

〈조 건〉

① 'らしい'를 사용할 것.

② 밑줄 친 부분은 한자(漢字)로 쓸 것.

③ 명령이나 강요 등에 의해 어쩔 수 없이 잔업을 하고 있다는 뜻의 '使役受身'
　　를 사용할 것.

답(　　　　　　　　　　　　　　　)

◈　せる・させる

　① 韓国の野球選手は私たちを<u>失望させ</u>なかった。(使役)

　② <u>入らせていただきます</u>。(겸양・겸손의 의미)

　③ 私は反省文をむりやりに<u>書かせられた</u>。(=書かされた / 使役受身)

◈　使役受身

　飲ます(飲まされる)・待たす(待たされる)・読ます(読まされる)・書
かす(書かされる)・言わす(いわされる)・悩ます(悩まされる)

☑ 「使役受身」文에서는 「억지로 ~하게 되었다」로 해석하면 자연스럽다.

◆ れる・られる

① 彼のことばに、私は気持をひどく傷つけられた。(受身)

② この種のきのこは毒があって食べられない。(可能)

③ 私には、どうも疑わしく思われる。(自発)

④ 先生の書かれた本はベストセラーとなった。(尊敬)

10. 조사(助詞)

품사론 상 자립하지 않고 각종 語에 붙어, 활용하지 않는 語를 助詞라 하는데, 영어 등의 전치사(前置詞)와는 逆順으로 되어 있는 것에서 후치사(後置詞)로 부를 때도 있다. 그 기능은 여러 가지 있기 때문에, 助詞는 보다 더 下位 품사로 분류 된다. 그 분류법과 助詞의 명칭 및 소속어휘에는 여러 가지 설이 있다. 본서에서는 격조사(格助詞), 접속조사(接續助詞), 부조사(副助詞), 종조사(終助詞) 등 크게 4종류로 분류해서 보기로 한다. 먼저 格助詞부터 알아보기로 한다.

2006

15. 밑줄 친 ①~③은 문법적 기능이 다르다. 각각의 문법적 기능을 쓰시오. [3점]

> 一年①か二年、外国で勉強するつもりだ。
> 市長②ならびに教育長の出席をえて卒業式を挙行した。
> 中学生になった息子が新しいゲーム③だの携帯電話だのうるさい。

17. 다음 ②는 문법적으로 잘못된 문(文)이다. 바른 문으로 고치고, ①과 비교하여 잘못된 문법적 이유를 1줄 이내로 쓰시오. [3점]

① 田中さんは息子を椅子に座らせ、本を読ませた。

②＊田中さんは息子を本を読ませた。

＊ : 비문(非文)표시

②의 바른 문 : (　　　　　　　　　　　　　　　　　　)

문법적 이유 : (　　　　　　　　　　　　　　　　　　)

① 格助詞^{かくじょし}

격조사에는 일반적으로 「が・の・を・に・へ・と・から・より・で・や」 등이 있다. 차례로 그 예문을 보기로 한다.

- が　　(1) 仙台^{せんだい}には松島^{まつしま}がある。(주어)

　　　　　　　この店^{みせ}にはお客^{きゃく}さんがたくさん来^くる。(주어)

　　　　(2) 妹の合格^{ごうかく}が皆を喜^{よろこ}ばせた。(원인)

　　　　(3) ビールが(を)のみたい。(대상어격)

　　　　(4) 日本語ができる(好きだ・嫌いだ)。(대상어격)

　　　　(5) わが家^{いえ}。君^{きみ}が代^よ。自由^{じゆう}が丘^{おか}。(관용적인 표현)

- の　　(1) 来年の春には、高等学校の入学試験を受ける。(연체수식어)

　　　　(2) 私の書いた本はベストセーラになった。(節속의 주어)

　　　　　　　高校生までが集まる蝋燭^{ろうそく}集会。(節속의 주어)

　☑ 절속의 주어로 사용되는 경우라도 부조사가 동반될 때는 「の」대신 「が」가 사용됨에 주의한다.

(4) 私の友人の田中です。(동격)

(5) 勉強するの(こと)がいやだ。新しいのを買った。

(체언의 자격)

(6) 行くの行かないのと、いつまでもすねている。

(並立의 의미)

● を　　(1) 父は新聞を読んでいる。(目的・対象)

(2) 家を出る。なつかしい故郷を離れる。(起点・出発点)

(3) 公園を散歩する。道を走る。スーパーマンは空を飛べ

る。(通過点)

(4) みんな、こちらを見てください。(方向)

(5) 一日を読書で過ごす。(경과하는 시간)

☑「忙しいところを,どうもすみません。」「4月1日をもって(=で)学長に任命する。」등의
예문에서「を」는 관용적인 용법으로 사용됨에 유의한다.

● に　　(1) 生徒が運動場に集合する。(場所)

(2) 私は毎朝5時に起きる。(時間)

☑ 때를 나타내는 명사에는 일반적으로「に」가 붙지만,「に」를 동반하지 않는
경우와 또한 양쪽 다 사용되는 경우도 있으므로 주의한다.

★「に」를 동반하는 것 → 3時, 9日, 5月, 2010年 등

★「に」를 동반하지 않는 것 → 先週, 来週, 今週, 先月, 今
月, 来月, 去年, 今年, 来年, 昨日, 今日, 明日, 明後日,
朝, 今朝, 毎日, 午前, 午後, 一日中, 一年中, 一週間등

★ 양쪽 다 사용하는 경우 → 昼, 晩, 夜, (月・火・水・木・金・
土・日)曜日 등

(3) 魚をつり<u>に</u>行く。映画を見<u>に</u>行く。(動作의 目的)

(4) 私たちは仙台<u>に</u>着いた。私は明日アメリカ<u>に</u>行く。(帰着点과 行先地)

(5) いちごがジャム<u>に</u>なる。すべてが失敗<u>に</u>終わった。(変化의 結果)

(6) 一円を笑うものは一円<u>に</u>泣く。(原因과 理由)

(7) ぼくは犬<u>に</u>かまれた。(受身의 동작출처)

(8) 赤ちゃん<u>に</u>ミルクを飲ませる。(使役의 동작목표)

(9) 明日、購読<u>に</u>会話<u>に</u>日本語学概論のテストがある。(並立)

(10) 彼は私<u>に</u>比べて体が丈夫だ。(比較의 基準)

(11) 髪を長め<u>に</u>のばす。(動作・作用의 状態)

(12) この仕事を君<u>に</u>頼もう。(動作・作用의 対象)

☑ 그 외 比率・割当의 基準을 나타내는 「に」와 動作・状態의 内容 등을 나타내는 「に」가 있다.

● へ   (1) 探検隊は、東<u>へ</u>向かった。その道を左<u>へ</u>曲がってください。(方向)

      (2) 向こう<u>へ</u>着いたら、手紙をくださいね。(動作의 帰着点)

      (3) 韓国の女子大生<u>へ</u>送る。母<u>へ</u>の手紙。(動作의 対象)

☑ 예문의 「へ」는 「に」로 대치할 수 있다.

● で   (1) 今夜、公園<u>で</u>音楽会開かれる。(場所)

      (2) 自転車<u>で</u>行く。鉛筆<u>で</u>書く。ワインはぶどうで作る。(手段・材料)

(3) 風邪で休む。今日は期末テストで行けない。（原因・理由）

(4) この野菜は生で食べられます。（状態）

(5) 来年で卒業する。あと5分でできる。（時間）

(6) これは2本で100円です。（数의 限定）

(7) ここにいる人で、宿題をまだ出していない人は。（範囲의 限定）

富士山は日本で最も高い。（範囲의 限定）

(8) こちらのほうで用意しておきます。

みんなで歌を歌っています。（動作의 主体）

(9) わたしでよければ、喜んでやります。（辞譲・謙遜）

ウイスキーでもお飲みになりますか。いいえ、お茶でけっこうです。（辞譲・謙遜）

● と　　(1) 毎朝コーヒーにパンとサラダを食べる。（並列・列挙）

(2) 母と買い物に行った。（공동의 相対）

(3) お前と喧嘩する気はない。（動作의 対象）

(4) 一所懸命努力した結果、とうとう日本語の先生となった。

ちりも積れば山となる。（動作의 結果）

(5) ゆうべは遅く帰ったという。（引用의 意味）

(6) あなたのものは私のと違う。（比較의 基準）

(7) 雨がぱらぱらと降っている。（動作・状態의 모양）

(8) こんな安い物は3日ともたない。（強調의 意味）

(9) 2008年のオリンピックの開催地は北京と決まった。

（動作・状態・作用의 内容）

- から (1) 友だちから手紙が来た。(動作・作用의 起点)

　　　　　映画は1時から始まります。(動作・時間의 起点)

　　(2) ぶどう酒はぶどうから(で)つくる。(原料)

　　(3) 風邪から肺炎になる。疲れから(で)病気になる。(原因・理由)

　　(4) 成績が悪くて母から(に)しかられた。

　　　　　日本語は池田先生から教わりました。(動作의 主体・相手)

　　(5) いいパソコンは、安くても10万円からする。

　　　　　(「数字 + から」로 最低限을 나타냄。~이상)

- より (1) 英語より日本語のほうが勉強しやすい。(比較의 基準)

　　(2) 試合に勝つには、練習するよりほかはない。

　　　　　(限定의 意味를 나타내고, 뒤에 부정어가 온다.)

　　(3) 入学式は9時より(から)始まります。(時間・場所의 出発点)

　　(4) ここより(から)向こうは隣りの土地です。(境界)

　　(5) より楽しい人生。(副詞的인 의미)

☑ (5)는 격조사에서 온 말로「より + 形容詞」의 형태로「보다, 더욱더 (いっそう・もっと)」와 같은 副詞的인 의미로 쓰임에 주의한다.)

② **接続助詞(から・ので・ば・と・けれど(も)・が・ても(でも)・ながら・て(で))**

이중에서「から・ので・ば・と」등의 접속조사는 의미론에서 다루었으므로, 여기서는 생략하기로 한다.

- が (1) 朝晩、涼しくなったが、昼間はまだ暑い。(逆接)

(2) その話ですが、私もききました。(단순한 接続)

(3) 夏は日が長いが、冬は短い。(並立・対比)

- ながら (1) ご飯を食べながら音楽を聞く。(同時動作)

(2) 悪いと知りながら、改めない。(逆接의 確定条件)

(3) しかしながら。昔ながらのしきたり。生まれながら。

(여러 가지 連語를 만드는 接尾語로 사용)

- て(で) (1) 暑い夏が過ぎて、秋が来た。(단순한 接続)

(2) 体が疲れて、何もできません。(原因・理由)

(3) この部屋は広くて、明るい。(並立)

(4) 今、料理を作っている。(本動詞와 補助動詞를 接続)

③ 副助詞

부조사는 용언이나 체언뿐만 아니라 여러 말에 붙어 여러 가지 의미를 첨가한다. 격조사나 접속조사는 생략하면 문의 의미를 이해할 수 없게 되지만, 부조사는 생략해도 문의 의미에 변화가 없는 경우가 있다. 또한 부조사는 다른 종류의 조사나 같은 부조사에도 붙을 수가 있다. 부조사의 종류에는 「は・も・こそ・さえ・でも・しか・まで・ばかり・だけ・ほど・だって・くらい・など・きり・なり・やら・か」등이 있다.

2004

11-2. 다음은 일본어의 주어와 주제에 관한 설명이다. 맞는 것에는 (○)표, 틀린 것에는 (×)표를 하시오. (2점)

(1) 主語と主題は文法的に全く異なる概念である。　　　(　)

(2) 一つの文には必ず主語がある。　　　　　　　　　（　　）

(3)主語に対応する語は述語である。　　　　　　　　（　　）

(4)主題はすべて「名詞+は」の形をとる。　　　　　　（　　）

- は　　(1) 勉強をした。(格助詞)

　　　　(2) 勉強はした。(다른 것과 구별하여 특별히 내세울 때 사용)

　　　　(3) 私はうなぎだ。岡山は桃が有名だ。象さんは鼻が長い。

　　　　　　(題目(話題))

　　　　(2) 山田さんは中国語は上手だが、韓国語は下手だ。

　　　　　　(対照・対比)

　　　　(4) 日本のあちこち旅行したが、北海道には行ったことがない。

　　　　　　日本では富士山が一番高い。(범위를 限定)

　　　　(5) これは10万円はするでしょう。これは10万円はしないで

　　　　　　しょう。(「は」가 数의 단위 등에 붙어, 数・程度의 上限・

　　　　　　下限을 나타냄)

- も　　(1) 勉強もした。私も賛成です。(同類의 하나인 것을 나타냄)

　　　　(2) お前の顔など見たくもない。(強調)

　　　　(3) 一人でビールを3本も飲んだ。(数量詞와 함께 사용되어

　　　　　　「それほどたくさん」의 의미를 나타냄)

　　　　(4) 一匹も生きていない。(전체 不定)

- こそ　(1) 勉強こそ大事だ。(強調)

- さえ　(1) 勉強さえする時間がない。(「も」보다 강한 強調, ~조차도)

194

韓国人でさえハングルを間違える。

(2) お金さえあれば何でもできると思う。(조건 강조)

● だって(1) そんなまずいもの、猫だって食べないよ。(でも)

(2) あの家はいつだってお客さんが来ている。(でも)

(3) 今からだって遅くないから、電話してごらん。(でも)

● まで (1) これは5人まで食べられます。(程度・限定)

(2) 子供にまでわかる内容だ。(一例를 들어 다른 것을 유추 시키는 의미)

● ばかり(1) 費用は1万円ばかりかかった。(程度)

(2) あの人は毎日けんかばかり売っている。(限定, 오로지)

(3) 授業はいま始まったばかりです。(방금, 막)

(4) 油断したばかりに失敗した。(原因・理由, 탓으로)

● だけ (1) これは二人だけの秘密にしましょう。(限定)

(2) それだけわかれば、問題はない。(程度)

(3) 努力しただけのかいはある。(만큼)

期待していただけに失望も大きい。(만큼)

教育者だけあって子供の面倒みがよい。(답게)

☑ 「～だけの～はある」「～だけに」「～だけあって」의 형태로 어떤 상태에 상응하는 뜻을 나타냄. (～답게, ～한 만큼)

- ほど (1) 腰を抜かすほど驚いた。(程度)

  (2) 家が近い人ほど遅刻することが多い。(比例, ~일 수록)

  (3) 蛇ほど嫌らしいものはない。(~ほど~ない「그 것이 제
      일 ~하다」)

  (4) この映画は見れば見るほどおもしろい。(~ば~ほど「~
      하면~할수록」)

  (5) 苦労したというほどのことだ。(정도가 가벼움을 나타냄)
      苦労したというほどのことではない。(정도가 심함을 부정
      하는 뜻)

- なり (1) テレビを見るなりして待っていましょう。(例示 ~라도 ~든지)

  (2) 私は私なりに考えている。(~나름대로)

  (3) 山なり海なり、好きなところへ行きなさい。

      焼くなり煮るなりしておいしく食べましょう。

      (並立, 選択)

  (4) 何なりと質問してくれ。(전면적인 긍정, 무엇이든 질문하게)

④ **終助詞**

종조사는 이름대로 보통, 문의 끝에 붙으므로, 종조사를 분별할 때는 문중
에서의 위치에 주의한다. 그러나 「ね(ねえ)」「さ」등은 문중의 문절토막(文節
の切目)에도 붙을 수가 있다는 것을 기억해 두자. 그 종류에는 「か・な(あ)・
や・よ・ぞ・ぜ・とも・の・わ・ね(ねえ)・さ・て・かしら」등이 있다.

22. 다음 대화문의 ①~⑤에 들어갈 자연스러운 종조사(終助詞)를 (보기)에서 하
　　나씩 고르시오. (단, 중복 사용 불가)(2점)

森：もしもし。山田さんいますか。

山田：はい。私です(　①　)。

森：ああ、私です。森です。
　　突然ですけど、今ひまかしら。出てこれない(　②　)。

山田：ええ……いいですけど。どうして? どうしてうちがわかったの。

森：どうしても知りたい(　③　)、と思うと自然にわかるようになって
　　る(　④　)。
　　じゃあ、駅前百貨店の五階の家電売場の所で(　⑤　)。

山田：うん。わかった。じゃね。

(보기)　な, ね, のよ, が, かな

- か　　(1) これは何ですか。そんなに厳しいのか。（質問・疑問）

　　　　(2) 私だけひとり怠けていてよいのか。（反語）

　　　　(3) なんだ、そうだったのか。（感動・詠嘆）

- な　　(1) 早く食べな。（命令）

　　　　(2) このことはだれにも言うな。（禁止）

　　　　(3) これを壊したのはおまえたちだな。（確認을 나타냄）

　　　　(4) この映画、とてもおもしろいな(あ)。（感動・詠嘆）

- や　　(1) この景色は本当にすばらしい<u>や</u>。(感動)

　　　　(2) 皆で一緒に行こう<u>や</u>。(다짐)

　　　　(3) 幸子<u>や</u>、ちょっとお使いに行ってくれ。(呼語)

- よ　　(1) この小説は、なかなかおもしろい<u>よ</u>。(感動)

　　　　(2) そんなことをしてはいけない<u>よ</u>。(다짐)

　　　　(3) 雨<u>よ</u>、降らないでおくれ。(呼語)

- ぞ　　　期末テストには絶対にトップする<u>ぞ</u>。(강한 다짐)

☑「ぜ」와 함께 주로 男性 終助詞로 사용된다.

- とも　(1) もちろん、いい<u>とも</u>。(강한 同意)

　　　　(2) (もちろん)これから一所懸命、勉強する<u>とも</u>。(強調)

- の　　(1) なぜ、お前は行かない<u>の</u>。(疑問)

　　　　(2) 残さず全部食べる<u>の</u>(<u>よ</u>)。(命令)

　　　　(3) この辺はとても静かな<u>の</u>(<u>ね</u>)。(가벼운 斷定, 女性語)

- わ　　(1) あら(まあ)、雨が降り出した<u>わ</u>。(感動・詠嘆)

　　　　(2) 私もついていきます<u>わ</u>。(가벼운 다짐)

☑ 女性語이지만, 끝 부분이 내려가는 억양으로 男性도 사용하기도 한다.

- ね(ねえ)　(1) やあ、すごいべっぴんだ<u>ね</u>。(感動・詠嘆)

　　　　　　(2) 君に渡しておいた<u>ね</u>。(確認)

　　　　　　(3) わたしは<u>ね</u>(<u>ねえ</u>)、毎日108拝をしているよ。(다짐)

(4)そうですね。(주저)

☑ 이 외에도 「주의환기」나 「의아」의 의미를 나타낼 때가 있다.

● さ   (1)ぼくだってできるさ。(강한 意志)

    (2) そこにあるさ。(환기)

    (3) それは君の間違いさ。(자명한 일)

    (4) 何の疑いがあるのさ。(反対의 기분)

● 参考文献

天沼寧編(1974)『擬音語・擬態語辞典』東京堂出版

市川 孝(1976)「副用言」『岩波講座 講座日本語6 文法1』岩波書店

北川千里 他(1988)『外国人のための日本語例文・問題シリーズ7 助詞』荒竹出版

北原保雄(1967)「形容詞のウ音便」『国語国文』京都大学文学部

―――(1976)「文の構造」『岩波講座日本語6』岩波書店

―――(1984)『日本語文法の焦点』教育出版

木村かつみ・山田信一(1998)『すぐに使える実践日本語シリーズ接続詞』専門教育出版

木村新次郎(1991)「ヴォイスのカテゴリーと文構造のレベル」『日本語のヴォイスと他
        動性』くろしお出版

教育技術研究所『国語基本用例辞典』教育社

金田一春彦(1955)「日本語」『世界言語概説』研究社

―――(1976)『日本語動詞のアスペクト』むぎ書房

工藤真由美(1995)『アスペクト・テンス体系とテクスト』ひつじ書房

グループ・ジャマシイ編著(1998)『日本語文型辞典』くろしお出版

国広哲弥(1982)『意味論の文法』大修館書店

―――(1985)『日本語動詞のアスペクトとテンス』国立国語研究所報告82, 秀英出版

国際交流基金(1980)『教師用日本語教育ハンドブック(文法)』凡人社

国立国語研究所(1972)『形容詞の意味・用法の記述的研究』秀英出版

小山恵美子・渡辺摂(1996)『すぐに使える実践日本語シリーズ 副詞』専門教育出版

坂倉篤義(1966)『語構成の研究』角川書店

佐藤喜代治(1973)『日本文法―理論と教育―』明治書院

鈴木重幸(1996)『形態論・序説』むぎ書房

田近洵一編著(1981)『くわしい国文法』文英堂

田中春美編主幹(1988)『現代言語学辞典』成美堂

玉村文郎(1984)『語彙の研究と教育(上)(下)(日本語教育指導参考書12)』国立国語研究所

寺村秀夫(1982－1991)『日本語のシンタクスと意味Ⅰ.Ⅱ.Ⅲ』くろしお出版

特集「擬音語・擬態語」『日本語学』明治書院.1986. 7月号

特集「数詞・助数詞」『日本語学』明治書院.1986. 8月号

飛田良文編者(2007)『日本語学研究事典』明治書院

長野賢(1965)「形容動詞」『口語文法講座6』明治書院

仁田義雄(1991)『日本語のモダリティと人称』ひつじ書房

――――(2002)『副詞的表現の諸相』(新日本語文法選書1)くろしお出版

日本語教育学会編(1998)『日本語教育ハンドブック』大修館書店

日本語教育学会編(2005)『新版日本語教育辞典』大修館書店

林巨樹編(1973)『品詞別日本文法講座(助詞)』明治書院

久野暲(1973)『日本文法研究』大修館書店

益岡隆志(1991)『モダリティの文法』くろしお出版

増田アヤ子(1993)『すぐに使える実践シリーズ、擬声語・擬態語』専門教育出版

松村明編(1971)『日本文法大辞典』明治書院

南不二男(1974)『現代日本語の構造』大修館書店

――――(1981)『日本語の世界 6 日本語の文法』中央公論社

森岡健二(1973)「文章展開と接続詞・感動詞」『品詞別日本文法講座6』明治書院

森山卓郎(1984)「アスペクトの意味の決まり方について」『日本語学』3－12

山口佳紀(1973)「形容詞活用の成立」『国語と国文学』

渡辺実(1957)「副用語・付属語」『日本文法講座1』明治書院

権奇洙・全成燁(1995)『標準日本語文法』慶成出版社

7. 音声・音韻論

• 音声学(Phonetics) : 인간이 내는 말소리를 가능한 한 자세하게 분석·기록하는 것으로 음성의 調音方法 및 音響学的 연구를 하는 물리적인 분야이다.(음향음성학, 조음음성학, 청각 음성학)

• 音韻論(Phonology) : 어떤 언어에서 意味를 구별하기 위해, 어떠한 音의 체계를 가지는가, 즉 언어를 기능적·구조적 관점에서 심리적인 현상으로 본 분야이다.

02 音声·音韻論的인 측면에서 韓国語와 日本語의 차이점

2000

10. 한국어는 평음(平音 : ㄱ·ㄷ·ㅂ·ㅈ), 경음(硬音 : ㄲ·ㄸ·ㅃ·ㅉ), 기음(気音 : ㅊ·ㅋ·ㅌ·ㅍ)의 세 가지로 말의 뜻이 구별되는 언어이지만, 일본어는 영어처럼 무성음과 유성음이라는 두 가지로 말의 뜻이 구별되는 언어이다. 따라서 일본어의 음성 교육에서 가장 중요한 것은 무성음과 유성음을 구분하여 발음하는 일이다. 예를 들면 「だいがく」[daigaku]는 '大学'이지만 「たいがく」 [taigaku]는 '退学'으로써 서로 전혀 다른 뜻이 된다. 일본어의 오십음도(五十音図)에 나타나는 46개의 음절 중에서 무성자음이 포함되는 음절을 행(行)으로 구분하여 쓰시오. (5줄 이내) (5점)

2003

5-1. 다음은 일본어 음성의 특징에 대한 설명이다. 설명한 내용이 맞는 것을 세 개만 골라 기호를 쓰시오. (3점)

(1) 環境により音が決まるものを自由異音という。

(2) ハ行子音の調音点は声門、硬口蓋、両唇である。

(3) 尾高型とは最後の拍が他の拍より特に高いので尾高型という。

(4) 撥音は前の音によって実際の音が決まる。

(5) アクセントによって単語の意味を区別する機能を弁別機能という。

(6)「日本語能力試験」は8音節で11拍である。

2004

3. 다음 글을 읽고, (①)과 (②)에 들어갈 알맞은 말을 쓰시오. [2점]

한국인은 일본어의 파열음과 파찰음 발음 시, 무성음·유성음을 구별하지 못해 오류를 범하는 일이 많다. 즉「ぎん(銀)」을「きん」으로 발음하여 듣는 사람이 '金'과 혼동한다든지,「また(又)」를「まだ」로 발음하여 '아직'이라는 의미와 혼동하게 된다든지 하는 것이다. 이는 근본적으로는 한국어와 일본어의 음운체계가 다른 것에 기인하지만, 구체적으로는 한국어의 다음과 같은 발음 특징 때문이다.

● 한국어의 파열·파찰음은 어두에서 (①   )으로 소리 나는 일이 없다.

● 한국어의 파열·파찰음은 유성음과 유성음 사이에서는 (②   )으로 소리 난다.

7. 밑줄 친 부분의 내용과 달리 현대 일본어에서는 이중자음(二重子音)이 존재 한다. 그 음절의 종류를 들고 각각의 음운적 특징을 2줄 이내로 쓰시오. [3점]

　　音韻の面では、音節の構造が母音で終る特色を持ち、特殊な音節を除くと、すべて開音節となる。音節の最初にr音で始まる語がなく、また子音が二つ並ばない。音節の数も111と少なく、アクセントは高さアクセントで、強さアクセントを持たない。現代語では、アクセントの滝の有無とその位置により形の違いが示される。また、上代の日本語には母音調和の傾向を持っていたことが認められる。

---

1. 有声音과 無声音

　有声音(Voiced) : 声帯의 진동에 의해 나오는 소리를 말한다.

　　母音「アイウエオ」와 子音「ガ, ザ, ダ, ナ, マ, ラ」行 및 「ン」한국어의 「우[u]」는 원순모음이고 日本語의 「う[ɯ]」는 비원순모음이다.

　無声音(Voiceless) : 声帯를 울리지 않고 나오는 소리를 말한다.

　　カ, サ, タ, ハ行의 子音

2. 有気音과 無気音

　한국어는 有気音과 無気音이 弁別的 또는 対立的이라 한다.

　例 : 공[koŋ] : 콩[kʰoŋ]　달[tal] : 탈[tʰal] : 딸[t'al]

　　日本語는 有声音과 無声音이 弁別的 또는 対立的이라 한다.

　　{例 : か[ka]蚊모기) : が[ga](蛾나방)}

3. 母音의 無声音化

1997

모음의 무성음화가 어떤 환경에서 일어나는지 예를 들어 설명하세요.(7점)

2003

5-2. 다음 (보기)에서 원칙적으로 모음이 무성화하는 음절(가나)을 모두 찾아
　　　쓰시오. (1점)

(보기)

くかん　　　　　　しがい　　　　　　アイスコーヒー　　　　　かきかた
ちから　　　　　　かけぶとん

원래 有声音이야 할 母音이 声帯의 진동을 동반하지 않는 無声音으로
발음되는 현상을 말한다. 母音의 無声音化에는 다음과 같은 원칙이 있
다.

① 母音「イ, ウ」가 無声子音과 無声子音사이에 끼여 있을 때 無声音
化된다.
　　例：キシャ(汽車)[kiʃa]　　　　　タクサン(沢山)[takɯsaN]
　　　　ヒカリ(光)[çikaɾi]　　　　　フスマ(襖)[ɸɯsɯma]

②「イ, ウ」다음에 促音「ッ」가 올 경우에도 無声音化가 일어난다.
　　例：キップ(切符)[kippɯ]　　　　シッケ(湿気)[ʃikke]

③ 語末, 文末가 無声子音 +「イ, ウ」로 끝날 경우 또한 높은 악센트로
발음되지 않을 경우에는 無声音化된다.

例：アキ(秋)[aki]　　　カク(書く)[kakɯ]　　　ハシ(箸)[haʃi]
　　 ~デス(~です)[desɯ]　~マス(~ます)[masɯ]

④ 無声子音 사이의 「ア・オ」는 無声音化 되는데, 주로 같은 모음이
계속될 때 무성자음 사이에서 일어나는 경우가 많다.

例：カカシ[kakaʃi]　　カタナ(刀)[katana]　　ココロ(心)[kokoɾo]
　　 ホコリ[hokoɾi]　　ハカル[hakaɾɯ]

⑤ 아주 드물지만 無声子音과 有声子音 사이에서도 모음이 無声化 할
경우가 있다. 주로 有声子音 앞의 「ス[sɯ]」에서 일어난다.

例：ムスメ(娘)[mɯsɯme]

원래 有声音이야 할 母音이 声帯의 진동을 동반하지 않는 無声音으로
발음되는 현상을 말한다. 母音의 無声音化에는 다음과 같은 원칙이 있
다.

2001

16. 일본어 음성교육의 현장에서 50音図의 「ア行」과 「カ行」을 지도할 경우, 특
　 히 주의해야할 점을 쓰시오.(각각 50字 내외의 한글로 답할 것) (2점)

2001

8. 次の単語の音節数と拍(mora) 数を書きなさい。(1점)
(答案)

1) センセイ(先生)	(　　音節、　　拍)
2) イッタイ(一体)	(　　音節、　　拍)

4. 音節(syllable)과 拍(mora)

한국어는 閉音節(closed syllable) : 주로 자음으로 끝나는 음절

日本語는 開音節(open syllable) : 주로 모음으로 끝나는 음절

さくら(桜) : 3音節3拍　　　　　　おかあさん : 3音節5拍

いっぱい : 3音節4拍　　　　　　　かんたん : 2音節4拍

＊さとおや(里親) : 4音節4拍　　　さとうや(砂糖屋) : 3音節4拍

スプーン(spoon) : 2音節4拍　　　エレベーター : 4音節6拍

いもうと(妹) : 3音節4拍

---

03 特殊拍 = 特殊音素

(2004)

5－1. 다음 글을 읽고, 물음에 답하시오. (3점)

> 일본어의 「ん」은 하나의 음처럼 인식되지만, 실제로는 뒤에 오는 음에 따라
> 여러 가지 異音으로 나타나며 그 異音들은 상보분포를 이룬다. 「ん」 뒤에 모
> 음이나 반모음이 오면 「ん」은그 모음이나 반모음에 가까운 鼻母音으로 발음
> 되는데, 그 鼻母音은 대략 [i]과 [ɯ]의 두가지로 나눌 수 있다.

어떤 음들이 「ん」 뒤에 올 때 「ん」이 [i] 또는 [ɯ]으로 발음 되는가 히
라가나로 모두 쓰시오.

(1) [i]으로 소리날 때 : 「ん」 뒤에 ＿＿＿＿＿＿＿가 올 때

(2) [ɯ]으로 소리날 때 : 「ん」 뒤에 ＿＿＿＿＿＿＿가 올 때

10. 일본어 발음을 지도할 때에 유의해야 할 것의 하나로 독립된 음가(音価)가 없으면서도 하나의 박(拍)을 갖고 있는 특수음소(特殊音素)라는 것이 있다. 이들 특수음소의 명칭을 모두 한자(漢字) 또는 히라가나로 쓰고, 각각의 특수음소가 들어 있는 단어를 1개씩만 쓰시오. (3점)

8. 일본어에 유입된 외래어 음소(音素) / t / 는 모음(母音) [i] 앞에서 다음 ㉮, ㉯와 같은 이음(異音)으로 실현된다. 이음(異音)㉮와 ㉯가 들어 있는 일본어 문자를 각각 가타카나로 표기하고, 그 문자가 들어 있는 단어를 1개씩만 쓰시오. (단, 단어는 사전에 등재된 것으로 제한한다.)[4점]

/ t / → {㉮ [tʃ] ㉯ [t]}		
	㉮	㉯
가타카나 표기		
해당되는 단어		

1. / Q / 「ッ」促音(そくおん)=つまる音(촉음)

「ッ」은 「促音(そくおん)(촉음)」 또는 「つまる音(おん)」이라 하고, 음소 표시는 / Q / 로 나타낸다. 한국인 일본어 학습자는 대개 이러한 촉음을 우리말의 받침으로 생각하여 짧게 발음해 버리는 경향이 있는데, 특수박(特殊拍)의 하나로 1拍을 가지는 음이므로 충분히 1박자로 발음해야 한다. 2.4 의 音節과 拍에서 서술한대로 1박자로 발음하지 않으면 의미상의 문제가 발생하므로 주의를 기울여 발음해야한다. 아래의 예처럼, 촉음은 보통 어두이외의 無声子音 앞에 나타난다. 외래어나 강조형(すばらしい→すっばらしい), 의성어・의태어 등에서는 유성음 앞에서도 촉음이 나타날 수가 있다. 그리고 「アッ[aʔ]」처럼 촉음이 어말에 나타나는 경우는 드물다.

(一句)イック[ikkɯ]　　　　　(一足)イッソク[issokɯ]

(一体)イッタイ[ittai]　　　　(一歩)イッポ[ippo]

どっしり[doʃʃiɾi]　　　　　すっばらしい[sɯbbaɾaʃiː]

ベット[beddo]　　　　　　バッグ[baggɯ]　アッ[aʔ]

2. / N / 「ン」撥音=はねる音(발음)

撥音「ン」은 어두에는 나타날 수 없는 비음(鼻音)으로, 단독으로는 발음 불가능하지만, 후속음(後續音)에 따라 그 발음이 달라진다. 후속음에 따라 다양하게 발음되는 특수한 拍이지만, 어떠한 경우에도 후속음의 조음점(調音点)에 가까운 장소에서 발음되어지는, 비음(鼻音)인 점이 공통된 특징이라 할 수 있다. 보통 초급에서는 ①②③정도로 구분하여 지도하면 무난하고, 그 이상의 레벨에서는 다음의 6가지로 구분하여 지도하는 것이 좋다.

「ン」은 앞에서도 서술했듯이 이 자체만으로 1拍을 이루기 때문에, 다른 拍과 비교하여 짧게 발음하지 않고, 충분히 1박자로 발음하도록 유의한다.

또한 어말(語末)의 발음에 「オ」「ヘ」등과 같은 모음으로 시작되는 조사가 접속되는 경우에 많은 학습자들이 그 앞의 「ン」과 리에종 시켜 발음하는 경향이 있다. 예를 들면,「ごはんを食べました」를 「ゴハンノタベマシタ」로 「日本へ来ました」는 「ニホネキマシタ」로 발음을 해버린다.

결국, 이러한 현상도 「ン」을 짧게 발음하는 데서 생기는 결과라고 할 수 있겠다. 그러므로 「ン」다음에 끊음(切れ目 /)을 넣어 발음하는 습관을 가지는 것이 좋다. 예를 들면 「ゴハン / オ タベマシタ」「ニホン / ヘ

キマシタ」로 끊어서 연습하는 것이다.

① [m]는 같은 양순음에 속하는 [m,b,p]직전에서 발음된다.

日本橋(にほんばし)[nihombaʃi]

散歩(さんぽ)[sampo]　　　　　　　秋刀魚(さんま)[samma]

② [n]는 같은 치경음에 속하는 [n,d,t]직전에서 발음된다.

日本刀(にほんとう)[nihontoː]

案内(あんない)[annai]　　　　　　三台(さんだい)[sandai]

☑ [n]는 [n,d,t]이외에도 같은 치경음에 속하는 [dz, ʥ, ʦ, ɾ]의 직전에서도
발음된다.

③ [ŋ]는 같은 연구개음 [ŋ,g,k]의 직전에서 발음된다.

日本画(にほんが)[nihoŋga]

銀行(ぎんこう)[giŋkoː]　　　　　　音楽(おんがく)[oŋgakɯ]

④ 구개수비음인[N]은 어말에서 발음된다.

日本(にほん)[nihoN]　　　　本(ほん) [hoN]　　　　パン[paN]

⑤ 치경경구개음인 [ɲ]는 [ɲ]직전에서 발음된다.

ニンニク[niɲɲikɯ]　　　　　　筋肉(きんにく)[kiɲɲikɯ]

⑥ 鼻母音[ṽ] 은 / N / 이 鼻母音化된 것으로, 音素로서는 자음이지만,
음성적으로는 모음으로 나타나는 것이 있다. 鼻母音으로 발음되는 것은,
다음의 예「電話」처럼 여러 가지 설이 분분한데, 본서에서는 다음과 같이

210

보기로 한다. 어중에서 모음[a], [i], [ɯ], [e], [o]와 접근음(接近音) 반모음인 [j], [w], 마찰음(摩擦音)인 [s][ʃ][h][ç][ɸ]와 같은 폐쇄(閉鎖)를 형성하지 않는 음이 올 경우에는 鼻音化한 모음(鼻母音)으로 나타나는 것이 보통이다.

恋愛(レンアイ)[ɾeãai] · [ɾeṽai]

単位(タンイ)[tãii] [taṽi]

陰鬱(インウツ)[iũɯtsɯ] · [iṽɯtsɯ]

万円(マンエン)[maẽeN] · [maṽeN]

千億(センオク)[seõokɯ] · [seṽokɯ]

観察(カンサツ)[kaṽsatsɯ]

☑ [kaũsatsɯ]발음 説도 있다.

検査(ケンサ)[keṽsa]

☑ [keẽsa]발음 説도 있다.

本屋(ほんや)[hoõija] · [hoṽja]

電話(でんわ)[deṽwa]

☑ [deũwa] · [deẽwa] · [deũwa]발음 説도 있다.

3. / R / 「ー」(引く音)과 長音(장모음)

흔히 長音이라고 부르는「ー」는, 長(母)音의 후반의 부분(棒引き部分)으로, 정확히 말하면「引く音」또는「引き音」이라고 해야 한다. 音素로 표시하면 / R / , 발음표기에서는 장음기호[ː]를 늘이는 모음 뒤에 붙여서 나타낸다. ([aː], [iː], [ɯː], [eː], [oː]) 長音에는「アア, イイ, ウウ, エエ, オオ」와 같이 같은 모음이 겹치는 경우와「エイ」「オウ」가 있다. 보통 자연스러운 회화체에서는「お母さん」을 [okaasaN]이 아니라, 뒤의 [a]를「引

く音」인 [ː]로 하여 [okaːsaN]으로 발음한다. 또한 「高校」를 [koɯkoɯ]아닌 [koːkoː]로, 「成功」는 [seikoɯ]가 아닌 [seːkoː]로 [ei]와 [oɯ]는 각각 長母音[eː]와 [oː]로 발음함에 주의한다.

물론 연설문이나 설교, 무대의 발음 등에서는, 특히 「e + i」는 장음이 아닌 [ei] 발음이 나타날 때도 있다.

「(가오리)えい[ei], (姪)めい[mei], (pay)ペイ[pei], (Spain)スペイン[sɯpeiN]」의 예처럼 和語, 外来語 계통의 「e + i」는 자연스러운 발음에서도 가능한 한 長音으로 발음하지 않음에 주의한다. 그러나 「きれいだ」는 和語임에도 불구하고 [kiɾeida]로 발음하지 않고, [kiɾeːda]로 발음하는 것이 일반적이다.

「o + u」계열은 漢語・和語에서도 장음화해서 발음하는 것이 일반적이다. 妹(いもうと)를 和語라 하여 [imoɯto]라 발음하면 이상하고, [imoːto]로 발음해야 한다.

① 「aa, ii, uu, ee, oo」→ [aː], [iː], [ɯː], [eː], [oː]

おばさん[obasaN] / おばあさん[obaːsaN]

角(かど)[kado] / カード(카드)[kaːdo]

おじさん[oʒisaN] / おじいさん[oʒiːsaN]

ビル(building)[biɾɯ] / ビール(맥주)[[biːɾɯ]

茎(くき)[kɯki] / 空気(くうき)[kɯːki]

おねえさん[oneːsaN]　　おおい[oːi]　　こおり[koːɾi]　　とおい[toːi]

② 「e + i」→ [eː]

英語(えいご)[eːgo]　　　　　　　衛生(えいせい)[eːseː]

212

生活(せいかつ)[seːkatsɯ]　　　　丁寧(ていねい)[teːneː]

時計(とけい)[tokeː]　　　　　　迷惑(めいわく)[meːwakɯ]

③「o + u」→ [oː]

応答(おうとう)[oːtoː]　　　　　交番(こうばん)[koːbaN]

強盗(ごうとう)[goːtoː]　　　　　商売(しょうばい)[ʃoːbai]

成功(せいこう)[seːkoː]　　　　　放送(ほうそう)[hoːsoː]

黒(くろ)[kɯɾo] / 苦労(くろう)[kɯɾoː]

新語(しんご)[siŋgo] / 信号(しんごう)[siŋgoː]

そうです[soːdesɯ]　　　　　　　向う(むこう)[mukoː]

申す(もうす)[moːsɯ]　　　　　昨日(きのう)[kinoː]

今日(きょう)[kʲoː]　　　　　　神戸(こうべ)[koːbe]

04 조심해야 할 日本語 발음

IPA[International Phonetic Alphabet 国際音声記号(字母)]

어떤 언어의 음이라도 가능한 한 정확하게 나타낼 수 있도록, 19세기 후반에 국제음성협회에서 정한 국제음성기호 또는 국제음성자모를 IPA 라 한다.

[IPA 표기연습]

① 「は」行

はは[haɦa]　　　　　ひこうき[çikoːki]　　　　　ひみつ[çimitsɯ]

ふもと[ɸɯmoto]　　　　ふうふ[ɸɯːɸɯ]　　　　おへそ[oheso]

ほぼ[hobo]

② 어중의 「ざ・ず・ぜ・ぞ」→ [z]

　例：ひざ[çiza]　　　　ねずみ[nezɯmi]　　　　かぜ[kaze]

　　かぞく[kazokɯ]

③ 어중의 / i / 와 / j / 앞 → [ʒ] 또는 [z]

　例：ふじさん[ɸɯʒisaN]　　　　くじゃく[kɯʒakɯ]

④ 어두 및 ん뒤 → [dz]

　例：ざせき[dzaseki]　　　ずばり[dzɯbaɾi]　　　ぜいきん[dzeːkiN]

　　ぞうり[dzoːɾi]　　　みんぞく[mindzokɯ]

⑤ 어두의 / i / 와 / j / 앞 및 ん다음의 / i / 와 / j / 앞 → [ʥ] 또는 [dz]

　例：じもと[ʥimoto]　　　じゃり[ʥaɾi]

　　かんじ[kanʥi]　　　かんじゃ[kanʥa]

⑥ 「な行」의 / i / 앞 및 / j / 앞

　例：かに[kaɲi]　　　にもの[ɲimono]　　　こんにゃく[koɲɲakɯ]

⑦ 요음(拗音) 발음연습

　例：お客(おきゃく)[okʲakɯ]　　　　牛乳(ぎゅうにゅう)[gʲɯːɲɯː]

　　處理(しょり)[ʃoɾi]　　　　中心(ちゅうしん)[ʧɯːʃiN]

214

標準語(ひょうじゅんご)[ço:zɯ ŋ go]

山脈(さんみゃく)[sammʲakɯ]　両親(りょうしん)[rʲo:ʃiN]

発表(はっぴょう)[hapʲpʲo:]

2007

9. 다음 대립하는 2가지 '音声(おんせい)'는 각각 어떤 음을 가리키는지 한자(漢字)로 쓰고, 그 대립하는 구체적인 변별소성(弁別素性)을 〈보기〉에서 골라 번호를 쓰시오. [3점]

日本語には軟口蓋破裂音 [k, g] の対立があり、韓国などアジア系の多くの学習者にとって、大きな泣き所ともいわれている。この問題は [t, d] [p, b] などの破裂音の対立や、さらには摩擦音 [s, z] [ʃ, ʒ] にも及ぶことである。

〈보기〉

① 唇の閉鎖　　　　　② 唇の振動　　　　　③ 声帯の振動
④ 声門の閉鎖　　　　⑤ 歯茎の使用　　　　⑥ 硬口蓋の使用

음의 종류 : [k , t , p , s , ʃ] ―　　　변별소성 : (　　　　　　　)
　　　　　　[g , d , b , z , ʒ] ―

1999

11. 次の文を読んで下の質問に答えなさい。〈4点〉

　日本語の教育上、もっとも問題になるのは教師の音声言語に対する意識と教科書、教材の取り扱いである。特に話し言葉を使用してコミュニケーション活動をするとき、音声上のどんな要素（形）が心の態度と情報の伝達に関写するのかを明らかにすることは音声研究上の重要な課題である。<u>日</u>

本語の教育においてコミュニケーションの観点から考えられる日本語の文音語の種類をあげ、その特徴を簡単に韓国語で説明しなさい。(300字 程度)

2001

16. 다음 질문에 답하시오.

일본어 音調중에서, 악센트・인토네이션과 함께 음성교육상 중요한 위치를 차지하고 있는「프러미넨스(プロミネンス)」에 대하여 설명하시오. (한글로 답할 것, 50字 내외) (2점)

2002

8−3. 다음 문장의 (   ) 안에 공통으로 들어갈 가장 적당한 말을 한자(漢字)로 쓰시오. (1점)

「語の意味を区別する働きのある最小の音声的単位」は(   )と呼ばれる。
(   )とは、いわば「ある言語の音の組織を考える上での抽象的な音の単位」である。

2003

5−1. 다음은 일본어 음성의 특징에 대한 설명이다. 설명한 내용이 맞는 것을 세개만 골라 기호를 쓰시오. (3점)

(1) 環境により音が決まるものを自由異音という。
(2) ハ行子音の調音点は声門、硬口蓋、両唇である。
(3) 尾高型とは最後の拍が他の拍より特に高いので尾高型という。
(4) 撥音は前の音によって実際の音が決まる。
(5) アクセントによって単語の意味を区別する機能を弁別機能という。
(6) 「日本語能力試験」は8音節で11拍である。

8. 일본어의 특성에 관한 내용이다. 바르지 않은 것 3가지를 골라 번호를 쓰시오.

　　[3점]

① 母音が9つある。

② 地域方言がない。

③ 開音節構造である。

④ 修飾語が被修飾語の前にくる。

⑤ 特殊音素のモーラ(拍)音素がある。

⑥ 漢字を使用しているので中国語と同じ系統である。

⑦ 数(number)や性(gender)は義務範疇ではない。

18. 현대 일본어의 공통어에 대한 설명으로 옳지 않은 것은?

①「さ」の子音と「し」の子音は、調音法が異なる。

② 有声子音の前で、「母音の無声化」は起らない。

③「イントネーション」は、文の表す意味にかかわる。

④ 第二拍が低で第一拍と第三拍が高の「三拍語」はない。

⑤「拍」は等時性を持ち、拗音を除いては、仮名一字に相当する。

13. 다음 설명 중 적절하지 않은 것은?

①「荷物」は、湯桶読みの例である。

②「てくてく」は、人の歩き方を表すオノマトペである。

③「手前みそ」は、自画自賛の意味を表す慣用句である。

④「先祖」は、撥音に軟口蓋音が後続した場合の例である。

⑤「書きゃ」は、文脈により、二つの意味に解釈できる縮約形の例である。

14. 共通語の発音の説明として正しいものは?

> (가)「勝手、切手」は三拍である。
>
> (나) 日本語のアクセントは、一語の中で一度下がったら二度と上がらない。
>
> (다)「心配、銀行」の「ん」の発音は、有声両唇鼻音と有声軟口蓋鼻音との
> 違いである。
>
> (라) 複合語の二番目の語の初めの無声子音は、複合語の中では、全て有
> 声音に変化する。
>
> (마)「日本銀行」の「ぎ」、「ガラガラ」の二番目の「ガ」は、鼻濁音化する。
>
> (바)「きし(岸)、くち(口)」のように、[i][ɯ]は無声子音の間や、語末また
> 文末で無声子音の後に立った場合に無声化しやすくなる。

① (나) (다) (라)　　　② (나) (라) (마)　　　③ (가) (나) (다) (바)

④ (가) (나) (라) (바)　　　⑤ (가) (다) (마) (바)

15. (가)(나)(다)(라)(마)に入る最も適切なものは?

> ㄱ.「さ・ん・か」のように、長さにかかわる音の単位を((가))という。
>
> ㄴ.「さん・か」のように、自然に音声を区切って発音することのできる
> 最小単位を((나))という。
>
> ㄷ.「あか(赤)」と「おか(丘)」は「あ」と「お」のよって意味が変わる。このよ
> うな意味の区別に関係する音の最小単位を((다))という。
>
> ㄹ.「さ・ん・か」[sa・ŋ・ka]は、さらに[s][a][ŋ][k][a]のように細かく分ける
> ことができる。このように、音声学上、それ以上分割できない最小
> の単位を((라))という。

ロ.「アメリカのドラマを見た。」という文を、意味を持つ最小単位で区
切ると、「アメリカ」「の」「ドラマ」「を」「見」「た」のような、一般に
（　(마)　）と呼ばれる単位に分かれる。

	(가)	(나)	(다)	(라)	(마)
①	拍	音節	音素	単位	形態素
②	音節	拍	単音	音素	形態素
③	拍	音節	単音	音素	形態素
④	音節	拍	形態素	単音	音素
⑤	拍	単音	音素	音節	形態素

05 日本語의 音調

2006

8. 다음 ①~④에서 밑줄 친 부분의 의미를 변별하는 음성적 요소를 모두 쓰시오.
[4점]

① ハシデ(橋で / 箸で / 端で)ご飯を食べます。

② キョウカイ(教会 / きょう買い / きょう会)に行きます。

③ 彼女はきれいな先生の妹(きれいな、先生の妹 / きれいな先生の、妹)
です。

④ A：あしたも雨でしょう。
B1：またか。(推量)　B2：さあ。(同意表現)

1. 인토네이션(イントネーション, Intonation)

발화 중 話者의 표현 의도를 나타내기 위하여 文末등에서 나타나는 억양을 말함. 악센트는 단어에 따라 고정적이고 객관적이어서 話者의 느낌에 따라 임의로 바꿀 수 없으나, 인토네이션은 의지·감정을 나타내는 심리적인 것으로, 話者의 주관에 의해 항상 변화할 수 있다.

① 上昇調 ↗

질문(의문형 상승조)이나 권유, 다짐, 확인, 강한 주장이나 고집(강조형 상승조) 등을 나타낼 때 주로 나타난다.

あります? ↗

よかったらどうぞ。↗

よくわかったね。↗

一緒に行くでしょう。↗

② 下降調 ↘

불만, 실망 등 의외의 기분을 나타낼 때 주로 나타난다.

あした、雨ですか。↘ 本当にだめですか。↘

③ 上昇下降調 ↗↘

早く! ↗↘　(어린아이가 부모를 재촉할 때)

④ 下降上昇調 ↘↗

주로 놀람, 감탄의 기분을 나타낸다.

ああ、びっくりしたわ。↘↗

ああ、きれいだわ。↘↗

220

⑤ 平(板)調 →

일반 평서문에 전형적으로 나타나는 형으로, 斷定이나 말이 아직 계속 됨을 나타낸다. 또한 질문에 대한 대답에서 주로 나타나는 억양이라 할 수 있다.

本を買いました。→ ああ、そしてノートも買いました。

A: いつからですか。↗   B: 金曜日からです。→

2. 프로미넌스(プロミネンス, Prominence)

文中의 어떤 한 부분을 강조하기 위하여, 그 부분을 높게 또는 강하게 또는 길게 발음하여 두드러지게 하여 文의 의미를 명확히 하는 역할을 프로미넌스(プロミネンス = 卓立)라 한다.

프로미넌스는 Pause(ポーズ = 休止)와 Rhythm(リズム)도 관여된다. 話者의 표현의도와 깊게 관계되는 점에서 인토네이션과 공통된다.

「今日は彼女と田舎へ行きます」라는 文은 話者의 의도, 심리상태에 따라 다음 3종류의 강조표현을 할 수 있다.

① **キョーワ** カノジョト イナカヘ イキマス。(いつ)

② キョーワ **カノジョト** イナカヘ イキマス。(だれと)

③ キョーワ カノジョト **イナカヘ** イキマス。(どこへ)

3. 포즈(ポーズ, Pause)

포즈(ポーズ)는 기본적으로는 발화 중에 無音구간(silent pause)을 말하는데, 단 促音이나 破裂音은 제외된다. 休止(きゅうし), 間(ま)라고도 한다. 이에 대해 「あの」「まー」「えーと」 등의 間投詞를 포즈의 일종 (field pause)으로 하는 입장도 있다.

포즈에는 3종류가 있는데, 하나는 숨을 쉬기 위한 포즈이고, 두 번째는 문법적 경계와 관련된 구문적 포즈이다. 이 구문적 포즈는 숨을 멈추는 경우가 많은데, 이것이 적절하지 않으면, 의미를 이해하기 어렵게 된다. 일본어 초급 학습자의 경우, 조사 앞 등 문절내에서 포즈를 취하는 경향이 있다. 가능한 한 큰 의미 묶음에서 포즈를 취하도록 지도하는 것이 바람직하다. 세 번째는 듣는 사람의 의미이해를 돕기 위한 의미상의 포즈이다. 예를 들면 다음과 같다.

① 田中さん書いた本読んでる。

(田中さんが書いた本を私が読む)

② 田中さん＿#＿書いた本読んでる。(だれかが書いた本を田中さんが読む)

③ あいつぶったことを後悔してる。(私が後悔する)

④ あいつ＿#＿ぶったことを後悔してる。(だれかをぶったことをあいつが後悔する)

⑤ あのひと**は**＿#＿やまださんです。(あのひとはだれですか)

⑥ あのひと**が**やまださんです。(えーと…どのひとですか)

4. 리듬(リズム, Rhythm)

규칙적으로 일어나는 강약이나 장단의 배치를 리듬이라 한다. 고저악센트를 가지는 일본어 리듬형식은 음수율(音数律) 즉 음절수에 따라 다른 음율을 나타낸다. 특히 일본어는 모라(モーラ)가 等時的으로 반복한다는 모라리듬(モーラリズム)을 가진다. 일본어교육에서는 이러한 모라(拍)에 바탕을 두어 拍감각을 양성하고 있다. 리듬의 규칙은 다음과 같다.

(規則1) 각각의 文節안에서는 SS보다 L이 우선된다. (S는 短音節, L은 長音節)

① ニ ホン ゴノ レン シュート エーゴノ レン シュー ガ

  S L SS L   L   S   L SS L   L   S

(規則2) L과 L사이에 S가 있을 경우와 S의 직후에 文節의 끊어짐(切れ目)이 있을 경우

② ソーダ ロート ＃ オモイ マス。

  L S L S   S L L

(規則3) 文節中에 L이 없고 말의 구성이 특히 확실하지 않으면, 원칙으로 앞에서부터 순서대로 「SS SS…」로 한다.

③ アタ   マガ   イタ   クテ

  SS   SS   SS   SS

5. 악센트(アクセント, Accent)

1998

6. 次の対話文を発音する際、番号のついているところの音節が高く発音される所と、上昇調イントネーションの所をすべて選び、その番号を書きなさい。(2점)

      ①②   ③④   ⑤

A：このあめ(雨)，午後にはあがるそうですよ。

      ⑥⑦   ⑧ ⑨   ⑩

B：あ、そうですか。じゃあ、午後からでかけます。

8. 次の事項について日本語で説明しなさい(但し、(1)(2)は例を三つ以上あ
げること)。〈11点〉

---

(1) 湯桶読み (2点)

(2) 連声 (3点)

(3) 係り結び (2点)

★ (4) 日本語のアクセントの特徴 (3点)

---

8. 同音異意語(ミニマルペア)になっている語の中で1拍(mora)目が高く発音
される語を@~ⓗから選び、その記号を書きなさい。(2점)

@ ハシ(橋)　　ⓒ アサ(朝)　　ⓔ キル(切る)　　ⓖ カウ(買う)

ⓑ ハシ(箸)　　ⓓ アサ(麻)　　ⓕ キル(着る)　　ⓗ カウ(飼う)

◈ 초분절음소(超分節音素, suprasegmental phoneme)

음의 강세, 고저, 길이 등 몇 개의 연속적인 분절음에 걸쳐서 대립을 나
타내는 음성적 특징을 초분절음소라 한다.

① Stress(強弱) Accent : 英語(ímport수입 / impórt수입하다), 独語, 스
페인語

② Pitch(高低) Accent : 日本語, 경상도 방언

동서(高低)●○(同婿) / 동서(低高)○●(東西)

신문(高低)●○(訊問) / 신문(低高)○●(新聞)

양식(高低)●○(洋食) / 양식(低高)○●(糧食)

③ Length(長短) Accent : 경상도 방언

굴(牡蛎) / 굴:(洞窟)　　눈(目) / 눈:(雪)

발(足) / 발:(簾)　　밤(夜) / 밤:(栗)

④ Juncture(連接) : 아버지가 ∨ 방에 들어가신다.

아버지 ∨가방에 들어가신다.

ここで ∨ はきものを ぬいでください。

ここでは ∨ きものを ぬいでください。

◆ 일본어 악센트(日本語のアクセント, accent of Japanese)

　일본어 악센트는「하나하나의 語에 대해서 사회적 관습으로 정해진 박 (拍) 상호간에 인정이 되는 상대적인 高低 관계의 규칙」이라 할 수 있다. 예를 들면, 동경방언의 2박 이상의 악센트 절에서는「雨(アメ) : 비」의 경 우는「ア」를 높게,「メ」쪽을 낮게 발음하고,「飴(アメ) : 사탕」의 경우는 「ア」를 낮게,「メ」쪽을 높게 발음한다.

　이와 같이 일본어(동경어) 악센트는 음의 고저에 의한 악센트이고, 語 또는 文節에 관하여 사회적 관습으로 정해져 있는 것이 있는데, 그 기능 으로는 語의 의미의 변별(弁別)과 문중(文中)에 있어서 語 또는 문절의 끊김을 확실히 하는 역할, 즉 통어적기능(統語的機能)을 한다. 예를 들 면, 다음과 같은 것이 있다.

　　　(統語的機能) → 진하게 표시된 박이 높게 발음되는 곳이다.

① カネオクレタ　○●●●●●　（金をくれた）

② カネオクレタ　○●　　○●●●　（金, 遅れた）

③ ニワトリガイタ　○●●●●●●　（鶏がいた）

④ ニワトリガイタ　●○　　○●●●●　（二羽, 鳥がいた）

⑤ キョーヨーガナイ　○●●●●●○　(教養がない)

⑥ キョーヨーガナイ　●○　　●○○　　●○　(今日, 用がない)

◆ 악센트 핵(アクセント核かく, pitch of accent)

악센트山 또는 악센트滝(たき)라고도 함. 악센트가 있는 拍(내려가는 拍의 바로 직전拍)에 악센트核이 있다. 예)アナタあなた(貴方) / ミドリみどり(緑) / ミズウミあずうみ(湖)(진하게 표시된 부분이 악센트 핵이 있는 곳) 평판형(平板型がた)은 악센트核이 없다. 보통 악센트가 있다고 하는 것은 악센트 핵이 있다고 하는 말과 같다고 보면 된다.

◆ 악센트型(アクセント型がた, type of accent)

① 東京式とうきょうしき 악센트 : 공통어(표준어)악센트. 東京とうきょう 시타마찌したまち(下町)를 중심으로 한 악센트

② 京阪式けいはんしき 악센트 : 京都きょうと, 大阪おおさか를 중심으로 악센트

③ 一型いっけい 악센트 : 東北とうほく지방의 일부 특히 仙台せんだい에서 나타나는 단순 악센트

④ A, B型 악센트 : 鹿児島かごしま 방언에서 나타나는 악센트

◆ 東京式とうきょうしき 악센트(일본어 악센트)

① 平板式へいばんしき－平板型へいばんがた－いす, つくえ, わたし, がっこう, はな(鼻はな)ガ

② 起伏式きふくしき－ 頭高型あたまだかがた－テレビ, なみだ, あいさつ, はな(端はな)ガ

　　　　　　　中高型なかだかがた－あなた, たまご, あさって, みずうみ

　　　　　　　尾高型おだかがた－かえりガ, あたまガ, いもうとガ, はな(花はな)ガ

226

◆ 동경 악센트의 특징(東京アクセントの特徴, feature of Tokyo-accent)

① 1拍째와 2拍째는 반드시 高低 위치관계가 다르다. (진하게 표시된 부분이 악센트 가 높게 발음 되는 박)

ワ**タシ**(私) ○●●　　　**ナ**ミダ(涙) ●○○　　　ア**ナ**タ(彼方) ○●○

☆**ムカ**シ(昔)●●○(×)

② 한번 낮아진 후 다시 높아지는 위치관계는 없다.

イノチ(命)●○○　　　ム**ラサキ**(紫)○●○○　　　ミ**ズウ**ミ(湖)○●●○

☆**オーキ**ニ○○●○(×)

③ 마지막 拍이 높게 끝나는 경우, 助詞가 같은 높이로 붙는 경우와 낮게 붙는 경우가 있다.

ハ**ナガ**(鼻が)○●▶　　　　　　　　ハ**ナ**ガ(花が)○●▷

④ n拍語의 악센트型의 数는 (n + 1)개가 된다. 2박어의 예를 들면 다음과 같이 3개의 악센트형으로 나타난다.

ハナ	ハ**ナガ**(鼻が)	ハ**ナ**ガ(花が)	**ハ**ナガ(端が)
○○	○●▶	○●▷	●○▷

◆ ミニマル · ペア 악센트

악센트에 따라 뜻이 달라지는 경우를 품사별로 나누어 보았다.

① **動詞**

イ**ル**(居る, 要る) → 居**ます** · 要り**ます**　　　カ**ウ**(買う) → 買い**ます**

イル(射る) → 射**ます**　　　　　　　　　　**カ**ウ(飼う) → 飼い**ます**

カエル(変える, 蛙) → 変え**ます**　　　　キル(着る) → 着**ます**

カエル(帰る) → 帰り**ます**　　**キ**ル(切る) → 切り**ます**

サク(咲く) → 咲き**ます**　　　スル(する) → し**ます**

サク(裂く) → 裂き**ます**　　**ス**ル(刷る, 抜き取る) → 刷り**ます**

ナル(鳴る) → 鳴り**ます**　　　ネル(寝る) → 寝**ます**

ナル(成る) → 成り**ます**　　**ネ**ル(練る) → 練り**ます**

ハレル(腫れる) → 腫れ**ます**　　フル(振る) → 振り**ます**

ハ**レ**ル(晴れる) → 晴れ**ます**　　**フ**ル(降る) → 降り**ます**

ヘル(減る) → 減り**ます**　　　モル(盛る) → 盛り**ます**

ヘル(経る) → 経**ます**　　　　**モ**ル(漏る) → 漏り**ます**

② **名詞**

アカ(垢; 때)	アサ(麻)	イシ(石)
アカ(赤) **ア**サ(朝)	**イ**シ(医師, 意志, 意思)	

イツカ(5日)	ウミ(膿)	カキ(柿)
イツカ(언젠가)	**ウ**ミ(海)	**カ**キ(牡蛎)

カミ(紙, 髪)	キョーダイ(鏡台)	コーカイ(公開)
カミ(神, 上)	**キ**ョーダイ(兄弟)	**コ**ーカイ(後悔)

サケ(酒)	サトー(砂糖)	シカイ(司会)

サケ(鮭)	サトー(佐藤)	シカイ(歯科医)
ジドー(自動)	セキ(咳;기침)	デンキ(伝記)
ジドー(児童)	セキ(席)	デンキ(電気)
トシ(年, 歳)	ハシ(端)	ヒガシ(東)
トシ(都市)	ハシ(橋)	ヒガシ(干菓子)
ハシ(箸)	ヒガシ(東 - 姓)	

- トシ(年, 歳)を取れば取るほど、トシ(都市)がいやになる。
- ハシ(箸)のハシ(端)を持ってハシ(橋)を渡った。
- ヒガシ(東)さんがヒガシ(干菓子)を持って、ヒガシ(東)の方へ行った。

ニホン(日本)	ムシ(虫)	モモ(桃)
ニホン(2本)	ムシ(無視)	モモ(股)
ヨージ(用事·楊枝)		
ヨージ(幼児)		

③ 形容詞

アツイ(厚い)
アツイ(暑い, 熱い)

④ 品사가 다른 경우

オモイ(重い)ⓐ	シャベル(shovel)ⓝ	タオル(towel)ⓝ
オモイ(思い)ⓝ	シャベル(喋る)ⓥ	タオル(手折る)ⓥ

ハル(張る)ⓥ　　マク(巻く)ⓥ　　ヤク(焼く, 妬く)ⓥ

ハル(春)ⓝ　　　マク(蒔く)ⓥ　　ヤク(約, 訳)ⓝ

マク(幕)ⓝ　　　ヤク(役)ⓝ

◆ ミニマル・ペア 악센트 短文練習

① 厚(あつ)いコートではもう暑(あつ)い。

② 雨(**あめ**)の日に飴(あめ)を買う。

③ 医師(いし)が石(いし)につまずいた。

④ それ以上(いじょう)は異常(いじょう)だ。

⑤ あれ以来(いらい)、依頼(いらい)がない。

⑥ それは奥(**おく**)に置(お)く。

⑦ 飼(**か**)うためにいぬを買(か)う。

⑧ 蛙(かえる)の鳴き声を聞きながら家に帰(**かえ**)る。

⑨ 新しい家具(**かぐ**)のにおいを嗅(か)ぐ。

⑩ この勝(か)**ち**は価値(**かち**)がある。

⑪ この紙(か**み**)に髪(かみ)の神(**かみ**)がかいてあった。

⑫ 兄弟(**きょ**うだい)で鏡台(きょうだい)を運んだ。

⑬ いろいろな言語(**げんご**)の原語(げんご)を研究している。

⑭ 資料を公開(こうかい)して後悔(**こうかい**)した。

⑮ 酒(さけ)を飲(の)みながら鮭(**さけ**)を食べた。

⑯ 佐藤(**さ**とう)さんは砂糖(さとう)が好きだ。

⑰ 彼自身(かれ**じしん**)、地震(じしん)の研究に自信(じしん)がない。

⑱ **センス**のいい扇子(せんす)だ。

⑲ 電気(でんき)をつけて伝記(**でんき**)を読んだ。

⑳ 橋(はし)の端(はし)で箸(**はし**)を拾った。

㉑ 花(は**な**)に 鼻(はな)を 近づけた。

㉒ 用意(**よ**うい)は 容易(ようい)ではない。

◆ **準** 악센트와 **連文節** 악센트

　トリ(鳥)와 ナク(鳴く)를 각각 발음할 때는,「トリ(○●), ナク(○●)」「ト・ナ」부분을「リ・ク」보다 낮게 발음한다. 그러나「鳥が鳴く」라고 할 경우는「トリガナク(○●●○●)」로 발음하지 않고,「トリガナク(○●●●●)」와 같이「ト」만 낮게 발음되고, 나머지 박은 전부 높게 발음된다. 또한 이 文앞에「この」를 넣어서 발음하면,「コノトリガナク(○●●●●●●)」로 되는데, 이러한 현상을 神保格는 준 악센트(準アクセント)라 불렀다.

　이와 같이 악센트를 모두 단어 레벨에서 발음시키면, 부자연스럽게 되는 경우가 많으므로, 주의가 필요하다.

① 見て(ミテ)+いる(イル) → ミテイル(+人(ヒト)) → ミテイルヒト
　　　●○　　　　　　○●　　　●○○○　　　　○●　　　●○○○○○

② 着て(キテ)+行く(イク) → キテイク(+人(ヒト)) → キテイクヒト
　　　○●　　　　　　○●　　　○●●●　　　　○●　　　○●●●●●

③ 食べて(**タ**ベテ)+みる(ミル)+こと(コト) → タ
　　　●○○　　　　　　●○　　　○●　　　　ベーテーミ
　　　　　　　　　　　　　　　　　　　　　　　　　ルーコート

④ 不自然に(フ**シ**ゼンニ)+**ナ**ル+コト → フ　シ　ゼーンーニーナ
　　　○●○○○　　　　●○　　○●　　　　　　　　　　　　　ルーコート

⑤行けば(イケバ)+(スグ)+分かる(ワカル) →
　○●●　　●○　　　　○●○

　①은 高에서 低로 변한 곳에 平板型가 오면, 그대로 낮고 평평하게
접속되는 예이고, ②는 平板型에 平板型가 계속 접속되는 예로, 이러한
경우는 그대로 높고, 평평하게 이어진다. 「聞いて+くる+こと」와 같이
「平板+起伏+平板」이 되면, 「キイテクルコト(○●●●○○○)」처럼
「ク」가 악센트 핵이 되고, 「コト」는 (○●低高)가 되는 것이 아니라
(○○低低)로 됨에 주의한다.

　起伏式 악센트가 2개 이상 이어지고, 특히 강세나 강조 등이 동반되지
않는 경우는 앞의 예 ③④⑤처럼 된다. 이와 같이 起伏式 악센트는 그 型
은 잃지 않으나, 서로 대등한 높이가 되지 않음에 주의한다.

06　品詞別 악센트 規則

1. 副詞

　① 첩어로 된 의성·의태어는 1째拍에 악센트 핵이 오고, 형태가 변함
에 따라 악센트도 규칙적으로 변한다.

キラキラ	キラッと	キラリと	キラキラだ
コロコロ	コロッと	コロリと	コロコロだ
チラチラ	チラッと	チラリと	チラチラだ
ニコニコ	ニコッと	ニコリと	ニコニコだ

パラパラ　　　　パラッと　　　　パラリと　　　　パラパラだ

☑ 「～りと」는 현재는 「キラリト・コロリト・チラリト・パラリト」와 같이 2번째 拍에 악센트가 있는 型으로 발음하는 경향이 강하다.

② 3拍語로 끝이 「と」로 끝나고, 바로 앞에 「ッ」「ン」이 있는 경우는 平板型로 발음 된다.

ソット, ジット, ズット, ホット, タント(たくさん), ポント

③ 4拍語 가운데 끝이 「リ」로 끝나고, 2拍째가 「ッ」「ン」가 올 경우는 「リ」바로 앞에 악센트가 온다.

アッサリ, ウットリ, ガッカリ, タップリ, ウンザリ, ノンビリ, ボンヤリ

2. 形容動詞

① 어간이 3박어인 것 중에서 「○○か」型은 頭高型으로 발음된다.

かすか(微か), しずか(静か), たしか(確か), のどか(閑か), はるか(遥か)

② 어간이 4박어인 것 중 「○○○か」型은 2번째 박에 악센트 핵이 온다.

あきらか(明らか), あざやか(鮮やか), おだやか(穏やか), しなやか, すこやか(健やか), ほがらか(朗らか), なごやか(和やか), にぎやか(賑やか)

3. 外来語

① 원칙으로 뒤에서 3번째 拍에 악센트 핵이 온다.

2박어 : ジャム, ゴム, ドア, バス, パン

3박어 : **ジュース**, **テニス**, **テレビ**, **トイレ**, **トマト**, **ナイフ**, **ホテル**, **ラジオ**

4박어 이상 : **スポ**ーツ, デパート, ブラウス, アルバイト, オリン

ピック, コンクリート, ダイヤモンド, アイスクリーム

★ 단 악센트 핵이 올 자리에 特殊拍이 올 경우는 악센트 핵은 1拍 앞으로
  당겨진다.

エンジン, ス**ポ**ンサー, **サ**ッカー, **シャ**ッター, エレ**ベ**ーター, エス

カ**レ**ーター, ネク**タ**イ, キャ**プ**テン

② 오래전부터 일본어에 들어와 일상생활에 자주 사용되는 단어는 平
板型로 발음되는 경향이 있다.

ガラス, バケツ, ピアノ, アイロン, アンテナ, オムレツ, ガソリン,

テーブル, ベランダ, メリヤス, バイオリン, フライパン, ランニング

☑ 「エアコン・コンビに・パソコン・マザコン・ラジカセ」 등 4拍語의 和製英語 또한
  平板型로 발음되는 경향이 있다.

③ 새롭게 들어온 말로, 외국어라는 의식이 강하게 남아 있는 단어는
原語 악센트를 살려서 발음하는 경향이 있다.

アクセント(áccent), **ガ**イダンス(gúidance), **タ**ーミナル(términal)

4. 固有名詞(人名, 地名)

원칙으로 平板型 아니면 —3型(뒤에서 헤아려 3번째 拍에 악센트가 있
는 型)이다.

① 平板型 : タナカ(田中), ナカムラ(中村), サイトー(斎藤), カオル
  (香), マコト(真), ヒロシマ(広島), オオサカ(大阪), トーキョー(東
  京)

234

② −3型：**カ**トー(加藤), **サ**トー(佐藤), タ**カ**ハシ(高橋), **ア**イコ(愛子), **キ**ヨシ(喜義), フ**ク**オカ(福岡), シ**ズ**オカ(静岡), フ**ク**シマ(福島), ヤ**マ**ガタ(山形), **ニ**ッコウ(日光), **セ**ンダイ(仙台), ホッ**カ**イドー(北海道)

5. 複合語

後部 구성요소의 악센트型에 의해 복합어 전체 악센트가 결정된다.

① 後部요소가 平板型의 경우는, 後部요소의 1째 拍에 악센트가 온다.

スチーム**ア**イロン, テレビ**ア**ンテナ

パイプ**オ**ルガン, グランド**ピ**アノ

カイシャ → カブシキ**ガ**イシャ(株式会社)

クスリ → ノミ**グ**スリ(飲薬)

シンゴー → アカ**シ**ンゴー(赤信号)

ダイガク → トウホク**ダ**イガク(東北大学)

② 後部요소가 起伏型인 경우는, 後部요소의 악센트가 전체 복합어 악센트가 된다.

スポーツ → ウインター**ス**ポーツ

ツリー → クリスマス**ツ**リー

ストーブ → 電気**ス**トーブ

イインカイ → キョーイク**イ**インカイ(教育委員会)

6. 頭高型 名詞

イノチ(命), **ス**ガタ(姿), **カ**ゾク(家族), **カ**ナイ(家内), **クー**キ(空気), **ケ**シキ(景色), **ゲ**ンキ(元気), ゴゼン(午前), **テ**ンキ(天気), **デ**ンキ(電気), **フ**ベン(不便), **ベ**ンリ(便利), **ア**イサツ(挨拶), **キ**ョーダイ(兄弟)

7. 動詞악센트

終止形은 平板型 아니면 −2型으로 발음되나, 활용에 따라 악센트는 변화한다.

☑ 대부분이 −2型이므로 平板型 動詞를 암기해 두면 편리하다.

① 平板型 動詞

- 2拍：言う, 行く, いる, 買う, 貸す, 聞く, 着る, 知る, する, 寝る, やる
- 3拍：あらう, もらう, ひろう, わらう, 上がる, 借りる, 決める, 消える, 足りる
- 4拍：いただく, うかがう, くらべる, ならべる, はじめる, はたらく, 見つける

② 頭高型 動詞

カエル(帰る), **カ**エス(返す), **トー**ス(通す), **トー**ル(通る), **ハ**イル(入る), **マ**イル(参る), **モー**ス(申す)

③ 動詞의 活用

- 平板型：買う, 買って, 買った, 買えば, 買**お**う, 買った**ら**(たり), 買わない, 買いたい, 買いながら, 買いそうだ, 買い**ます**

- 起伏型：食べる，**食**べて，**食**べた，食べれば，食べよう，食べ**たら**（たり），食べない，食べ**たい**，食べ**な**がら，食べ**そ**うだ，食べ**ます**

8. 形容詞악센트

動詞악센트와 같이 終止形은 平板型 아니면 −2型으로 발음되나, 활용에 따라 악센트는 변화한다.

☑ 형용사도 −2型이 대부분이므로 平板型를 외워두면 편리하다.

① 平板型 形容詞(총30개)

- 3拍：アカイ(赤い)　　　アサイ(浅い)　　　アツイ(厚い)
  アマイ(甘い)　　　アライ(荒い)　　　ウスイ(薄い)
  オソイ(遅い)　　　オモイ(重い)　　　カルイ(軽い)
  カタイ(堅い)　　　キツイ(きつい)　　　クライ(暗い)
  ケムイ(煙い)　　　ツライ(辛い)　　　トーイ(遠い)
  ネムイ(眠い)　　　マルイ(丸い)

- 4拍：アカルイ(明るい)　アブナイ*(危ない)　アヤシイ*(怪しい)
  イヤシイ*(卑しい)　オイシイ*(美味しい)　カナシイ(悲しい)
  キイロイ(黄色い)　ツメタイ(冷たい)　　ヤサシイ(優しい)
  ヨロシイ*(宜しい)

- 5拍：ムズカシイ*(難しい)　　　　ノゾマシイ*(望ましい)
  ナマヌルイ*(なまぬるい)

☑ 4拍語의 *표시의 예는 현재 平板型(0)와 起伏式(−2)가 병존하고 있다. 5拍語는 오히려 −2가 더 우세하다.

② **形容詞 活用**

- 平板型 : 軽い－かるく, か**る**くて, か**る**<u>ければ</u>, か**る**<u>かった</u>, かる
  かろう
- 起伏式 : 寒い－**さむ**く, **さむ**くて, **さむ**<u>ければ</u>, **さむ**<u>かった</u>, さむ
  かろう
- 平板型 : ☆か**る**いか, ☆か**る**いです, か**る**さ, か**る**く**ない**, か**る**く
  なる
- 起伏式 : **さむ**いか, **さむ**いです, **さむ**さ, **さむ**く**ない**, **さむ**く**なる**
★ 例外 : **ない**, **な**く**なる**, **な**かった, **な**<u>ければ</u>, **な**くて
  すっ**ぱ**い, すっ**ぱ**く**なる**, すっ**ぱ**かった, すっ**ぱ**<u>ければ</u>, すっ**ぱ**くて
  大きい, **おお**き**くなる**, **おお**きかった, **おお**<u>きければ</u>, **おお**きくて
  小さい, **ちい**さくなる, **ちい**さかった, **ちい**<u>さければ</u>, **ちい**さくて

会話体에서 나타나기 쉬운 발음 현상

長音은「がっ<u>こう</u> → がっ<u>こ</u>」「そういうこと → そ<u>ゆ</u>こと」처럼 短音化
되기 쉽다.「かっこいい」「さ<u>よう</u>なら → さ<u>よ</u>なら」「めんどくさい」등과
같이 어형이 안정된 語도 많다. 長音이 아니더라도, 같은 母音이 연속되면,
「あぶ<u>らあ</u>げ → あぶ<u>ら</u>げ」로 되는 例가 있지만, 회화체에서도「~だ<u>とお</u>
もった → ~だ<u>と</u>もった」와 같이 동음생략(同音省略)이 일어나는 경우도
있다.

1. 축약형(縮約形)

5－2. 다음 <u>밑줄 친</u> 부분을 축약형(縮約形)으로 고쳐 쓰시오. (2점)

(1) それで食べ物やラジオなどを<u>準備しておいた</u>ほうがいいわよ。

(2) みんな忙しいから今日は<u>来て</u>はだめだよ。

2004

5－3. (보기)와 같이 ＿＿＿＿＿ 에 알맞은 축약형을 쓰시오. (1점)

```
―――――――――― (보기) ――――――――――
            行けば   →    行きゃ

        行ければ  →  ＿＿＿＿＿＿＿
```

2005

9. 다음은 실제의 언어 사용 장면에서 많이 사용되는 축약 표현의 예이다. ①과
   ②를 축약 이전의 형태로 쓰시오. (2점)

```
なに<u>してん</u>の。 <u>やめたきゃ</u>、やめなさい。
    ①          ②
```

2008

다음 단어들의 축약형을 쓰시오. 단, 축약형이 한자(漢字)인 경우는 반드시 괄호
안에 후리가나(振り仮名)를 쓰시오.[3점]

```
㉮ デジタルカメラ      ㉯アポイントメント      ㉰青森函館トンネル
```

축약형은 사용자에게 있어서는 발음하기가 쉽고, 아주 자연스럽게 들
리지만, 외국어로서 학습할려고 하는 日本語 学習者에게는 완전히 다르
게 받아져 意味 파악이 힘드는 경우가 허다하다. 축약형이 나타나는 경우

는, 자연스러운 会話体 뿐만 아니라, 公式的인 장면에서 그렇게 빠르지 않는 会話体에서도 꽤 빈번하게 관찰된다. 여기에 대표적인 축약형의 예를 제시하도록 한다. (『日本語教育ハンドブック』pp. 228~231 참조)

① **助詞「は」에 관한 것**

書きは→ 書きゃ	急ぎは→ 急ぎゃ
行っては → 行っちゃ	では→ じゃ
なくしは→ なくしゃ	飲みは→ 飲みゃ
飲んでは→ 飲んじゃ	こっちは→ こっちゃ
そこには→ そこにゃ	ありは→ ありゃ
あれは→ ありゃ	それは→ そりゃ→ そら
これは→ こりゃ→ こら	ぼくは→ぼか

② **「～テ」形에 관한 것**

- 「い」가 생략되는 경우

生きていく→ 生きてく	着ていく→ 着てく
していく→ してく	来ている→ 来てる
見ている→ 見てる	死んでいく→ 死んでく
喜んでいる→ 喜んでる	

☑ 「～た」「～ます」「～ました」形이 접속되어도 동일하다.

- 「て+あ」→「た」,「て+お」→「と」로 되는 등 「e」가 생략되는 경우

見てあげる → 見たげる	読んであげる → 読んだげる
閉めておいて → 閉めといた	読んでおいた → 読んどいた
やっておく → やっとく	ほおっておけ → ほっとけ

来てしまう → 来ちまう→ 来ちゃう

書いてしまう → 書いちまう→ 書いちゃう

③ 「(仮定の)ば」に 関한 것

　　いけば→いきゃ　　　　泣けば→なきゃ　　　　あれば→ありゃ

　早ければ→早けりゃ→はやきゃ

　よければ→よけりゃ→よきゃ

　なければ→なけりゃ→なきゃ

　来なければ→来なけりゃ→来なきゃ

④ その他

　あるのです→あるんです→あんです　　~という人→~って人

　友達のところ→友達んとこ　　　まったく→ったく

　そんなものは→んーなもな　　　ほんとうにもう→んーとにもう

　ふざけるのでは→ざけんじゃ

2. 발음화(撥音化)

박수가 적어지는 것이 아니기 때문에, 축약형의 종류로 생각하기 어렵지만, 다음과 같은 음운변화의 예도 일본어 학습자에게 주의를 요할 부분이다.

① 「の」의 撥音化

　~のだ→~んだ　　　　　　　~のです→~んです

　~のだろう→~んだろう　　　　~のでしょう→~んでしょう

　~ので→~んで　　　　　　　私のだ→私んだ

　~のじゃ→~んじゃ

② 「ない」에 선행하는 ラ行音의 撥音化

わからない→わかんない　　　　くだらない→くだんない

おこらない→おこんない　　　　変わらない→変わんない

来られない→来らんない　　　　見られない→見らんない

くれない→くんない　　　　　　知らない→知んない

3. 요음의 직음화 현상(拗音의 直音化現象)

ガイシュツ → ガイシツ(外出)　　キジュツ → キジツ(記述)

シュクジツ → シクジツ(祝日)　　シュジュツ → シジツ(手術)

シンジュク → シンジク(新宿)　　ハラジュク → ハラジク(原宿)

앞의 例처럼 「シュ」「ジュ」가 「シ」「ジ」로 변화하여 발음되는 현상을 요음의 직음화 현상이라 한다.

4. 촉음화 현상(促音化現象)

다음의 예와 같이 母音의 無声音化 현상이 일어나는 박에 促音을 넣어 발음하는 현상으로 東京 특유의 발음 현상이었으나, 근래에 와서는 전국적인 현상으로 나타나고 있다. 三角形(サンカクケー・サンカッケー)와 旅客機(リョカクキ・リョカッキ)등은 어형이 동요(動搖)가 있는 상태라고 할 수 있다.

例：オンガクカイ(音楽会) →オンガッカイ

　　サンカクケー(三角形) →サンカッケー・サンカクケー

　　スイゾクカン(水族館) →スイゾッカン

センタクキ(洗濯機) →センタッキ

タイショクキン(退職金) →タイショッキン

リョカクキ(旅客機) →リョカッキ・リョカクキ

5. 연모음의 장음화(連母音의 長音化 / ベランメー口調)

2001

元々はアイ[ai]、オイ[oi]、アエ[ae]の発音が東京方言でエー[eː]に発音される現象(例えば「いたい」が「イテー」になること)を何というのか、書きなさい。(1点)

원래는 アイ[ai], オイ[oi], アエ[ae]인 발음이 동경방언에서 エー[eː]로 발음할 때가 있다. 이러한 것을 연모음의 장음화 현상 또는 베란메쵸(ベランメー口調)현상이라 한다. 에도시대(江戸時代)초기부터 시작된 현상으로, 동경방언 뿐만 아니라 오우(奧羽,지금의 東北地方)방언이나 큐슈(九州)방언 등에서도 같은 현상이 보인다.

예) イタイ(いたい) →イテー   ウルサイ(煩い) →ウルセー

　　オマエ(お前) →オメー   ヒドイ(酷い) →ヒデー

● 参考文献

天沼寧・大坪一夫・水谷修(1978)『日本語音声学』くろしお出版

猪塚元・猪塚恵美子(2003)『日本語音声学のしくみ』研究社

王伸子・大島中正他(2004)『音声・文字・表記−日本語教師養成シリーズ3−』
　　　東京法令出版

川上　秦(1986)『日本語音声概説』桜楓社

―――(1973)『日本語アクセント法』学書房

● 参考文献

金田一春彦(1942)『日本語音韻の研究』東京堂出版

国際交流基金日本語国際センター編(1988)『発音－教師用日本語教育ハンド
　　　ブック6－』凡人社

窪薗春夫(2005)『音声学・音韻論』くろしお出版

小林法子(1987)『日本語アクセント教室』新水社

柴谷方良也(1984)『言語の構造 －音声・音韻篇－』くろしお出版

田窪行則・前川喜久雄他(2004)『言語の科学2 音声』岩波書店

田代晃二(1988)『美しい日本語の発音 － アクセントと表現 －』創元社

田中春美・中村完他(1982)『言語学演習』大修館書店

田中春美他(1982)『言語学のすすめ』大修館書店

土岐哲也(1989)『発音・庁解－外国人のための日本語例文・問題シリーズ12－』
　　　荒竹出版

中條修(1989)『日本語の音韻とアクセント』勁草書房

日本語教育学会編『日本語教育ハンドブック』大修館書店

文化庁(1970)『音声と音声教育(日本語教育指導参考書1)』大蔵省印刷局

文化庁(1987)『音声と音声教育－日本語教育指導参考書1－』大蔵省印刷局

文化庁・国立国語研究所(1982)『日本語と日本語教育－発音・表現編－』大蔵
　　　省印刷局

松崎寛・河野俊之(2004)『理解しやすい音声－日本語教師・分野別マスターシ
　　　リーズ』アルク

고수만(2004)『日本語의 音声과 音韻』불이문화

민광준(2002)『일본어 음성학 입문』건국대학교 출판부

신지영(2000)『말소리의 이해』한국문화사

이향란(1995)「日本語における外来語アクセントの研究」東北大学大学院文学
　　　研究科, 博士学位論文

──(2001)『악센트중심애니메이션일본어会話－となりのトトロ』제이앤씨

──(2004)「東京語における形容詞アクセントの変化」『日本語文學第23輯』
　　　韓國日本語文學會

──(2005)「日本語における形容詞アクセントの実態調査－地方出身者の
　　　発音を中心に－」『日本文化學学第24輯』韓國日本文化學會

──(2005)(공저)『일본어학중요용어사전743』제이앤씨

──(2006)「韓国人日本語学習者における形容詞アクセントの実態調査」
　　　『日本文化學報第28輯』韓國日本文化學會

──(2008)「日本語における外来語アクセント型の地域方言の差」『日本文化學報第36輯』韓國日本文化學會

──(2009)「日本語アクセント核のずれの要因について－外来語の音韻的な要因を中心に－」『日本文化研究第29輯』동아시아일본학회

──(2009)「日本語の外来語アクセントの特徴」『日本語文學第43輯』韓國日本語文學會

──(2010)『일본어 음성교육』어문학사

최광우(1992)『日本語教育音声学－이론과 실제－』學士院

● 参考辞典

秋永一枝(1958)『明解日本語アクセント辞典』三省堂

田中春美他共著(1988)『現代言語学辞典』成美堂

飛田良文編者(2007)『日本語学研究辞典』明治書院

NHK編(1987,1998)『日本語発音アクセント辞典』日本放送出版協会

日本音声学会編(1976)『音声学大辞典』三修社

日本語教育学会編(2005)『新版日本語教育事典』大修館書店

〈誤用例 →日本語表現〉

가슴이 뛰다·고동치다(胸が飛ぶ) → 胸が高鳴る

☑ 「가슴이 두근거리다」는 「胸がどきどきする」이다.

건강을 되찾다(元気を探す) → 元気を取り戻す·元気になる

기억이 되다(記憶がなる) → 記憶に残る

날씨가 시원하다(天気が涼しい) → 涼しい

낮잠을 자다(昼寝を寝る) → 昼寝をする

마음에 들다(心に入る) → 気にいる

몸부림치다 → 정신적 몸부림 身もだえをする(苦しみのあまり~)

　　　　　　　육체적 몸부림(뒤치락거리다) 寝返る·寝返りをうつ

바지를 입다(ズボンを着る) → ズボンをはく

방심했어요(放心してしまいました) → 油断してしまいました

분위기에 젖다(雰囲気にぬれる) → 雰囲気に浸る

백(연줄)이 좋다(バックがいい)→ コネがいい

비자를 얻다(ビザを得る) → ビザを取る

사전을 찾다(辞書を探す) → 辞書を引く

샤워를 하다(シャワーをする) → シャワーを浴びる

소문이 나다(噂がでる) → 噂が立つ

손해를 보다(損を見る) → 損をする

시간을 내다(時間を出す) → 時間を作る

(약을)먹다(薬を食べる) → 飲む

어떻게 오셨습니까?(どうしていらっしゃったんですか)

→ どのようなご用件でしょうか

이상했다(異常した) → おかしかった

　　　　　おかしいでした(×)→ おかしかったです

중요합니다(重要します) → 重要です

(출석을)부르다(出席を呼ぶ) → 出席を取る

키가 크다(背が大きい)→ 背が高い

02 명사 誤用例 보충자료

〈誤用例 →日本語表現〉

각자부담(各自負担) → 割り勘・自前

간담회(懇談会) → 懇親会・懇談会

감봉(減俸)→ 減給

개인전(個人展) → 個展(個人展覧会)

거물(급)(巨物) → 大物

경치(景致) → 景色

고생(苦生) → 苦労

궁합(宮合) → 相性

기본안주(基本按酒) → お通し・突き出し

기생(妓生) → 芸者

기호(嗜好) → 好み・嗜好

낙하산인사(落下傘人事)→ 天下り人事

뇌물(賂物) → 賄賂

다방(茶房)→ 喫茶店

단독주택(単独住宅)→ 一戸建て

단점(短点) → 短所 ↔ 長所

대기실(待機室) → 控室・待合室

도매(都買) → 卸売り

독방(独房)→ 一人部屋

동거(同居) → 同棲

동반자살(同伴自殺) → 心中

명함(名銜) → 名刺

물건(物件) → 品物・物件

☑ 물건은 品物이고 物件은 부동산에서 사용하는 가옥 등을 나타낸다.

변명(弁明) → 弁解・言訳

복덕방(福徳房)・부동산(不動産) → 不動産屋

부실공사(不実工事)→ 手抜き工事

본전(本銭) → 元手

불참(不参) → 不参加

미국(美国) → 米国・アメリカ

사고방식(思考方式) → 考え方

사양(辞譲) → 遠慮

상사병(相思病) → 恋煩い・恋患い

선불(先払) → 前払い↔後払い

성경(聖経) → 聖書

세상(世上) → 世間・世の中

속담(俗談) → 諺

수표(手票) → 小切手

신청서(申請書) → 申込書・申請所
<ruby>申込書<rt>もうしこみしょ</rt></ruby>・<ruby>申請所<rt>しんせいしょ</rt></ruby>

신호(信号sign) → 合図
<ruby>合図<rt>あいず</rt></ruby>

암표(闇票) → 闇(闇取引)の切符
<ruby>闇<rt>やみ</rt></ruby>(<ruby>闇取引<rt>やみとりひき</rt></ruby>)の<ruby>切符<rt>きっぷ</rt></ruby>

애인(愛人) → 恋人・彼氏(彼女)
<ruby>恋人<rt>こいびと</rt></ruby>・<ruby>彼氏<rt>かれし</rt></ruby>(<ruby>彼女<rt>かのじょ</rt></ruby>)

☑ 일본에서 愛人은 「あいじん」으로, 대개 불륜의 관계로 맺어진 애인을 뜻하
고, 한국에서 의미하는 애인은 恋人・彼氏(彼女)라 말하는 것이 좋다.

언론(言論・매스콤) → マスコミ

외환(外換) → 爲替
<ruby>爲替<rt>かわせ</rt></ruby>

요즘(今頃) → 最近・近頃

용무(用務) → 用事・用件
<ruby>用事<rt>ようじ</rt></ruby>・<ruby>用件<rt>うけん</rt></ruby>

유부녀(有夫女) → 人妻
<ruby>人妻<rt>ひとづま</rt></ruby>

유품(遺品) → 形見・遺品
<ruby>形見<rt>かたみ</rt></ruby>・<ruby>遺品<rt>いひん</rt></ruby>

유흥가(遊興街) → 歓楽街
<ruby>歓楽街<rt>かんらくがい</rt></ruby>

은하수(銀河水) → 天の川
<ruby>川<rt>がわ</rt></ruby>

음란물(淫乱物) → 猥藝物
<ruby>猥藝物<rt>わいせつぶつ</rt></ruby>

이발소(理髪所)・이용원(理容院)・이발관(理髪管)
→ 床屋・理髪店・散髪屋
<ruby>床屋<rt>とこや</rt></ruby>・<ruby>理髪店<rt>りはつてん</rt></ruby>・<ruby>散髪屋<rt>さんばつや</rt></ruby>

일력부족(人力不足) → 人手不足
<ruby>人手<rt>ひとで</rt></ruby><ruby>不足<rt>ぶそく</rt></ruby>

일어교육과(日語教育科) → 日本語教育学科
<ruby>日本語教育学科<rt>にほんごきょういくがっか</rt></ruby>

임원(任員) → 役員
<ruby>役員<rt>やくいん</rt></ruby>

입주(入住) → 入居
<ruby>入居<rt>にゅうきょ</rt></ruby>

자기자신(自己自身) → 自分自身
<ruby>自分自身<rt>じぶんじしん</rt></ruby>

장기(長技) → 十八番・十八番・特技
<ruby>十八番<rt>じゅうはちばん</rt></ruby>・<ruby>十八番<rt>おはこ</rt></ruby>・<ruby>特技<rt>とくぎ</rt></ruby>

적금(積金) → 積立
<ruby>積立<rt>つみたて</rt></ruby>

전당포(典当鋪) → 質屋(しちや)

제사(祭祀) → 法事(ほうじ)・法会(ほうえ)

(집)주인(主人) → 大家(おおや)(大屋(おおや))さん

줄기세포(茎細胞) → 胚性幹細胞(はいせいかんさいぼう)・ES細胞(さいぼう)

직장여성(職場女性) → OL

차례(次例)・순서(順序) → 順番(じゅんばん)

채소가게(野菜屋) → 八百屋(やおや)

초면(初面) → 初対面(しょたいめん)

평상복(平常服) → 普段着(ふだんぎ)

평생(平生) → 一生(いっしょう)

표절(剽窃) → 剽窃(ひょうせつ)・盗作(とうさく)

풀장(プール場) → プール

혼담(婚談) → 縁談(えんだん)

홍역(紅疫) → 麻疹(はしか)・麻疹(ましん)

화재(火災) → 火事(かじ)・火災(かさい)(保険(ほけん)・警報(けいほう))

환갑(還甲) → 還暦(かんれき)

효자(孝子) → 親孝行(おやこうこう)

휴지(休紙) → 紙屑(かみくず)・塵紙(ちりがみ)

흡연실(吸煙室) → 喫煙室(きつえんしつ)

9회초(9回初 ↔ 9回末) → 9回表(かいおもて) ↔ 9 回裏(かいうら)

- 가는 말이 고와야 오는 말도 곱다 → 売り言葉に買い言葉(폭언에 대해 폭언으로 대꾸함)

- 가는 정이 있어야 오는 정이 있다
→ 魚心あれば水心＝水心あれば魚心

- 개같이 벌어 정승같이 살다 → 汚く稼いで清く暮せ

- 고래 싸움에 새우 등 터지다 → 側杖を食う(관계없는 일로 봉변을 당하다)

- 고양이 앞에 생선 → 猫に鰹節·猫の前に肉

- 그 아비에 그 자식 → 蛙の子は蛙

- 긁어 부스럼 → 薮をつついて蛇を出す

- 기는(뛰는) 놈 위에 나는 놈이 있다 → 上には上がある

- 꿔다놓은 보리자루 → 借りてきた猫

- 낫 놓고 기역자도 모르다 → 伊呂波の伊の字も知らぬ

- 닭 잡아먹고 오리발 내 민다 → 豚を盗んで骨を施す?

- 독안에 든 쥐 → 袋のねずみ

- 등잔 밑이 어둡다 → 灯台下暗し

- 믿는 도끼에 발등 찍힌다 → 飼い犬に手を嚙まれる

- 밑 빠진 독에 물 붓기 → 骨折り損のくたびれ儲け(수고만 하고 전혀 보람이없음)

- 뱁새가 황새 따라가다 다리 찢어지다 → 鵜の真似する烏(水にこぼれる)

- 부부싸움은 칼로 물 베기 → 夫婦喧嘩は犬も食わぬ

- 불난데 부채질하다 → 火に油を注ぐ

- 사람 살 곳은 골골이 있다 → 渡る世間に鬼はない(세상에는 무정한 사람만이 아니라, 어려울 때 도와주는 인정 있는 사람도 있다.)

- 서당 개 삼 년에 풍월한다(읊는다) → 門前の小僧習わぬ經を読む

- 세 살 버릇 여든까지 가다 → 三つ子の魂百まで

- 소문난 잔치에 먹을 것 없다 → 名物に旨い物無し

- 수염이 석자라도 먹어야 양반 → 腹が減っては戦はできぬ

- 식은 죽 먹기, 누워서 떡 먹기 → 朝飯前だ

- 아닌 밤중에 홍두깨 → 寝耳に水・薮から棒(덤불 속에서 몽둥이)
  (1999)

- 약방에 감초 → 坊主に袈裟 (坊主憎けりゃ袈裟まで憎い →그 사람이 미우면 그 사람과 관계있는 모든 것이 밉다)

- 옷이 날개 → 馬子にも衣装

- 유유상종(類類相從) → 類は友を呼ぶ

- 조롱박에서 망아지가 나오다 → 瓢箪から駒が出る(도리 상 있을 수가 없는 것에 비유)

- 쥐구멍에도 볕들 날이 있다 → 待てば海路の日和あり

- 지렁이도 밟으면 꿈틀 한다 → 一寸の虫にも五分の魂

☑ 仏の顔も三度(아무리 착한 사람이라도 무례한 짓이 거듭되면 화를 낸다는 말

- 콩 심은데 콩 나고 팥 심은 데 팥 난다 → 瓜の蔓に茄子はならぬ / 蒔かぬ種は生えぬ

- 팔이 안으로 굽다 → 負うた子より抱いた子(가까운 것을 중히 여기는 것이 인지상정이다)

- 함흥차사 → 鉄砲玉(の使い)

☑ 木乃伊取りが木乃伊になる(사람을 찾으러 간 사람이 돌아오지 않고, 도리
    어 찾는 대상이 되다. 즉 상대를 설득하려던 사람이 오히려 설득 당하여,
    상대의 의견에 동의해버린다는 뜻)

04 猫가 들어가는 속담·관용구·단어

- 猫に小判 → 돼지(목걸이)에 진주
- 猫にまたたび、お女郎に小判 → 제일 좋아하는 것을 비유, 또 상대방
  의 비위를 맞추기 위하여 제일 효과가 있는 것을 비유.
- 猫に鰹節·猫の前に肉 →고양이 앞에 생선
- 猫の恋 → 고양이 交尾기간에 미친 듯이 소리를 내는 것.
- 借りてきた猫 → 꿔다놓은 보리자루
- 猫の手も借りたい → 매우 바빠 눈코 뜰 새 없다
- 猫をかぶる→ 내숭떨다, 양의 탈을 쓰다(본성을 숨기다)
- 猫かぶりの男→ 본성을 감추고 얌전한 체하는 남자
- 猫も杓子も→ 아무거나, 어중이떠중이
- 猫足→ (씨름 등에서)강인하여 좀처럼 넘어지지 않는 다리
- 猫いらず → 쥐약
- 猫車 → 공사용 일륜차
- 猫じゃらし → 강아지풀
- 猫柳 → 갯버들
- 猫背→ 새우등, 새우등을 한 사람 (옛날에는 猫背中라고도 했음)
- 猫の額→ 손바닥만한(장소가 작은 것을 비유). ~ほどの庭

- 猫の目→ (명암에 따라 변화는 고양이 눈처럼)사물이 어지럽게 변함의 비유. 눈 꼬리를 치올린 화장.
- 猫下ろし→ 고양이가 먹다가 남긴 것.
- 猫ばば→ (자기가 저지른) 나쁜 짓을 숨기고 시치미 뗌. 또 주운 물건을 슬쩍 자기 것으로 함.(고양이는 자기 똥에 모래를 끼얹어서 숨기므로)
- 猫またぎ→ 소금에 절인 맛없는 자반
- 猫耳→ 귀지가 무르고 고린내가 나는 상태, 또 그런 귀를 말함.
- ☑ 일본에는 고양이(猫)에 관한 속담이나 관용구, 단어 등이 많다. 예를 들면 뜨거운 음식을 잘 먹지 못하는 사람을「猫舌(ねこじた)」라 하며, 쥐새끼 한 마리 없다는 표현은「ねこの子一匹いない」로 역시 고양이가 사용된다. 그리고「ねこの子をもらうよう」는 (고양이 새끼를 얻어 오듯이) 결혼 등이 간단히 이루어지는 모양을 말할 때 사용된다.

05 魚類(생선종류)가 들어가는 속담·관용구

- 鰯の頭も信心から(하찮은 것이라도 믿으면 존귀하게 느껴진다는 뜻)
- 鰯が魚か土方が人間か
- 鰻の寝相(뱀장어 잠자리 → 좁고 길쭉한 방이나 집의 비유)
- 鰻登り(鰻上り)(물가, 온도, 지위 등이 자꾸 올라감)
- 鯉の滝登り(사람의 입신출세를 말함)
- まな板の鯉(다른 사람의 뜻대로 되는 것 이외는 방법이 없는 상태)
- まな板の魚鯖を読む(수량을 속여서 이익을 탐하다)
- 腐っても鯛(썩어도 준치)

256

- 海老で鯛を釣る(조그마한 노력이나 물건으로 많은 이익을 얻는 것을 비유. 새우로 잉어 낚는다)
- 海老の鯛交じり(약소한 것(어리석은 자)이 강대한 것(현명한 자)과 섞여있는 것)
- 雑魚の魚交じり
- 鯛の尾より鰯の頭(뱀 머리보다 용꼬리가 더 낫다. 큰 단체에서 낮은 지위로 참고 있는 것 보다 작은 단체에서 長이 되는 편이 더 낫다 에 비유)
- とどのつまり (行きつくところ. 結局. 별 볼일 없는 결과에 주로 사용) ★とど : 성장한 ボラ(숭어)
- 柳の下にいつも泥鰌は居ない(우연의 행운은 늘 있는 것은 아니다 에 비유)
- 河豚は食いたし命は惜しし(이익을 얻고 싶으나 위험해서 어찌할 바를 모름의 비유)
- 雑魚寝をする(새우잠자다)
- 魚の身をほぐす(생선살을 바르다)

- 一難去ってはまた一難(산 넘어 산)
- 石の上にも三年(참고 있으면 언젠가는 성공한다)
- 鶴の一声(의견이나 이해가 대립되는 많은 사람을 두말없이 따르게 하는 권위자·권력자의 一言)

- 鶴は千年亀は万年(수명이 길어 축하할 때에 말함)

- 七転び八起き(칠전팔기)

- 七つ布団(사치스러운 것에 비유)

- 腹八分に病なし(적당히 먹는 사람은 병이 없다)

- 二度あることは三度ある(똑같은 일이 두 번까지 일어나면 계속해서 한 번 더 일어난다는 것이다)

- 二兎を追うものは一兎をも得ず(두 마리 토끼를 쫓는 사람은 한 마리도 얻지 못한다는 뜻)

- 親の光は七光(부모는 자식의 출세나 평가에 크게 공헌하는 부모의 높은 사회적 지위나 명성 등의 威光. 七는 큰 숫자라는 뜻)

- 三つ子の魂百まで(세 살 버릇 여든까지)

- 早起きは三文の得(아침 일찍 일어나면 무언가 이익이 있다.)

- 三文の値うちもない(서푼의 값어치도 없다, 아무 짝에도 쓸모가 없다)

- 百も承知(충분히 알고 있는 것)

- 百に一つ(만에 하나. 아주 드문 일에 비유)

- 百里の道も一足から(큰일을 할 때에도 첫 걸음이 중요하다는 것)

- 千里の行も一歩から

- 人の噂も七十五日(세상소문도 일시적인 것으로 조금 있으면 잊어버리기 쉽다는 뜻)

- 人の一生は重荷を背負うて遠き道を行くが如し(徳川家康의 遺訓으로 인생은 부단한 노력과 인내를 가지고 한걸음 한걸음을 소홀히 하지 않고, 계속 정진해 나가는 것이 중요하다는 의미)

- 頭が切れる：頭の回転がはやい / 頭がいい

  彼女は<u>頭が切れる</u>ので、どんな仕事でも的確に処理してしまう。

- 頭に来る：不愉快になる

  何もしていないのに痴漢と間違えられて、<u>頭にきた</u>よ。

- 大目にみる：厳しくしからないで寛大に扱う

  スピード違反で捕まったとき、<u>大目に見て</u>もらおうと思った

  が、だめだった。

- 目が回る：とても忙しい / また、そのようす

  今日は会社をやすんだ人がたくさんいたので、<u>目が回る</u>ほど忙

  しかった。

- 歯が<u>立</u>たない：自分の力ではかなわない

  この問題は難しすぎて、私には<u>歯が立たない</u>。

- あごで使う：いばった態度で思い通りに人に何かをさせる。

  部長は「タバコを買ってこい」「お茶を入れろ」と、女子社員を<u>あ</u>

  <u>ごで使って</u>いる。

- 手を焼く：取り扱いにこまる

  木村君に<u>手を焼いた</u>先生は、彼の両親を呼び出した。

- このごろ毎晩夜中にいたずら電話がかかってくるんだ。本当に

  <u>腹が立つ</u>よ。

- 新幹線が込んでいて、3時間ずっと<u>立</u>っていたので、着いたとき

  には<u>足が棒になって</u>いた。(2001)

- ペットをごみのように捨てるなんて、<u>血も涙もない</u>人間だ。

- <u>馬が合う</u>人と一緒に生活したほうが楽しい。
- あのおとなしい人が人をだますなんて、今まで<u>猫をかぶってい</u>たんだね。
- 先生に<u>ごまをすって</u>成績を上げてもらおうとしてもだめだ。

08 韓·日 語彙表現 比較 보충자료

┌───┐
│ • 参考文献   │
│ 崔鍾勳·増田忠幸共著(2000)『잘못쓰는 일본어 관용일본어』다락원 │
└───┘

- 간단히 말하면(즉, 결국) → <ruby>早<rt>はや</rt></ruby>い<ruby>話<rt>はなし</rt></ruby>が
  <u><ruby>早<rt>はや</rt></ruby>い<ruby>話<rt>はなし</rt></ruby>が</u><ruby>肝心<rt>かんじん</rt></ruby>なことはいつも<ruby>社長<rt>しゃちょう</rt></ruby>に<ruby>一任<rt>いちにん</rt></ruby>なんだから……。

- 넘겨짚다(마음속(의중)을 떠보다) → かまをかける
  ひょっとして<u>とかまをかけて</u>みたら、やっぱり<ruby>思<rt>おも</rt></ruby>った<ruby>通<rt>とお</rt></ruby>りだった。

- 눈칫밥을 먹다 → <ruby>肩身<rt>かたみ</rt></ruby>のせまい思いをする·<ruby>気兼<rt>きがね</rt></ruby>をする
  彼は<ruby>幼<rt>おさな</rt></ruby>いときに<ruby>両親<rt>りょうしん</rt></ruby>と<ruby>死<rt>し</rt></ruby>に<ruby>別<rt>わか</rt></ruby>れ、<ruby>親戚<rt>しんせき</rt></ruby>の<ruby>家<rt>いえ</rt></ruby>で<u><ruby>肩身<rt>かたみ</rt></ruby>のせまい思い</u>
  <u>をして</u><ruby>育<rt>そだ</rt></ruby>った。

- 내 눈에 흙이 들어가기 전에(살아있는 동안) → 目の黒いうち
  あんなこと<u>目の黒いうち</u>にはさせられない。

- 덩달아서 → <ruby>尻馬<rt>しりうま</rt></ruby>に<ruby>乗<rt>の</rt></ruby>って
  お前まで<u><ruby>尻馬<rt>しりうま</rt></ruby>に乗る</u>ことはないだろう。

- ☑ 덩달아서 울다→ もらい<ruby>泣<rt>な</rt></ruby>きをする
  私は<ruby>涙<rt>なみだ</rt></ruby>もろいから、<ruby>映画<rt>えいが</rt></ruby>を見るとすぐもらい泣きする。

- 뒤치다꺼리를 하다 → 尻ぬぐいをする

  できそこない息子の尻ぬぐいのために苦労した。

- 따지고 보면 → 元はと言えば・煎じ詰めれば

  おれがこうなったのも、元はと言えばお前のせいだ。

- 떡고물이 떨어지다(국물을 먹다)→ おこぼれをもらう

  何の努力もしないで、人のおこぼれをもらおうなんて虫がよす

  ぎる。

- 바가지(를) 씌우다 → ぼる(ぼられる→バガジ 쓰다)

  あの飲み屋には前にずいぶんぼられたことがある。

- 배보다 배꼽이 더크다 → 本末転倒だ・ナンセンスだ

  料金より高いチップを渡すなんて、まさに本末転倒だ

- 밴댕이 소갈머리 → ケツ(尻)の穴が小さい

  男のくせに尻の穴の小さいようなことをいっていると、とても人の上には

  立てない。

- 불티나게(날개 돋친 듯이) → 飛ぶように

  バーゲンセールで大安売りをしているので、ブランド品が飛ぶ

  ように売れる。

- 벼락치기 공부 → にわか勉強・一夜漬け 벼락부자→にわか成金

  にわか勉強をしたところで、急に実力が上がるわけにはない。

- 새우잠자다 → 雑魚寝をする

  合宿のときは、大部屋で雑魚寝をするのが普通だ。

- 생색을 내다(공치사하다) → 恩に着せる・恩着せがましい・恩着せ

  がましいことを言う

  別に恩に着せようとは思っていませんから、気にしないで下さい。

- 섭섭한 소리를 하다 → 水臭い(冷たい)ことを言う

  섭섭하다 → 水臭い

  お前とおれの仲だ。水臭いことを言うな。

- 소름이 끼치다 → 身の毛がよだつ・鳥肌が立つ(추위, 소름 양쪽다 사용)・ぞっとする

  あまりにもむごい場面で、思い出すだけで身の毛がよだつ。

- 수박 겉핥기 → 生かじり(지식에만 사용)・生半可・うわっつらをなめる

  そんな生半可な勉強で、志望校に入れるわけないでしょう。

- 씀씀이가 좋다 → 金回りのいい

  どうしたことか、彼は最近金回りがいい。

- (~하기) 십상이다・(~일게) 뻔하다 → (~するのが)おちだ

  相手の都合も聞かず一方的に約束してもすっぽかされるのがおちだ。バラ맞기 십상이다

- 안성맞춤이다 → もってこいだ・うってつけだ・おあつらえむきだ

  ここはキャンプするにはもってこいの場所だ。この仕事は君がうってつけだ。

- 어깨너머로(배우다) → 見よう見まねで

  碁がお上手ですね。いやいや、見よう見まねでちょっと覚えただけですよ。

- (여자한테)정신이 나가 있다 → 鼻の下がのびている

  いい女を見るといつも鼻の下のばして……みっともないわ。

- 울며 겨자 먹기 → 泣く泣く

  相手に弱みを握られているので、泣く泣く要求に応じるしかな

かった。

- 입가심을 하다 → 口直しをする

  口直しに一杯やろう。

- 죽는 소리를 하다 → 泣き言を言う

  辛抱強い人が泣き言を言うなんて、よほどのことに違いない。

- 제 눈에 안경 → あばたもえくぼ

  あばたもえくぼとはいうけれど、どうしてあんな人と結婚したんだろう。

- 쥐꼬리만 한 → 雀の涙ほどの・わずかばかりの

  雀の涙ほどの慰謝料で別れようなんて、虫がよすぎる。

- 천금같은 → 価千金の

  安選手が決めた1点は価千金の決勝ゴールだ。

- 입에 침이 마르다(입이 닳도록~하다) → 口がすっぱくなる・耳に胼胝ができる

  口がすっぱくなるほど彼を説得してみたけれど、結局むだだった。

- 입이 궁금하다 → 口がさびしい

  タバコをやめてから口がさびしいので、いつも飴をなめている。

- 나물시루 같은 교실 → すし詰め教室

  毎日すし詰め電車に揺られて通勤するんだから、サラリーマンも楽ではない。

- 하늘의 별따기 → 夢のまた夢

  学歴も力もない平社員が社長になるなんて、それこそ夢のまた夢だ。

★ modality形式(様態·推量)：ようだ(みたいだ) / らしい / そうだ / だろう

① ゆうべおれは酔っぱらってけんかした<u>ようだ</u>。

② ゆうべおれは酔っぱらってけんかした<u>らしい</u>。

☑ ようだ → 判断의 근거가 直接的인 情報(話者스스로 얻은 情報)의 경우

☑ らしい → 判断의 근거가 間接的인 情報(다른 곳에서 얻은 情報)의 경우
그러나 아래의 예문 3) 4)는 예외로 둘 다 사용할 수 있다.

③ 当時現場にいた目撃者たちの証言(=間接情報)をまとめて推理すると、運転手の居眠りが事故の原因である<u>ようだ</u> / <u>らしい</u>。

④ 現地から帰った人の話によると、アフリカでまた暴動があった<u>ようだ</u> / <u>らしい</u>。

☑ 서술된 事態와 話者와의 心理的인 距離가「ようだ」에서는 가깝고(関心, 関係를 가지고 있는 경우),「らしい」에서는 멀다(傍観的).

☑ 話者 자신이 내린 判断에 대해서：ようだ → 責任이 있다고 意識하고 있는 경우らしい → 責任은 없다고 생각하고 있는 경우.

⑤ 見たところ、なにか(彼は)具合が悪い<u>ようだ</u>(*<u>らしい</u> / *<u>そうだ</u>)が……、違う?

☑ 단순히 話者自身의 印象이나 直感을 말하고 있을 뿐 확실한 사실은 아무것도 알고 있지 않는 경우(らしい, そうだ는 直感的이고 感傷的인 판단에는 사용하기 어렵다.)

⑥ どうやら、(彼は)具合が悪い<u>ようだ</u> / <u>らしい</u>(*<u>そうだ</u> / *<u>だろう</u>)。

☑ 어느 때와는 달리 힘이 없어 보이고, 얼굴색이 좋지 않은 事実로부터 推測하는 경우

⑦ 聞いた話では、彼は具合が悪い<u>ようだ</u> / <u>らしい</u> / <u>そうだ</u>よ。か
わいそうに。

☑ 다른 사람으로부터 들어 間接的으로 알고 있는 사실을 누군가에게 전할
경우

⑧ 一説によると、ここ数日、彼は具合が悪い<u>らしい</u> / <u>そうだ</u>(*よ
うだ)。本当だろうか?

☑ 話者가 들은 「他者의 説・見解」를 말할 경우로, 결코 話者의 見解가 아니다.

⑨ ~様からお客様に御伝言で、今日は(彼は)具合が悪い<u>そう</u>(*よう
*らしい)です。

☑ 호텔에서 메시지를 손님에게 전해 주려는 경우로, 話者는 단순히 메시지
를 전하는 역할로 되어 있다.

1. **様態의 状況**

⑩ さっきから時計ばかり気にしている<u>ようだ</u>(*らしい*そうだ)
が、何か用事でもあるの?(자주 시계만 쳐다보고 있는 상대를 향
하여)

⑩' 時計ばかり気にしている<u>ように見える</u>……

⑪「永野。吉川はどこに行ったか知らないか」「さあ」「何だ。お前
と吉川は仲よくしていた<u>ようだ</u>(*らしい / *そうだ)が…。やっ
ぱり子供というのはアッサリしたものだな。行き先も知らせな
いと見える」田倉先生はそういって笑った。(永野와 吉川의 사이
에 대해, 田倉先生가 전부터 느끼고 있었던 印象을 이야기하는 경
우)

⑪' お前と吉川は仲よくしていた<u>ような気がする</u>……

☑ 例文 ⑩⑪의 下線部는 ⑩'⑪'과 같이 「ように見える」「ような印象」「ように感じる」
「ような気がする」로 바꾸어도 큰 뜻은 변함이 없다. 이와 같은 様態의 상황

일 때는 「ようだ」만 사용가능하다. 이러한 사실로 보아 「ようだ」는 話者자신의 感覚에 의해 直接 파악한 事態의 様子・印象을 말할 때 사용한다고 볼 수 있다.

☑ ようだ→感覚的・直感的・主観的인 判断에 주로 사용

2. 推定의 状況

⑫ 今の話の様子では、大畑は伸子を社長にしたことなど、まるで忘れてしまっている<u>らしい</u> / <u>ようだ</u>(*そうだ)。

⑬ いや、(二人は)もう見えない。呼ばれた家へ入った<u>らしい</u> / <u>ようだ</u>(*そうだ)。二人とも、ずっと前方で居なくなった。

☑ 話者의 事態認識은 感覚的인 것이 아니라 [根拠]→[推論]→[判断内容]이란 認識過程을 거친 論理的인 것이다. 이런 경우는 「ようだ / らしい」는 사용가능하나 「そうだ」는 사용할 수 없다.

3. 伝聞・話者判断의 状況

⑭ 妙子がいったところによると、建築技師たちは、給料以外のアルバイト料が多い<u>よう</u> / <u>らしい</u> / <u>そうである</u>。

⑮ 「お昼休みにごめんなさい……実は、父から電話があってね……柳さんが叔父に五百五万円を、私からだと言って貸した<u>らしい</u> / <u>ような</u> / <u>そうなのよ</u>。

☑ 伝聞의 뜻이 포함된 장면으로, 話者의 間接的인 事態認識은 他者로부터 전해들은 것이다. 이런 경우는 「ようだ / らしい / そうだ」전부 사용가능하다.

4. 伝聞・他者判断의 状況

⑯ ある学者によれば、世の中は矛盾に満ちている<u>そうだ</u> / <u>らしい</u>(?ようだ)。

⑰ 聞く話によると……「あの箇所の運弓のコツを教えてください」と申
　し出たところ、クライスラーは、その部分をアップ・ボウでひいたの
　か、ダウン・ボウでひいたのかさえ気づいていなかった<u>そうだ</u> / <u>らし
　い</u>(*ようだ)。

☑ 서술되어 있는 것은 **話者自身**의 **見解**가 아니라 「他者의 見解」「에피소드」이
　고, **話者**는 전하여 들은 사실을 자신의 **見解**로 서술할 수 없는 것이다.
　이와 같은 경우에는 「そうだ / らしい」는 사용가능하나 「ようだ」는 불가능하
　다.

5. 伝言·伝達의 状況

⑱ 今、お宅のお嬢さんから電話がありました。お宅さんへ伝言し
　てくれとのことでした。思いきって病院へ入院したが、容態は
　大して悪くないから安心してほしい<u>そう</u>(?よう / ?らしい)です。

⑲ 副院長のルジウズ・デ・サンクティス師に伝言で、祈りと敬愛と
　をいつも受けて頂きたい<u>そう</u>(?よう / ?らしい)。

☑ 부탁받은 메시지를 단순히 전달만 하는 경우로, 이때는「そうだ」만 사용가
　능하다.

10 特殊読み（とくしゅよ）: 宛字（あてじ）의 예가 많다

海女(あま)　　　　小豆(あずき)　　　　芝生(しばふ)

乳母(うば)　　　　祝詞(のりと)　　　　神楽(かぐら)

仲人(なこうど)　　為替(かわせ)　　　　早乙女(さおとめ)

早苗(さなえ)　　　行方(ゆくえ)　　　　時雨(しぐれ)

竹刀(しない)　　　　素人(しろうと)　　　　七夕(たなばた)

浴衣(ゆかた)　　　　数珠(じゅず)　　　　衆生(しゅじょう)

八百屋(やおや)　　　大和(やまと)　　　　雪崩(なだれ)

日和(ひより)　　　　吹雪(ふぶき)

11 同字異音 漢字 보충자료

博士(はかせ・はくし) ← 博識(はくしき) / 博愛(はくあい)

納屋(なや)・納戸(なんど) / 出納(すいとう) ← 納得(なっとく)

出納(すいとう) ← 出張(しゅっちょう)

煩悩(ぼんのう) ← 煩雑(はんざつ)・煩悶(はんもん)

拍子(ひょうし) ← 拍手(はくしゅ)・拍車(はくしゃ)

由緒(ゆいしょ) ← 理由(りゆう)・自由(じゆう)

流布(るふ) ← 流行(りゅうこう)・流血(りゅうけつ)

意気地(いくじ)・気配(けはい) ← 勇気(ゆうき)・気持(きもち)

稚児(ちご) ← 孤児(こじ)・児童(じどう)

景色(けしき) ← 特色(とくしょく)

硫黄(いおう) ← 硫酸(りゅうさん)

赤銅(しゃくどう) ← 赤道(せきどう)

久遠(くおん) ← 永遠(えいえん)

詩歌(しいか) ← 短詩(たんし)

南無(なむ) ← 南部(なんぶ)・南北(なんぼく)

仮病(けびょう) ← 仮定(かてい)・仮装(かそう)

読経(ど<u>きょう</u>) ← 音読(おん<u>どく</u>)

虚空(<u>こ</u>くう) ← 謙虚(けん<u>きょ</u>)

建立(<u>こんりゅう</u>) ← 建設(<u>けん</u>せつ)・確立(かく<u>りつ</u>)

会釈(<u>え</u>しゃく) ← 会話(<u>かい</u>わ)

雑木(<u>ぞう</u>き) ← 雑談(<u>ざつ</u>だん)

口調(<u>く</u>ちょう) ← 人口(じん<u>こう</u>)

有無(<u>う</u>む) ← 有利(<u>ゆう</u>り)

供養(<u>く</u>よう) ← 供給(<u>きょう</u>きゅう)

12 同音異義(意) 漢字 보충자료

1. コウシ (公私・講師・格子・公使・孔子・光子)
2. コウジョウ (工場・向上・恒常・厚情・口上・荒城)
3. コウセイ (後世・構成・校正・公正・攻勢・高声・更生)
4. セイコウ (盛行・成功・精巧・性向・製鋼・性交・精工)
5. チョウシ (調子・長子・弔詞・銚子・聴視)
6. ユウキ (勇気・有機・有期・誘起・幽鬼)

① *勉強のコウカがあがる。(　　　　)効果

　　*コウカな品物を紛失した。(　　　　)高価

　　*急に気温がコウカした。(　　　　)降下

　　*電話はコウカを使ってかける。(　　　　)硬化

② *運転手をヨウセイする学校。(　　　　)養成

　　*彼の性格はヨウセイだ。(　　　　)陽性

　　*緊急出勤をヨウセイする。(　　　　)要請

③ *両親を失ってコジになった。(　　　　)孤児

　　*自分の能力をコジする。(　　　　)誇示

　　*会長への就任をコジする。(　　　　)固辞

　　*自分の信念をコジする。(　　　　)固持

　　*中国のコジに基づいた語句。(　　　　)故事

④ *論文のコウソウ発表がある。(　　　　)構想

　　*コウソウビルが立ち並ぶ。(　　　　)高層

　　*両国のコウソウは絶えない。(　　　　)抗争

　　*原稿はコウソウする。(　　　　)後送

⑤ *お正月にキセイする。(　　　　)帰省

　　*大いにキセイがあがった。(　　　　)気勢

　　*人間の体にキセイする虫。(　　　　)寄生

　　*キセイ服で十分体に合う。(　　　　)既製

⑥ * 運賃のセイサンをする。(　　　　)精算

　　*これまでの生活をセイサンする。(　　　　)清算

　　*自動車をセイサンする。(　　　　)生産

① **歩く**

- すたすた(총총, 부리나케) : 쓸데없는 생각을 하지 않고, 빠른 걸음으로 걷는 모양.

  妹は、私に気づかずにすたすた通り過ぎていった。

- とぼとぼ(터벅터벅) : 쓸쓸한 듯이, 슬픈 듯이 힘없이 걷는 모양.

  試合に負けた少年たちは、とぼとぼと歩いていった。

- ぶらぶら(빈둥빈둥, 어슬렁어슬렁) : 특별히 목적도 없이 걷는 모양.

  母はデパートでぶらぶらするのが好きだ。

- よたよた(비틀비틀) : 금방이라도 넘어질 것 같은 모습으로 걷는 것.

  マラソン大会を終えて、息子がよたよたと帰ってきた。

② **見る**

- じっと(가만히) : 다른 것을 보지 않고, 한 곳만을 응시하는 모양.

  恋人同士にことばはいらない。じっと見つめ会うだけで十分だ。

- じろじろ(말똥말똥, 빤히) : 아무 거리낌 없이 위에서 아래까지 반복해서 보는 모양.

  電車に乗ったら、私をじろじろ見る変な人がいたので、場所を変えた。

- きょろきょろ(힐끔힐끔, 두리번두리번) : 신기한 듯이 이쪽저쪽을 쳐다보는 모양.

  東京できょろきょろしながら歩いていると、田舎者だと思われる。

③ 眠る

- うとうと(꾸벅꾸벅) : 점점 잠이와, 완전히 잠들어버리기 직전의 상태.

  ゆうべあまり寝ていないので、授業中ついうとうとしてしまった。

- ぐうぐう(쿨쿨) : 콧소리를 내면서, 푹 잠들어 있는 상태.

  父はよほど疲れていたのか、ふとんに入るとすぐ、ぐうぐう寝てし
  まった。

- すやすや(새근새근) : 기분 좋은 듯이 조용히 자고 있는 모양.

  すやすや眠っている赤ちゃんの顔は、いつまで見ていても飽きない。

④ 笑う

- にこにこ(방긋방긋, 싱글벙글) : 미소짓는 모습(楽しい・うれしい・
  幸せ)

  いつもにこにこして、感じがいい人ですよ。

- にやにや(히쭉히쭉) : 징그럽고, 기분 나쁘게 웃는 모습(悪いことを考え
  る・思い出す)

  妻 : あなた、さっきから何をにやにやしているの?気持が悪いわね。

  夫 : ん?...い、いや、べつに...。

- くすくす(킥킥, 킬킬) : 웃음을 억지로 참는 모양. 들리지 않도록, 작
  게 웃는 모양

  A : 吉田さん、今日の会議のとき、どうしてくすくす笑っていたの?

  B : だって、社長の頭に蝿(はえ)が止まっていたんですもの。

- げらげら(껄껄, けらけら(깔깔)) : 소리를 내어서 크게 웃는 모양.

  A : この映画、おもしろい?

  B : おもしろいよ。げらげら笑いすぎて、おなかが痛くなったよ。

★いつも<u>にこにこ</u>、ひとりでに<u>にやにや</u>かくれて<u>くすくす</u>、下品に<u>げらげら</u>

⑤ 飲む

- がぶがぶ(벌컥벌컥) : 힘차게 많이 마시는 모양.

暑くて食欲がなく、<u>がぶがぶ</u>水ばかり飲んでいた。

- ぐっと(획, 꿀꺽) : 도중에 그만두지 않고, 끝까지 단숨에 들이키는 모양.

彼はビールを水のように<u>ごくごく</u>飲む。

- ちびちび(홀짝홀짝) : 아주 조금씩 마시는 모양.

父は私がプレゼントしたお酒を毎晩うれしそうに<u>ちびちび</u>飲んでいる。

⑥ 食べる

- がつがつ(걸신들린 듯) : 음미하거나, 즐기지 않고 힘차게 먹는 모양.

そんなに<u>がつがつ</u>食べないで、ゆっくり品よく食べなさい。

- ぱくぱく(덥석덥석) : 게걸스럽게 잘 먹는 모양.

育ちざかりの少年が<u>ぱくぱく</u>食べるのを見るのは、気持がいい。

- むしゃむしゃ(우적우적) : 계속해서 입에 넣어, 소리를 내면서 먹는 것.

弟は人の家に行っても、遠慮なく<u>むしゃむしゃ</u>食べる。

- もぐもぐ(우물우물) : 입에 많이 넣어, 입을 벌리지 않고 먹는 모양.

食事中だったらしく、彼は口を<u>もぐもぐ</u>させながら玄関に出てきた。

⑦ **言う**

- おずおず(머뭇머뭇, 주뼛주뼛) : 겁먹으면서 말하는 것.
  「ガラスを割ったのは、あのう、ぼくなんです…」と少年は<u>おずおず</u>と言った。

- がみがみ(앙알앙알) : 말이 많아 시끄럽게 말하는 것.
  妻は、ぼくの帰りが少しでも遅くなると、<u>がみがみ</u>とうるさい。

- くどくど(지루하게, 끈덕지게) : 반복해서 몇 번이나 말하는 것. 끈질기게 끝없이 말하는 것.
  部長は酔うと<u>くどくど</u>説教を始めるからいやになる。

- ぶつぶつ(중얼중얼, 투덜투덜) : 혼잣말을 하다. 불평을 계속해서 말하다.
  何をひとりで<u>ぶつぶつ</u>言ってるの?ぶつぶつ文句を言わないでよ。

⑧ **病気**

- ずきずき(욱신욱신), ぞくぞく(오싹오싹), ちくちく(콕콕, 따끔따끔), ひりひり(얼얼, 뜨끔뜨끔), むかむか(메슥메슥), がんがん(머리가 띵, 욱신욱신), ふらふら(비실비실, 흔들흔들), ぶるぶる(벌벌, 부들부들), むずむず(근질근질)

⑨ **どんなふうにやる?**

- きちんと(정확히, 깔끔히), じっくり(차분히, 곰곰이), ばっちり(결과가 잘 돼가는 모양), こつこつ(꾸준히), しぶしぶ(떨떠름하게, 마지못하여), なくなく(울며 겨자 먹기로, 할 수 없이)

⑩ **気持**

- うきうき(신바람이 나서 들뜬 모양), そわそわ(안절부절 들뜬 모양), どきどき(두근두근), わくわく(가슴이 설레는 모양, 울렁울렁, 두근두근)

⑪ 変化の速度
- ぐんぐん(부쩍부쩍), じわじわ(서서히, 조금씩조금씩), どんどん(자꾸, 많이, 척척, 일사천리로), すくすく(쑥쑥, 무럭무럭), めきめき(눈에 띄게, 두드러지게 발전하는 모양)

⑫ 疲れ
- くたくた(ぐたぐた녹초가 되는 모양), へとへと(몹시 지친 모양)

⑬ その他よく使われる副詞
- ずばり(정통으로, 그침없이), あらためて(딴 기회에, 새삼스럽게), 辛うじて(겨우, 간신히), まるっきり(まったく 전혀, 아주)

⑭ 複合副詞
心から(진심으로), 頭から(처음부터, 전적으로, 다짜고짜), さしあたり(당장), 強いて(굳이, 구태여), 初めて(처음으로, 비로소), 思わず(엉겁결에, 무의식중에), 見る見る(순식간에), 代わる代わる(차례차례, 번갈아가며), 軽々と(거뜬거뜬), 広々と(널찍하게), 案の定(예측대로, 생각대로, 아니나 다를까), 念のため(다짐하기 위해), どっちみち(=いずれにしても 어차피, 결국은), 何となく(어쩐지)

- 頭から : 漫画に関しては、母は頭からいけないと言う。(다짜고짜)

- 案外：子供たちの誤りをしかりつける大人も、自分自身のまちが
  いには、<u>案外</u>気がつかない。（의외로）

  納豆は、においはひどいが、食べてみたら、<u>案外</u>おいしかっ
  た。（意外に, 의외로）

- 案の定：ゆうべ、月がかさをかぶっていたが、<u>案の定</u>、今日は雨
  になった。（やはり, 아니나 다를까）

  やすすぎるので変だと思ったら、<u>案の定</u>不良品だった。

  （やはり、思ったとおり, 예측대로）

⑮ さすが、ただ、ついでに、さしあたり

<田中さんと妹の、ある日の会話>

妹：お兄ちゃんのズボンにアイロンかけておいたわよ。

兄：<u>さすが</u>、わが妹！ありがとう！

妹：<u>ただ</u>私のをやった<u>ついで</u>にしただけよ。

兄：いやいや、おまえは本当にいい妹だよ。また頼むな。

妹：うん、いいわよ。ところで、おこづかいが足りないんだ。

兄：なんだ、なんだ。いくらほしいんだ?

妹：<u>さしあたり</u>これだけ（ゆびを5本出しながら）。

兄：五百円か、安いもんだ。

妹：もう…ばか！五千円！

- ● 参考文献

小山恵美子(1996)『実践日本語シリーズ、副詞』専門教育出版

増田アヤ子(1993)『実践日本語シリーズ、擬声語・擬態語』専門教育出版

日本語教育学会編(1998)『日本語教育ハンドブック』大修館書店

教育技術研究所(1994)『国語基本用例辞典』教育社

1. 並立의 意味를 나타내는 接続詞

および·また·ならびに·かつ·そして·それから

◆ **および**(명사나 명사와 같은 자격을 가진 **句**를 병렬할 때 사용한다.
  일상회화에서는 사용되는 일이 적다)

① 日本の国会は衆議院および参議院の両議院でこれを構成する。

② この会は会員相互の親睦および健康増進を目的としています。

③ この部屋で喫煙することおよび飲酒することを禁ずる。

◆ **また**(앞에서 서술한 내용에 다른 내용을 첨가한다.①②③) (같은 명
  사를 2개 연결한다.④) (앞에서 서술한 내용과 **逆**의 내용을 첨가한
  다.⑤⑥) (다른 것과 비교하여 상태 등이 같은 모양을 나타낸다.⑦
  ⑧) (앞에 오는 부사를 강하게 하여, 놀라기도 하고 이상하게 여기
  는 기분을 나타낸다.⑨⑩)

① 彼は優秀な技術者であり、また立派な経営者です。

② この服には赤いネクタイが似合うが、また薄い青もよく合うと
  思います。

③ 京都の秋はもみじがすばらしいが、また春の桜もじつに美しい。

④ どこまで行っても山また山。

⑤ 事業は現在は順調だが、また時には不振のこともあるだろう。

⑥ 人の意見というものはいろいろに分かれるものです。一つの事

柄についても、全面的に賛成の人もいれば、また全く反対の人
もいる。

⑦ わたしもまた彼女が好きです。

⑧ 立派な業績を持った彼もまた人の子だ。

⑨ よくまた、あんなひどいことができたものだ。

⑩ どうしてまた、こんなひどい天気のときにわざわざ来たんですか。

☑ 彼はまた(副詞)事業に失敗した。また(名詞)の機会にしましょう。それではまた(名詞)

◆ **ならびに**(2개의 사항을 연결시켜 병렬의 관계에 있다는 것을 나타
낸다.「および」「また」와 같은 의미로, 조금 딱딱한 느낌의 표현)

① 日本語はひらがな、カタカナならびに漢字で表記される。

② 日本は1都、1道、2府ならびに43県に区分される。

◆ **かつ**(2개의 동작이나 상태가 병행되고, 또는 첨가되어 일어나는
것을 나타낸다.「また」「そのうえ」「しかも」와 같은 의미)

① 今夜は友人の通夜があるんだが、遠方だしかつ時間もないから、
あすの葬式にでよう。

② 豆腐は栄養価も高くかつ美容食としてもいいそうです。

③ 彼は度量も広くかつ面倒見がいいので、多くの人に慕われてい
ます。

☑ 두 일이 동시에 또는 전후해서 일어날 때에 사용될 경우도 있다.

④ われわれはかつ飲みかつ歌い、大いに楽しんだ。

◆ **そして = そうして**(전술한 내용에 후에 서술할 내용을 첨가한다. 「そして」는 「そうして」를 격의 없는 표현①②) (전술한 내용을 받아 이것에 이어 일어날 사항을 서술한다.③④)

① こんど借りた部屋は明るくて、広くてそして部屋代も安い。

② ここは静かで、人々もやさしく、そうして食べ物もおいしい所です。

③ 空が一面暗くなった。そして大粒な雨が落ち始めた。

④ 問題はかなり深刻だったので翌日すぐ市役所へ行き、そして市長に会った。

☑ 어떤 사항에 이어 이와 관계가 없는 일이 일어날 경우에는 「それから」로 연결하는 편이 좋다.

⑤ 今日は学校で一時間ばかり進学相談をして、それから美容院へ回って、それからいそいでスーパーに行って、とても忙しかった。

◆ **それから**(어떤 사물에 이어 다른 것을 추가하는 것을 나타낸다.① ②) (전항에 이어 다른 일이 일어나는 의미③④) (「その時から」의 의미⑤) (상대방의 이야기를 계속 시키려고 재촉하는 경우⑥)

① ビール2本、それからお酒もください。

② その地区には大きな公園、ゴルフ場、それから競馬場もある。

③ デパートで買い物をし、それから映画を見て家へ帰った。

④ 昨日は会議が終わったのが夜の8時で、それからみんなで飲みに出かけた。

⑤ 彼は一週間後に返すといって10万円借りていった。それから半月になるのに何の連絡もない。

⑥ 母：「むかしむかしよ、北のはてにオーロラの火の燃えている雪
のお城がありました。」

子：「それから、お母さん、どうしたの……」

☑ 「それから」は 対象이 바뀔 경우에 사용되지만, 하나의 대상에 대해서 설명
할 때는 「そして」가 좋다.

⑦ 美しい姉、それから頭のいい妹。とてもすばらしい姉妹です。

⑧ 姉は英語がうまく、そして頭のいい人だった。

2. 添加의 의미를 나타내는 接続詞

しかも・そのうえ・それに・おまけに・なお

◈ **しかも**(앞에서 서술한 내용에 이어 사실이나 상황, 역할 등을 추가
하여 나타낸다.①②) (앞에서 서술한 사정을 특히 강조한다.③④)
(앞에서 서술한 과정과 대비시켜 상황을 나타낸다.「それなのに」와
같다⑤⑥)

① 彼女は頭もよく、しかも美しい。
② 相撲は日本の国技だといわれているが、最近は外国人の関取が
多くなった。しかも上位を占める者の数が増えている。
③ 昨日買ったばかりのネクタイを汚してしまった。しかも一万円
もするやつなんだ。
④ あの議員は業者から多額の金を巻き上げておきながら、しか
もひと事のような顔をして平然としている。
⑤ 彼は何回も失敗して、しかもあきらめずに、作品を完成した。
⑥ あれほどひどい目にあって、しかも懲りずにまた賭け事を始めた。

280

◈ **そのうえ**(하나의 사항을 서술하고, 그기에 첨가하여 다음 사항을 서술할 때 사용한다)

① ごちそうになり、<u>そのうえ</u>お土産まで頂いてすみません。

② あの店の品物は品質が悪く、<u>そのうえ</u>値段も高い。

☑ 命令文에는 사용할 수 없다.

③ 床の掃除をしなさい。<u>そのうえ</u>(おまけに・しかも・加えて)窓をふきなさい。(×)

◈ **それに**(「そのうえ」와 같이 사용되나, 조금 くだけた 文에 사용된다)

① 今夜は友人に夕食に誘われたが、やり残した仕事もあるし、<u>それに</u>少し頭痛もするので断った。

② あそこの病院は医者が非常に親切で、<u>それに</u>受付もてきぱきとしていて、ほんとに感じがいい。

☑ 앞에서 서술한 내용을 받아, 그것에 어울리지 않는 것을 나타낸다. 「それなのに」와 같은 의미로 사용될 때가 있다.③④

③ あしたテストなんでしょう。<u>それに</u>こんなに遅くまでテレビを見ていていいの。

④ おなかをこわしているんでしょう。<u>それに</u>ビールなんか飲んだら治らないわよ。

☑ 代名詞인「それ」에 助詞인 「に」가 붙은 「それに」와 혼동해서는 안 된다.

⑤ 服はこれ、ネクタイは<u>それに</u>しよう。

◆ おまけに(앞의 내용에 첨가되어 서술할 때 사용한다. 좋은 내용에는 그다지 사용되지 않는 편이다.)

① 彼の家は駅から遠くて、おまけに日当たりが悪い。
② この手紙は悪筆^{あくひつ}で、おまけにインクがにじんでいて、全^{まった}く読みにくい。
③ 一般^{いっぱん}の日本人が好きな納豆^{なっとう}も、外国人にとっては苦手^{にがて}のようだ。あのぬるぬるとした舌触^{したざわ}りが嫌^{きら}われ、おまけににおいもいけないという。

☑ 「おまけ」は 名詞로 「값을 깎음・덤(경품)」이라는 뜻도 있다.

◆ なお(앞의 사항에 다른 내용을 첨가하는 의미를 나타낸다.)

① 入場料^{にゅうじょうりょう}は無料^{むりょう}です。なお6才以下^{いか}の子供さんは入場^{にゅうじょう}できませんのでご注意^{ちゅうい}ください。
② これで検査^{けんさ}は全部終了^{しゅうりょう}です。なお再検査^{さいけんさ}の必要な方^{かた}は後日^{ごじつ}ご連絡^{れんらく}いたします。

3. 選択의 의미를 나타내는 接続詞

それとも・ないし(は)・あるいは(または)・もしくは

◆ それとも(전후의 사항 중 어느 한 쪽을 선택하는 관계를 나타내는 말. 의문과 의문사로 연결할 때 많이 사용된다.)

① ビールにしますか、それともお酒にしますか。

② 今度は少し冒険してみようか、それともやはり安全第一でやろうか。

③ 卒業旅行は九州にしようか、北海道にしようか、それとも思いきってハワイに行こうか。

◆ ないし＝ないしは(수량, 시간, 계급 등의 **上下限**을 나타내고, 중간을 생략할 때 사용한다.)

① 箱の大きさに応じて、5ないし10個ずつ詰めて送り出します。

② この台風は明朝5時ないし7時の間に関東地方に上陸する予定です。

③ 男女とも結婚の年齢が上がり、最近では25ないし30才で結婚するカップルが最も多い。

☑ 「ないしは」는「ないし」를 강조한 말로 「ないし」가 주로 단어와 단어를 연결하는데 사용되는 반면 「ないしは」는 文과 文을 연결하는데 많이 사용된다.

◆ あるいは＝または(어느 쪽인지 한쪽을 선택한다.①②) (「たり」혹은 「か」와 같은 조사와 함께 사용된다.③④)

① ペンあるいはボールペンで、はっきり書いてください。

② 醤油あるいは味噌を入れたあと、少し日本酒を加える。

③ この魚は煮たりあるいは焼いて食べるとおいしい。

④ この地方は雨が降らないかあるいは降ればどしゃ降りかです。

☑ 「あるいは」는 「もしかすると」 와「ひょっとすると」와 같은 의미로 사용될 때가 있다. 이 경우에는 「または」는 사용될 수가 없다.⑤⑥

⑤ 君も<u>あるいは</u>(副詞)行くことになるかも知れない。

⑥ <u>あるいは</u>(副詞)降るかも知れないが、荷物が多いから、かさは持たずに行こう。

◆ もしくは＝または(전후 내용 중 어느 한쪽이 선택되는 관계를 나타낸다.)

① 申請書はくろ<u>もしくは</u>青のボールペンで記入してください。

② 両親<u>もしくは</u>日本滞在の親族が保証人となる必要がある。

③ 新幹線でこの割引が使えるのは、「ひかり」<u>もしくは</u>「こだま」に限ります。

☑ 「もしくは」는「または」로 대신 사용할 수 있는데, **法令用語**에서는「もしくは」는「または」보다 작은 단계에 사용한다.

④ 婚姻成立の日から200日後<u>または</u>婚姻の解消もしくは取消の日から300日以内に生まれた子。

4. 順接의 條件을 나타내는 接続詞
だから・したがって・それで・ゆえに・それゆえ・そこで・すると

◆ だから(원인, 이유를 나타내는 **前文**을 받아 「**そのために～だ**」라는 결과를 나타내는 **文**을 연결한다.①②) (무언가 실패했을 때 「**あなたの責任だ**」라는 기분을 나타내는 **文** 앞에 둔다.③④) (**前文**을 이유로서 **後文**에 나타낼 때 사용한다.⑤)

① ゆうべもおそくまでテレビを見ていたんでしょう。<u>だから</u>、朝ごはんを食べる時間もないんですよ。

② お盆で帰省する人が多いです。だから、今朝は電車ががらがら
だった。

③「彼は酒気帯び運転で交通事故を起こしたそうだ」

「だから、乗るなら飲むな、飲むなら乗るな、だよね」

④「雨に降られてずぶぬれになってしまった」

「だから言ったでしょ、傘を持って行きなさいって」

⑤「消費税がまた上がるそうですね。」「だから今のうちに買って
おきましょう」

◆ したがって(「だから」「それで」「それゆえ」와 거의 같은 용법으로 사용
되지만, 조금 딱딱한 표현이다.)

① 彼に過失はない。したがって賠償責任はない。
② この商品は他のものと品質が違う。したがって値段も高い。

◆ それで(前文에서 状況을 설명하고, 그 理由로 後文의 帰結에 연결된
다.①②③) (상대방을 재촉하여 이야기를 발전시킨다.⑥)

① 天候が急変した。それで今日の登山はやめることにした。
② 今までの商売は若者に人気がなくなりました。それでこの商売
を始めるようになっのです。

③「彼、今日はなんだかそわそわしていますね」

「大学の入試の発表があるんです」

「ああ、それでね。うまく行くといいですね」
☑「それで」는「その理由で」라는 의미로「だから」「そこで」로 바꿔 사용할 수 있

다. 단, ③에서는 「そこで」로 바꿀 수 없다. 또 「それで」다음에 意志나 命令을

나타내는 경우에는 사용할 수 없다. 이 때는 「だから」를 사용한다.

④ このままではだめだ。だから改善しなさい。

⑤ 出発まで1時間しかないんです。だからいそいでください。

⑥ それで、彼との話はどうなったの。

◆ そこで(앞에 서술한 내용을 받아 그것을 理由, 条件으로 이야기를 진척시킨다.①②) (이야기의 방향을 능숙하게 바꾸려고 할 때 사용한다. ③)

① 調査報告を聞いて、みんなびっくりしてしまった。そこでみんなで討論した結果、今度の計画は中止ということになった。

② 人身事故で中央線が不通だという。そこで地下鉄の駅へ急いだのだが、駅の外まで人があふれていた。

③ 事情はいまお話したとおりです。そこであなたに相談なんですが……。

◆ ゆえに＝それゆえ(に)(前件을 理由로 後件의 帰結을 계속할 때 사용한다. 「だから」「そのため」의 의미)

① 運転中に携帯電話を使うための事故が多発しています。それゆえに、運転中の携帯電話の使用が禁止されました。

② なんべん注意しても駅前の違法駐輪が改まらない。ゆえに駅前の一定区域を限り、自転車、バイク等の乗り入れが禁止された。

☑ 論理를 추구하는 문장 등에서 사용하고, 日常会話에서는 사용하지 않는다.

◆ すると＝とすると(앞의 결과에서 **論理的**으로 당연히 뒤의 사항이 유도되는 것을 나타냄)

① お前は聞いていないというんだね。すると、この中の誰が電話を受けたことになるんだ。

② えっ、昨日の地震を知らないんだって。すると、あなたは昨日どこにいたんですか。

③ 「台風が大分近づいているそうだ」「すると、今度のピクニックはだめかもな」

☑ 앞 사항에 이어 다음 사항이 일어나는 것을 나타낸다.

④ 彼は「開けゴマ」ととなえた。すると、あれほど頑丈な扉もするすると開いた。

⑤ その歌手が舞台に上がって手を振った。すると、聴衆はいっせいに熱狂的な拍手と歓声を送った。

5. 逆接의 条件을 나타내는 接続詞

しかし・しかしながら・だ(です)が・けれど(も)・だ(です)けど・それでも・でも・だって

◆ しかし＝しかしながら(「しかしながら」쪽이 느낌이 딱딱하여 보통의 회화, 특히 여성의 회화에서는 사용되는 일이 적다.)

① 新しい内閣ができた。しかし政策はさっぱり変わりばえしない。

② あの人は金持ちです。しかし健康に恵まれていませんね。

☑ 앞에서 서술한 내용과 반대되는 것과 일부 다른 내용 등을 이야기할 때 사용한다. ①②

③ 山田君の息子が結婚するそうだ。しかしこれで彼も一安心だろう。

④ やるときめたからには、やらなければならない。しかし資金はどうする。

☑ 앞에서 서술한 내용을 받으면서 화제를 바꿀 때 사용한다. ③④

⑤ しかし(だが)、アメリカはいつ行っても、つくづく大きな国だと思うね。

⑥ しかし(だが)、いつごちそうになっても、お宅の奥さんの料理はすごくおいしいね。

☑ 間投詞的으로 사용한다. ⑤⑥

◆ だ(です)が = けれど(も) = だ(です)けど (회화체에서는 「けれど」 「けども」 「けど」를 많이 사용한다.)

① 夜になって雪はやんだ。だが、寒さはますます厳しくなりそうだ。

② その服は生地はとてもいい。けれども色が気に入らない。

③ わたしはひらがな、カタカナは大体わかります。だけど漢字はだめです。

☑ 어떤 내용과 반대되는 내용을 연결시킬 때 사용한다. ①②③

④ そばが来ているよ。だけど誰がたのんだの。

⑤ 彼はもともと声がいいかもしれない。けれど、練習もよくするから歌がうまいんだな。

☑ 두 개의 사항을 나열하여, 단순히 연결할 때 사용한다. ④⑤

⑥ まことにあつかましいお願いでございますけれど、5万円ほどお貸しいただけませんか。

⑦ ケーキの安売（やす う）りをしていたから買ってきたけど、食べたい人は みんな集（あつ）まりなさい。

☑ 助詞로서 本題의 서두에 사용한다.

⑧「つばさがあったらいいけどなあ」→ 불가능한 소망을 하면서

「そろそろお時間ですけど……」→ 확실히 말하지 않고 둘러말할 때

◆ それでも = でも（「でも」는「それでも」의 略語로「だって」와 함께 회화체 에 사용）

① 天気予報（てん き よ ほう）は嵐（あらし）だった。それでもわたしたち出かけた。

②「残念（ざんねん）ながら優勝（ゆうしょう）できませんでした」「でも、あのタイムなら立（りっ）派（ば）なものだ。次回（じ かい）はかならず優勝するよ。」

③ 負（ま）けたのは残念だ。それでもみんな力いっぱいやって負けたんだか ら、いいじゃないか。

☑ 앞에서 서술한 내용과 관계없이 그것과 반대로 무언가가 행해질 때, 前件 과 後件을 연결할 경우에 사용한다. ①②③

④ 宝くじなんて当たらないわよ。」「だって買わなきゃ絶対（ぜったい）当（あ）たらない よ。」

⑤「遅（おそ）かったわね」「だって電車が遅（おく）れたんだから、しょうがないで しょ。」

☑ 앞에서 서술한 사항의 理由를 말한다. 변명이나 상대방에게 반항적인 기 분일 때는「でも」로 바꿀 수 있다. ④⑤

⑥ このごろほとんど外出（がいしゅつ）しないのよ。だって足がもうすっかり弱くなっ て……。

⑦「みんなが行くのに、どうしてあなたパーティーに行かないの?」

「<u>だって</u>着ていく服<ruby>服<rt>ふく</rt></ruby>がないんだもん」

☑ ⑥⑦과 같이 단순한 설명의 경우는 「でも」 로 바꿔 사용할 수 없다.

6. 転換의 의미를 나타내는 接続詞

さて・ところが・ところで

◆ さて

① <u>さて</u>、皆さんからの意見<ruby><rt>いけん</rt></ruby>が出<ruby><rt>で</rt></ruby>そろったので、どの方法<ruby><rt>ほうほう</rt></ruby>にするか
多数決<ruby><rt>たすうけつ</rt></ruby>で決<ruby><rt>き</rt></ruby>めたい。

② 状況<ruby><rt>じょうきょう</rt></ruby>は今説明<ruby><rt>せつめい</rt></ruby>したとおりです。<u>さて</u>、そこで相談<ruby><rt>そうだん</rt></ruby>ですが、
……。

☑ (그 때까지의 이야기를 중단하고, 이야기 방향을 바꿀 때 사용한다. 단
완전히 다른 화제로 옮겨지는 것이 아니라, 그 때까지의 화제와 관련 있
는 내용을 서술한다.①②) (완전히 다른 화제로 바뀔 경우는 「ところで」쪽
이 좋다.③)

③ 昨日のパーティー愉快<ruby><rt>ゆかい</rt></ruby>だった。<u>ところで</u>、あしたの会議<ruby><rt>かいぎ</rt></ruby>は何時から
だったかな。

④ 拝啓<ruby><rt>はいけい</rt></ruby>

たいへんご無沙汰<ruby><rt>ぶさた</rt></ruby>いたしておりますが、先生にはお変<ruby><rt>かわ</rt></ruby>りござい
ませんか。

<u>さて</u>、私はこのたび東北大学<ruby><rt>とうほくだいがく</rt></ruby>に合格<ruby><rt>ごうかく</rt></ruby>しましたので、今月末に仙<ruby><rt>せん</rt></ruby>
台<ruby><rt>だい</rt></ruby>に引<ruby><rt>ひ</rt></ruby>っ越<ruby><rt>こ</rt></ruby>すことになりました。

☑ 의례적인 通知나 인사(あいさつ) 등의 文에는 「さて」를 사용한다.④

⑤ <u>さて</u>、おじいさんとおばあさんは、それからも幸<ruby><rt>しあわ</rt></ruby>せに暮<ruby><rt>くら</rt></ruby>したと

いう。

⑥ 電話を受けて急いで学校へ駆けつけた。さて、学校に着いてみて驚いた。

☑ 지금까지의 이야기를 받아 다음 이야기로 계속 이어나가는 것을 나타낸다.⑤⑥

⑦ さて、それでは出かけようか。

⑧ さて、次に何をしようか。

☑ 間投詞로서도 사용된다. 지금부터 무엇을 할려고 할 때, 맨 처음에 사용한다.⑦⑧

⑨ さてさてたいした男だ。

⑩ さてさてどうしたものだろう。

☑ 「さてさて」로 중복하면 놀라움, 감동, 곤란함 등을 나타낼 때 발하는 말이 된다.⑨⑩

⑪ 飲むやら、歌やら、さては喧嘩をする者まで現れた。

☑ 「さては」는 「いろいろな事をしたうえ最後には」「それではきっと」라는 기분을 표현한다.

◆ ところが

① 天気予報では今日は雨になると言っていた。ところが、少し曇っただけで、結局は降らなかった。

② ダイエットを始めて3週間になる。ところが、減った体重は、わずか1キロだけだ。

☑ 前文의 내용에서 자연적으로 예상되고, 기대되는 내용에 反하기도 하고 어긋나는 내용의 文이 이어지는 경우에 사용된다.(反予測)①②

③ 急いで家を出た。ところが、途中で財布を忘れていることに気がつき、あわてて引き返した。

④ 友人の家に電話した。<u>ところが</u>、1週間前から海外旅行に行って留守だ<ruby>海外旅行<rt>かいがいりょこう</rt></ruby>に行って<ruby>留守<rt>るす</rt></ruby>だ

という。

☑ 앞에서 서술한 상황이나 그 과정에서는 예상하기 어려운 사건, 새로운 상황변화가 일어나고 그것을 의외라고 화자가 인식하는 경우에 사용된다. (発見)③④

◆ ところで

① A：「お元気そうですね」B：「おかげさまで」

　A：「<u>ところで</u>、この<ruby>度<rt>たび</rt></ruby>は<ruby>息子<rt>むすこ</rt></ruby>さんが大学に<ruby>合格<rt>ごうかく</rt></ruby>なさったそう

で、おめでとうございます。」

② 今日は<ruby>お疲<rt>つか</rt></ruby>れ<ruby>様<rt>さま</rt></ruby>でした。<u>ところで</u>、<ruby>駅<rt>えき</rt></ruby>のそばに新しい<ruby>中華料理<rt>ちゅうかりょうり</rt></ruby>

<ruby>屋<rt>や</rt></ruby>さんができたんですけど、<ruby>今夜<rt>こんや</rt></ruby>行ってみませんか。

☑ 지금까지의 화제와는 다른 것으로 갑자기 바꿀 때 사용한다.①②

③ その<ruby>作業<rt>さぎょう</rt></ruby>が終わっ<u>たところで</u><ruby>休憩<rt>きゅうけい</rt></ruby>にしよう。

④ もう10分しかないんだ、いくら<ruby>急<rt>いそ</rt></ruby>いだところで<ruby>間<rt>ま</rt></ruby>に<ruby>合<rt>あ</rt></ruby>わないよ。

☑ 助詞로서「〜しても」「その時点で」의 의미로 사용된다.③④

• 参考文献
木村かつみ・山田信一(1998)『すぐに使える実践日本語シリーズ 接続詞』専門教育
　　　　出版
田近洵一編著(1981)『くわしい国文法』文英堂

☑ 각 문항에 대한 답은 문답지의 답란에 쓰되, 주어진 조건에 맞게 쓰시오.

1. 다음은 교수매체에 대한 Dale의 '경험의 원추' 모형에 따른 매체 분류와 Bruner의 인간의 지적 표상양식을 나타낸 그림이다. 빈칸에 들어갈 말을 한자(漢字)로 쓰시오. [3점]

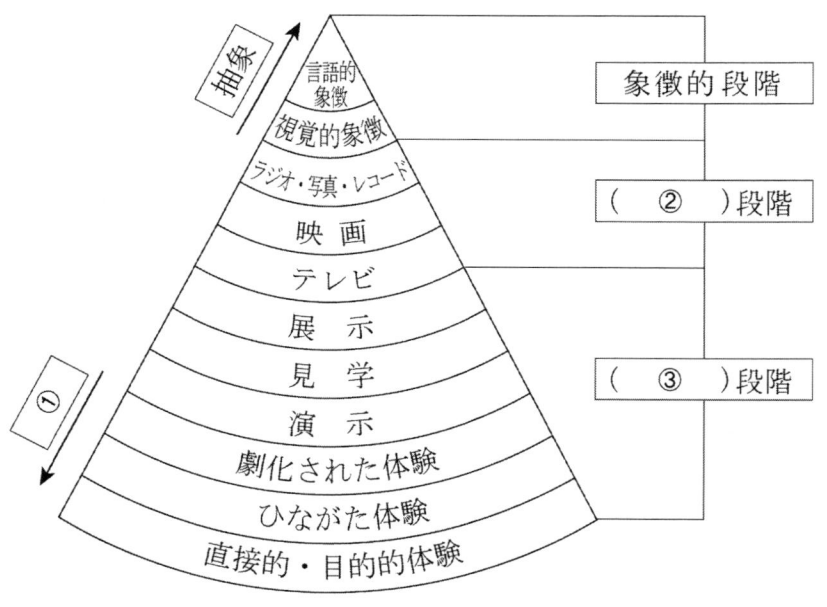

① _____ ② _____ ③ _____

2. 다음 (1), (2), (3)은 언어습득과 관련된 내용이다. 각 설명에 맞는 번호를 (보기)에서 골라 쓰시오. [3점]

(1)	チョムスキーら生成文法の研究者は、普通の子供たちは驚くほど短い期間に充分でない資料を根拠とし完璧な自分の母語の文法を学習する。そしてこれはあらゆる言語の文法に対応できるような抽象的で普遍的な性質を持っていると想定されている。 　また、人間には言語メカニズムを使っていると仮定できる。この言語メカニズムは言語的学習のために特別な役割を果たしている。
(2)	辞書的な意味としては、固定観念と訳される。ある集団に対する画一的で固定したイメージのことを指す。これは注意深く収集された客観的な分析に基づくものではなく、ウワサやクチコミのような短編的知識や情報によって形成されるが、各個人のパーソナリティや集団の多様性を見逃す恐れがある。
(3)	第2言語の習得過程上にある学習者の第2言語能力の総体を指す。これは学習者が第2言語の習得過程の一時点で作り上げた、学習者自分の内的言語習得メカニズムの働きによって作られたものと考えられている。これは学習者の母語の体系とも、習得している第2言語の体系とも異なる独自のシステムを持っている。

(보기)

① 中間言語(Interlanguage)

② 監視装置理論(Monitor Theory)

③ ステレオタイプ(Stereotype)

④ 行動主義学習理論(Behaviorist Theory)

⑤ 学習方略(Learning Strategies)

⑥言語獲得装置(Language AcquisitionDevice)

(1) _____　(2)_____　(3)_____

3. 다음 그림 ①, ②, ③에 들어갈 한자(漢字)의 읽기를 히라가나로 쓰시오. (3점)

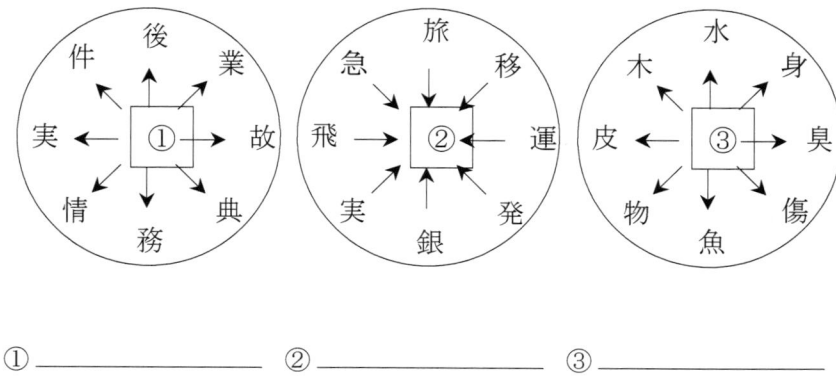

① _____ ② _____ ③ _____

4. '의사소통을 위한 일본어교육문법'이라는 관점에서 ①~④의 표현을 가르칠 때 적절한 우선순위를 번호로 쓰고, 그 근거를 1줄 이내로 설명하시오. [3점]

① 受動文　　　② 能動文　　　③ ~てくれる文　　　④ ~てもらう文

순서 : _____

근거 : _____

5. 빈칸 ①과 ②에 들어갈 속담을 일본어로 쓰시오. [4점]

　　会議や交渉がうまくまとまるように、事前に関係者の間で意見調整などをしておくことを「根回し」といいます。根回しの習慣は、公的な場での対立を嫌う日本人の傾向を示しています。「右へならえ」は、ある意見や行動に自分の言動を合わせることをいいます。また、「（　①　）」ということわざは、「目立ちすぎると、人から憎まれたり、周囲から押さえ付けられたりする」という意味です。
　　A : 俺さあ、今月からイタリア語とスペイン語、いっしょに勉強することにしたんだ。ほら、似てるじゃない、すごく。だから一石二鳥っ

てわけ。

B：どっちか一つにした方がいいと思うけどなあ。（　②　）、って言うしねえ。

① _____

② _____

6. 다음은 격식을 갖춘 장면과 그렇지 않은 장면의 대화이다. 격식을 갖춘 장면 에서의 담화적 특징 3가지를 쓰시오. [3점]

A	村上：ねえ、百恵さん。映画のチケットが二枚手に入ったんだけど、見に行かない？ 百恵：どんな映画なの？ 村上：カンヌ映画祭で最優秀を取った〇〇って映画なんだ。 百恵：ごめんね、その映画、私もう見ちゃったの。 村上：残念だなあ。じゃあ、また今度。
B	伊藤：朝早く申し訳ございません。伊藤と申しますが、山田先生はお出ででしょうか。 奥さん：だった今、出かけたところですが、何か？ 伊藤：実は明日中、大学の願書を提出しなければならなくて、先生の推薦状がどうしても必要なんです。それでお電話を。 奥さん：ああ、そうですか。お昼過ぎには帰ってくると思いますが。 伊藤：では、その頃、もう一度電話するとお伝えいただけないでしょうか。 奥さん：わかりました。帰ってまいりましたら、必ず伝えておきます。 伊藤：よろしくお願いします。では、失礼いたします。

① _____

② _____

③ _____

7. 밑줄 친 부분의 내용과 달리 현대 일본어에서는 이중자음(二重子音)이 존재
   한다. 그 음절의 종류를 들고 각각의 음운적 특징을 2줄 이내로 쓰시오. [3점]

> 音韻の面では、音節の構造が母音で終る特色を持ち、特殊な音
> 節を除くと、すべて開音節となる。音節の最初にr音で始まる語
> がなく、また子音が二つ並ばない。音節の数も111と少なく、アク
> セントは高さアクセントで、強さアクセントを持たない。現代語
> では、アクセントの滝の有無とその位置により形の違いが示され
> る。また、上代の日本語には母音調和の傾向を持っていたことが
> 認められる。

음절의 종류 : _____

음운적 특징 : _____

_____

8. 다음 ①~④에서 밑줄 친 부분의 의미를 변별하는 음성적 요소를 모두 쓰시오.
   [4점]

> ① ハシデ(橋で / 箸で / 端で)ご飯を食べます。
> ② キョウカイ(教会 / きょう買い / きょう会)に行きます。
> ③ 彼女はきれいな先生の妹(きれいな、先生の妹 / きれいな先生の、
>   妹)です。

④ A：<u>あしたも雨</u>でしょう。

  B1：またか。（推量）　B2：さあ。（同意表現）

① _____　② _____

③ _____　④ _____

9. 밑줄 친 부분이 가리키는 '일본어 표기 규칙'을 일본어로 쓰시오. [3점]

> 　現代日本語の表記には、基本的には漢字、ひらがな、カタカナをまじ
> え、必要に応じてアラビア数字、ローマ字などを用い、これに「句読点」
> 「かっこ」等の各種符号を加えて行うこと になっている。<u>それらの文字を
> まじえて日本語を表記するためには、現在のところそのよりところとし
> ては四つのようなものがある。</u>

① _____　② _____

③ _____　④ _____

10. 다음은 신체의 일부분을 사용한 관용구이다. 빈칸 ①~④에 들어갈 알맞은
　　동사를 일본어로 쓰시오. [4점]

> ● 手を（　①　）。：やりそこなってこりる。取り扱いにこまる。
> ● 足が（　②　）。：出費が予算をこえる。隠したことがあらわれる。
> ● 目が（　③　）。：たいそう好きである。心を奪われて思慮分別がない。
> ● 口に（　④　）。：あまい言葉にだまされる。盛んに人々の口にもてはや
> 　される。

① _____　② _____

③ _____ ④ _____

11. 빈칸 ①과 ②에 들어갈 대표적인 작가의 이름과 그 작가의 대표 작품 하나를
    한자나 히라가나로 쓰시오. [4점]

> 　近世の社会体制が成立して、一世紀近い年月を経て、元禄時代になる
> 頃、上方や江戸では経済の発展を背景に、近世社会の仕組みが姿を表
> し、新しい人間関係の中で生きて行く人々が現れた。こうした動きを見
> つめ、都市の多様な生活を描き、新しい人間の心情を捉えようとしたの
> は、文学に関わる人々であった。中でも散文文学の（　　①　　）、韻文文
> 学の（　　②　　）、劇文学の近松門左衛門の三人は、すぐれた作品を著し
> て、近世文学の世界を切り開き、文化史の上に重要な足跡を残した。

① 작가 : _____ 　　② 작가 : _____

　작품 : _____ 　　　作품 : _____

12. 빈칸 ①~③에 들어갈 해당 문학 장르를 한자나 히라가나로 쓰시오. [3점]

> 　鎌倉・室町・江戸と呼ばれる封建社会時代を大観すると、抒情詩として
> は、王朝和歌から連歌を派生し、さらに連歌から（　　①　　）を誕生させて
> おり、叙事文学においては、王朝物　語から説話・軍記に転じ、さらには
> お伽草子・仮名草子をへて、（　　②　　）を出現させ、それが黄表紙や洒落
> 本や人情本に落ちていった。
> 　劇文学をそだてた演劇形態としては、初めて能・狂言を産み、それは
> それとして保持せられながら、時代とともに、人形浄瑠璃や（　　③　　）を
> 出現させている。

① _____ ② _____ ③ _____

3. 그림 (1), (2), (3)을 표현하는 알맞은 말을 (보기)에서 골라 쓰시오. (3점)

(보기)

| にこにこ | ぐうぐう | おいおい | すやすや | うとうと |
| げらげら | しくしく | くすくす | せかせか | めきめき |

(1) _____ (2) _____ (3) _____

14. 다음 일본어 문(文)에서 부자연스러운 것을 모두 골라 그 번호를 쓰시오. (3점)

① 佐藤が私の弟から本をもらった。

② おいしいコーヒーをたくさん飲みたい。

③ ヤンさんは鈴木さんのお世話になった。

④ 鈴木さんは彼が犯人だと思っているようだ。

⑤ 道に迷ったとき、親切な人が私に話しかけた。

⑥ 今週の週末にクラス全員でお花見に行くつもりだ。

부자연스러운 것 : _____

15. 밑줄 친 ①~③은 문법적 기능이 다르다. 각각의 문법적 기능을 쓰시오. [3점]

- 一年①か二年、外国で勉強するつもりだ。
- 市長②ならびに教育長の出席をえて卒業式を挙行した。
- 中学生になった息子が新しいゲーム③だの携帯電話だのうるさい。

문법적 기능 ① : _____

② : _____

③ : _____

16. 현대일본어에는 남녀 언어 표현의 차이가 있다. 그 차이를 고려하여 다음 남녀 대화문을 동일한 의미의 표현이 되도록 빈칸 ①~③을 완성하시오. [3점]

〈女性同士の対話〉

A：(①   )、韓国から輸入されたCD持っている？

B：ええ、持っているわよ。

A：ちょっと来週の宿題をするために借りたいんだけど、(②   )。

〈男性同士の対話〉

A：すずきくん、韓国から輸入されたCD持っている？

B：うん、(③   )。

A：ちょっと来週の宿題をするために借りたいんだけど、いいかな。

① _____ ② _____ ③ _____

17. 밑줄 친 ①과 ②의 의미용법 차이, ③과 ④의 의미용법 차이를 각각 1줄 이내로 설명하시오. [3점]

- 午後から雨が降りだした。①そして、夕方には雪だった。
- ハンバーガーを2つ食べた。②それから、コーヒーを飲んだ。
- 静かで、③そして便利な場所。
- 鈴木さんは、英語とフランス語とドイツ語と④それから韓国語も話せる。

①과 ②의 차이 : _____

③과 ④의 차이 : _____

18. 빈칸 ①~③에 들어갈 알맞은 말을 한자나 히라가나로 쓰시오. [3점]

（　①　）言語学とは、現在使われている任意の2つ以上の言語を比較する言語学で、言語間の類似点、相違点を明らかにしようとするものである。1940年代にアメリカで生まれ、その理論背景には行動主義心理学とアメリカ構造言語学がある。また、言語を比較する点で共通しているものとして、世界の諸言語を言語的な特徴における類似点、相違点からいくつかのタイプに分類し、研究する類型論がある。類型論には形態的類型論と（　②　）的類型論があり、前者は19世紀にドイツの言語学者フンボルトらによって提唱され、世界の言語を「屈折語」「孤立語」「（　③　）語」「抱合語」の4つに分類した。

①_____　②_____　③_____

19. 괄호 안의 단어를 사용하여 밑줄 친 부분을 일본어로 옮기시오. [3점]

① 突然母に死なれて 일이 손에 잡히지 않는다.(つく)

② プライバシとは、人に 知られたくない 自分の秘密や個人情報を他

人から守る権利である。(知る)

③ バブル崩壊は 어떻게 손쓸 수 없는 状況になってしまった。(かかる)

① _____

② _____

③ _____

20. 다음 한국어를 일본어로 완성하시오. [3점]

① 아침에 우유를 마셨을 뿐 아무것도 먹지 않았습니다.

② 영화를 본 셈치고 책을 사기로 했습니다.

③ 그녀는 꾸중을 듣기는커녕 칭찬을 받았습니다.

①朝 _____   きりで _____ 。

②映画を _____   つもりで _____ 。

③彼女は _____   どころか _____ 。

21. 표시된 ①~③에 해당하는 한자(漢字) 읽기를 히라가나로 쓰시오. [3점]

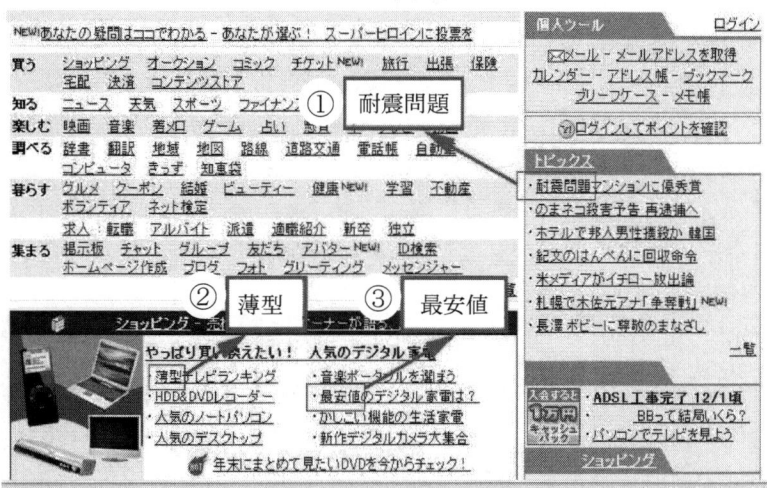

22. 다음 글의 주제어와 빈칸 ①에 들어갈 가장 적절한 말을 본문에서 찾아 일본어로 쓰시오. [3점]

森林は、雨の降らないときにだけ働くのではありません。短い時間にたくさん降った雨が、そのまま川に集まって流れると、水はあふれて洪水を起こし、人に大きな害を与えます。こうしたときは、人造ダムも川の流れをせき止めて、人造湖にためます。しかし、これには限度があります。人造ダムよりはるかに多くの水をたくわえることのできる森林が洪水を防いでくれていると言えるでしょう。

洪水を防いでいるだけでなく、森林は、（　①　）も防いでいます。森林のないはげ山では、一度にたくさんの雨がふると、山の斜面の土がくずれ落ち石や岩もおし流して、大きな被害をあたえます。

森林のある山では、木の根が土の中に張りめぐらされているので、土も動かず、石や岩もしっかりおさえつけられています。ですから、こういう山では、山くずれが起きにくいのです。

かたい岩を、たくさんの植物や動物を養っていけるような土に変えていくのも、森林の働きです。防風林や防雪林のように、風や雪を防ぐ働きもあります。森林が酸素を出して空気をきれいにしてくれること、木材や紙などをあたえてくれることは、よく知られていることです。

주제어 : ＿＿＿＿＿＿＿＿＿＿＿＿＿＿＿＿＿＿＿＿＿＿＿＿＿

① : ＿＿＿＿＿＿＿＿＿＿＿＿＿＿＿＿＿＿＿＿＿＿＿＿＿＿

23. 다음 두 사람의 대화에서 잘못된 부분을 바르게 고쳐 쓰고, 그 이유를 쓰시오. [3점]

武田(A社) : 社長さんいらっしゃいますか。

野村(B社) : はい、社長さんはただいま、お出かけになっていらっしゃいます。

수정문 : ＿＿＿＿＿＿＿＿＿＿＿＿＿＿＿＿＿＿＿＿＿＿＿＿＿＿

이　유 : ＿＿＿＿＿＿＿＿＿＿＿＿＿＿＿＿＿＿＿＿＿＿＿＿＿＿

24. '土用'의 날에 먹는 대표적 음식의 명칭을 본문에서 찾아 히라가나로 쓰고 그 풍습의 의미를 1줄 이내로 쓰시오. [3점]

土用というのも、夏の土用だけが普通に使われているが、春・夏・秋・冬それぞれに土用がある。土用という言葉は土旺が訛ったものだといわれ、旺は旺盛の旺で、盛んなという意味。

春・夏・秋・冬それぞれの気のもっとも盛んな時を指している。暦に土用と記してあるのは、それぞれの土用の入りの日で、土用は入る日から18日間である。土用の丑の日に鰻の蒲焼を食べるのは、江戸時代からのこ

とだが、その日が二度あることがあるのは、土用の期間が18日間あるからである。春の土用が終わった翌日が立夏、夏の土用が済んだ次の日が立秋である。

음식의 명칭 : _____

풍습의 의미 : _____

25. B~E를 문맥에 맞게 정렬하고, 밑줄 친 부분에 대한 원인 2가지를 본문에서 찾아 2줄 이내의 한국어로 쓰시오. [4점]

A　高校生の作った8ミリドラマの審査員になって、50本の作品を見た映画監督〇〇〇さんが、「どうしてこうも似通っているのだろう。」と、首をひねっている。技術の巧拙はいろいろだが、ドラマの筋立てに判で押したように同じ感触のものが多いのだそうだ。

B　別れるときは、たいてい、後ろに副都心の超高層ビルがそびえることになっているそうだ。先生も、友人も、家族も、積極的な役割を担っていないのが共通している。若者たちが8ミリの目で自分を見つめようという意図は分かるのだが、おそらく薄墨で描いたような、<u>観念的な絵になっている</u>のではないか。

C　まず、高校生の主人公は髪が長く、やせこけて、ジーパンをはいている。受験の重圧の中で、ふと、髪の長い女の子に出会う。そして二人が行く所は、湖か池のある森、あるいは都会の片隅の公園である。二人はぎごちなく話し合い、やがて何となく別れる。

D　しかし半面では、そのために自分の周囲にある事物や人間に対する観察や知識をなおざりにしがちなマイナスもある。高校生という年齢は熟した抽象論を持つより、箇々の事物をありのまま観察し、貪慾に吸収すべき時期であって、そこに押さえがないと観念に重みが伴わない

し、また創造の翼もかえって羽ばたきを失う。

E　なぜそうなのかについてはたくさんの解釈があろうが、学校教科書に
　　人生論風の文章が多いことをあげる人もいる。人生の後半期になって
　　一つの境地に到達した人が、抽象的に総括を語る文章を、若い時代に
　　読んで有益であることは言うまでもない。

F　もう一つの解釈は、学校と自宅という線を結んだ受験勉強以外に、若
　　者にとっての手ごたえのある現実が乏しいことだ。旅に出よう、とい
　　う彼らの熱望が分かる気がする。現実からの逃避ではなく、現実を獲
　　得したいためなのだろう。

글의 순서 : A→＿＿＿＿→＿＿＿＿→＿＿＿＿→＿＿＿＿→＿＿＿＿→F

원인 : ＿＿＿＿＿＿＿＿＿＿＿＿＿＿＿＿＿＿＿＿＿＿＿＿＿＿＿＿＿＿

* 각 문항에 대한 답은 문답지의 답란에 쓰되, 주어진 조건에 맞게 쓰시오.

1. 빈칸 A~D에 들어갈 용어를 〈보기〉에서 골라 번호를 쓰시오. (4점)

学習者の日本語学習の目的と条件などに適したコース・デザインをするためにはまず、学習目的や学習者が日本語を必要とする場面とそこで使われる言語技能についての情報を得るための（ A ）調査と、学習者の日本語能力がどのような状況にあるかを知るための（ B ）調査が必要である。これらを分析し、何を教えるかを決定した教授項目の一覧が（ C ）である。また、それをどのように教えるかを設計するのが（ D ）である。

〈보기〉

①母語　　　　　②コース　　　　　③ニーズ　　　　　④シラバス

⑤メソッド　　　⑥レディネス　　　⑦スキミング　　　⑧アプローチ

⑨評価活動　　　⑩カリキュラム・デザイン

A _____　　　B _____

C _____　　　D _____

2. 다음은 학습 활동 중, 말하기 연습의 예이다. A~D의 연습 명칭을 〈보기〉에서 골라 번호를 쓰시오.

A	先生：読みました。	B	先生：食堂、昼ごはん、食べました。
	学生：読みました。		学生：食堂で昼ごはんを食べました。
	先生：本を		先生：デパート、ハンカチ、買いま

	学生：本を読みました。 先生：図書館で 学生：図書館で本を読みました。		した。 学生：デパートでハンカチを買いました。
C	日本人に会って日本の祭りについて取材する。 学生：日本の祭りにはどんなのがありますか。 日本人：札幌の雪祭りや京都の祇園祭りなどがあります。 学生：東京にも有名な祭りがありますか。 日本人：はい、神田祭りがあります。 学生：　　　　　　： 日本人：　　　　：ç	D	先生が学生Aと学生Bに、それぞれ絵1、2を渡し、互いの絵のどこが違うかを当てさせる。 学生A：鉛筆が何本ありますか。 学生B：1、2、…6本あります。何本ありますか。 学生A：3本です。赤い鉛筆があります。 学生B：はい、1本あります。

(보기)

①変形練習　　　　　　　②完成練習　　　　　　　③代入練習
④インフォメーション・ギャップ　⑤インタビュー・タスク
⑥反復練習　　　　　　　⑦拡張練習

A ＿＿＿＿＿＿＿＿＿＿＿＿＿　　B ＿＿＿＿＿＿＿＿＿＿＿＿＿
C ＿＿＿＿＿＿＿＿＿＿＿＿＿　　D ＿＿＿＿＿＿＿＿＿＿＿＿＿

3. 次の教授法に関해 설명한 글이다. A~D에 맞는 번호를 (보기)에서 골라 1
   가지씩 쓰시오. [4점]

> A 外国語語習得の最良のモデルを、幼児の母語習得に見るものである。
>   代表的なものにグアン式教授法とベルリッツ.メソッドがある。
> B カウンセリング・ラーニングともよばれ、カウンセリングの理論と手
>   順を、カラン(C. A.Curran)が外国語教育に応用させたものである。こ
>   の授授法による典型的な授業では、学習者を円形に座らせ、教師は学
>   習者の背後に立つ。
> C 心理学者のガテーニョ(C.Gattegno)が提唱した方法である。ガテー
>   ニョが「言語学習は、教師に頼る方法ではなく、学習者の自ら気付き
>   学んでいく能力に教師が働きかけることによって行われるべきだ」と
>   言ったように、この教授法における授業の中心は学習者で、教師はあ
>   くまで、学習者の自立を助ける観察者、補助者である。
> D ロザノフ(G. Lozanov)が確立した「暗示学」に基づき体系化された学習
>   法の理論と実践である。できるだけ多くのポジティブな情報刺激(暗
>   示)を与え、潜在能力を解放・活用し、短時間で多量の情報の習得を可
>   能にする学習法であり、学習者を認知・情動・生理の面から全人格的
>   に捉え、学習要素すべてを統合し学習プロセスを再編した総合的な教
>   授方法である。

(보기)

① サイレント・ウェイ(Silent Way)

② ナチュラル・メソッド(Natural Method)

③ オーラル・メソッド(Oral Method)

④ サジェストペディア(Suggestopedia)

⑤ イマージョン・プログラム(Immersion Program)

⑥ トータル・フィジカル・レスポンス(Total Physical Response)

⑦ GDM(Graded Direct Method)

⑧ コミュニティ・ランゲージ・ラーニング(Community Language Learning)

A _____   B _____

C _____   D _____

4. 다음에 해당하는 테스트(Test)의 명칭을 쓰시오. [3점]

> クラス内の学習者の言語能力にできるだけばらつきを持たせないこと
> は、教育の効率を考えるうえで、教える側にとっても、学ぶ側にとって
> も、非常に重要なことである。それで、このテストは既習学習者を対象
> として、学習者の言語能力を測定し、最も適したレベルのクラスに振り
> 分けるために行われる。このテストの名称は「テストの結果の使い方」に
> よるもので、テストそのものの形式や内容を規定するものではない。こ
> れは事前的評価として行った熟達度テストやいろいろなテストの結果に
> よってクラス分けに使うテストである。

5. 다음은 일본어 교육에서 활용되는 교재와 교구에 대한 설명이다. A~C에 맞는
   번호를 (보기)에서 골라 쓰시오. [3점]

> A 映画・ビデオテープに準ずる機能を持ちながら、より経済的である。
>   視聴覚機器の中ではその起源が最も古く、欧米では17世紀に使われた
>   記録がある。ただ、部屋を暗くしなければならないので、メモを取っ
>   たり手元の教科書を見たりするのは難しい。
> B 特に初級で使われる実物教材を指す。「こ・そ・あ・ど」や「上・下 / 中・

外」などの位置関係や各種の語彙の指導に有効である。言葉で描写し
ようとすると学習目標の項目よりも難しい語彙・表現を使わなくては
ならないときや臨場感を求めたいときなどに有効である。

C 学習者それぞれに演ずる役割を箇条書きにして指定したカードを渡し
て、目標となる構文・語彙を使えば後は自由に会話をさせるという形
式の学習活動をさせる時に使われる。

(보 기)

① レアリア　　　　　② スライド　　　　　③ ビデオ教材

④ ロール・カード　　⑤ 音声テープ教材　　⑥ モジュール型教材

A _____

B _____

C _____

6. 다음은 제7차 일본어과 교육과정에서 제시한 의사소통 기능과 예시문이다.
   각 예시문에 해당하는 기능 ①~④를 쓰시오. [4점]

기능	예시문
인사 기능	• お元気ですか。 • よくできました。 • がんばってください。
①	• 広いことは広いですが、すこしきたないですね。 • こちらのほうがいいと思いますけどね。 • 大阪へですか。
②	• ここは図書館です。 • 先生に相談してみるのはどうですか。 • はやく帰ったほうがいいですよ。

③	● あの、ちょっとよろしいですか。 ● 話しはかわりますが、 ● それじゃ失礼します。
④	● 日本の新聞をお願いできますか。 ● ゆうびんきょくはどこですか。 ● 電話しなくてもいいんですね。

① _____ ② _____

③ _____ ④ _____

7. 일본어의 한자(漢字) 교육에 관한 내용이다. 글의 내용과 관련하여 한국인 초급 학습자에 대한 주의 사항 2가지를 (보기)에서 골라 번호를 쓰시오. [3점]

> 　日本語学習者にとっては、漢字の習得は避けられない事項である。そして、日本の表記慣習に従うならば、当然漢語語彙は漢字で書くことが望ましいし、少なくとも読んで理解できるようにならなければならない。関連語が出た場合、既習の漢字の記憶を新たにし、また相違などに注意を向けることが必要である。「暑い・熱い・厚い」「会う・合う」、「数学・数学」、「読書・読む」などがその例である。

(보기)

① 四声の区別　　　② 六書の区別　　　③ 音読み・訓読みの区別

④ 草書体・行書本の区別　　⑤ 旧字体・新字体の区別

8. 일본어의 특성에 관한 내용이다. 바르지 않은 것 3가지를 골라 번호를 쓰시오. [3점]

① 母音が9つある。

② 地域方言がない。

③ 開音節構造である。

④ 修飾語が被修飾語の前にくる。

⑤ 特殊音素のモーラ(拍)音素がある。

⑥ 漢字を使用しているので中国語と同じ系統である。

⑦ 数(number)や性(gender)は義務範疇ではない。

9. 다음 대립하는 2가지 '음성(おんせい)'는 각각 어떤 음을 가리키는지 한자(漢
   字)로 쓰고, 그 대립하는 구체적인 변별소성(弁別素性)을 (보기)에서 골라 번
   호를 쓰시오. [3점]

> 日本語には軟口蓋破裂音[k, g] の対立があり、韓国などアジア系の多くの
> 学習者にとって、大きな泣き所ともいわれている。 この問題は[t, d] [p, b] な
> どの破裂音の対立や、さらには摩擦音[s, z] [ʃ, ʒ] にも及ぶことである。

(보기)

① 唇の閉鎖   ② 唇の振動   ③ 声帯の振動

④ 声門の閉鎖   ⑤ 歯茎の使用   ⑥ 硬口蓋の使用

음의 종류 : [k , t , p , s , ʃ] —

　　　　　　[g , d , b , z , ʒ] —

변별소성 : (　　　　　　　)

10. 빈칸 ①에는 인명을, ②에는 표기법(仮名遣い)의 명칭을 일본어로 쓰시오.
    [3점]

> 表音文字が成立した当初は音韻と文字がきちっと対応していたとし
> ても、音韻の変化に文字の対応が遅れ、表記に乱れが生じてくる。 そ
> のために仮名遣いが問題となる。 日本でこのような仮名遣いの問題に

いち早く気づき、幾つかの仮名の使い分けを主張したのが「定家仮名遣い」で有名な藤原定家である。江戸時代に『和字正濫鈔』を著した（ ① ）の仮名遣いは、1946年現代仮名遣いが公布されるまで広く行われた（ ② ）のもととなったものである。

인 명 : ① (　　　　　　　　　)　　　　표기법 : ② (　　　　　　　　　)

11. 다음은 단어를 분류한 것이다. 그 분류 기준과 ①, ②, ③ 각각의 그룹 명칭을 일본어로 쓰시오. [3점]

① 春(はる), 風(かぜ), 雨(あめ), 山(やま), 水(みず), 傘(かさ)

② 春風(はるかぜ), 山里(やまざと), 水遊び(みずあそび)

③ 真心(まごころ), おビール, 秋めく, 強がる

기 준 : (　　　　　　　　　　　　　　　　　　　)

명 칭 : ① (　　　　　　) ② (　　　　　　) ③ (　　　　　　)

12. 다음 A~C를 읽고 각각의 작품명을 한자(漢字)로 쓰고, 빈칸 ①, ②에 들어갈 미의식(美意識)과 관련된 단어를 히라가나로 쓰시오. [4점]

A やまと歌は、人の心を種として、万の言の葉とぞ成れりける。世中に在る人、事、業、繁きものなれば、心に思ふ事を、見るもの、聞くものに付けて、言ひ出せるなり。花に鳴く鶯、水に住む蛙の声を聞けば、生きとし生けるもの、いづれか、歌を詠まざりける。力をも入れずして、天地を動かし、目に見えぬ鬼神をも（ ① ）と思はせ、男女の仲をも和らげ、猛き武士の心をも、慰むるは、歌なり。

B 五月ばかりなどに山里にありく、いと（ ② ）。草葉も水もいと青く見え

渡りたるに、上はつれなくて草生ひ茂りたるを、ながながとただざまに行けば、下は、えならざりける水の、深くはあらねど、人などの歩むに走りあがりたる、いと（ ② ）。左右にある、垣にある、ものの枝などの、車の屋形などにさし入るを、いそぎてとらへて折らんとするほどに、ふと過ぎてはづれたるこそ、いとくちをしけれ。

C 須磨には、いとど心づくしの秋風に、海はすこし遠けれど、行平の中納言の関吹き越ゆると言ひけむ浦波、夜々はげにいと近く聞こえて、またなく（ ① ）なるものは、かかる所の秋なりけり。御前にいと人少なにて、うち休みわたれるに、独り目をさまして、枕をそばだてて四方の嵐を聞きたまふに、波ただここもとに立ちくる心地して、涙落つともおぼえぬに枕浮くばかりになりにけり。

A 작품명 : (　　　　　　　)

B 작품명 : (　　　　　　　)

C 작품명 : (　　　　　　　)

단 어 : ① (　　　　　) 　 ② (　　　　　　)

13. 빈칸 ①~③에 들어갈 말을 한자(漢字)로 쓰시오. [3점]

（ ① ）は、武士の家に生まれたが、上京後、演劇作者の道を歩んだ。元禄末年まで、おもに坂田藤十郎のために歌舞伎の脚本を書いていたが、1705年、竹本座の専属作者となり、以後多くの浄瑠璃脚本を書き下ろした。作品には、歴史上の事件や伝説に取材した（ ② ）物の『国性爺合戦』『出世景清』や、当時実際起こった事件を脚色した（ ③ ）物の『曾根崎心中』『冥途の飛脚』など、多くの名作がある。

①（　　　　　）

②（　　　　　）

③（　　　　　）

14. 다음은 일본 근대문학의 문학사조에 관한 설명이다. ①~③에 들어갈 문학사
조를 일본어로 쓰시오. [3점]

日本近代文学は、翻訳小説や政治小説の流行によって芽生え、1880年
代半ば頃の坪内逍遥と二葉亭四迷による（①）主義の主張や、二葉亭四迷・
山田美妙の言文一致の実践によって幕を開いたといえる。その後、国粋
主義的な機運を背景にして尾崎紅葉・幸田露伴を中心とした（②）主義文
学と、森鴎外を先駆者とし、『文学界』の北村透谷を中心とした（③）主義
文学によって盛んな活動が展開された。

①（　　　　　）　　　　　②（　　　　　）　　　　　③（　　　　　）

15. 다음 A~C는 일본 근대소설의 한 부분이다. 각각의 작가명과 작품명을 일본
어로 쓰시오. [3점]

A　芳子が常に用ひて居た蒲団－萌黄唐草の敷蒲団と、綿の厚く入つた同
　じ模様の夜着とが重ねられてあつた。時雄はそれを引出した。女の
　なつかしい油の匂ひと汗のにほひとが言ひも知らず時雄の胸をとき
　めかした。夜着の襟の天鵞絨の際立つて汚れて居るのに顔を押附け
　て、心のゆくばかりなつかしい女の匂ひを嗅いだ。性慾と悲哀と絶
　望とが忽ち時雄の胸を襲つた。
B　勘定してみると奥さんがKに話をしてからもう二日余りになります。
　その間Kは私に対して少しも以前と異なった様子を見せなかったの

で、私は全くそれに気が付かずにいたのです。彼の超然とした態度はたとい外観だけにもせよ、敬服に値すべきだと私は考えました。彼と私を頭の中で並べてみると、彼のほうがはるかに立派に見えました。「おれは策略で勝っても人間としては負けたのだ。」という感じが私の胸に渦巻いて起こりました。

C こう言って、生徒の机のところへ手を突いて、詫入るように頭を下げた。

「皆さんが御家へ御帰りに成りましたら、何卒父親さんや母親さんに私のことを話して下さい—今まで隠蔽していたのは全く済まなかった、と言って、皆さんの前に手を突いて、こうして告白けたことを話して下さい—全く、私は穢多です、調里です、不浄な人間です」とこう添加して言った。丑松はまだ詫び足りないと思ったか、二歩三歩退却して、「許して下さい」を言いながら板敷の上へ跪いた。

A 작가명 : (   ) 작품명 : (   )

B 작가명 : (   ) 작품명 : (   )

C 작가명 : (   ) 작품명 : (   )

16. 일본의 학교문법은 크게 3가지 기준으로 품사를 분류하고 있다. (보기)를 참고하여 품사 분류 기준 3가지를 각각 1줄 이내의 일본어로 쓰시오. [3점]

(보기)

連体詞　• 自立語である。

　　　　• 活用がない。

　　　　• 修飾語になる。

① (   )

② (   )

③ (   )

17. 다음 ②는 문법적으로 잘못된 문(文)이다. 바른 문으로 고치고, ①과 비교하
    여 잘못된 문법적 이유를 1줄 이내로 쓰시오. [3점]

① 田中さんは息子を椅子に座らせ、本を読ませた。

② *田中さんは息子を本を読ませた。

* : 비문(非文)표시

②의 바른 문 : (   )

문법적 이유 : (   )

18. 빈칸 A~C에 알맞은 말을 (보기)에서 찾아 번호를 쓰시오. [3점]

• お姉さんは結婚の申し込みを断られたのか(A)して帰り、食事もしない。

• 昨日海水浴場で日焼けした肌が(B)する。

• このコートはぼくには(C)だ。大きすぎる。

(보 기)

① だぶだぶ   ② ひりひり   ③ がらがら   ④ さらさら   ⑤ がんがん

⑥ こつこつ   ⑦ しょんぼり   ⑧ ねばねば   ⑨ からから   ⑩ じめじめ

A(   ) B(   ) C(   )

19. 밑줄 친 부분 중 경어 사용법이 바르지 않은 것의 번호를 쓰고, 바르게 고치
    시오. [3점]

• 来週の日曜日に①参上いたします。

- それでは、発表を②<u>始めさせていただきます</u>。
- 「山下さん、③<u>いらっしゃいましたら</u>、窓口まで④<u>おいでください</u>」と放送が流れた。
- 金魚にえさを⑤<u>やっていた</u>兄が、「今の、変だろう」と言った。
- 「よかった」と先生が⑥<u>おっしゃられた</u>。
- ご用の節は⑦<u>お呼びになってください</u>。
- 弟もそれをあの方から⑧<u>伺った</u>そうです。

번호 : (   )

바른 표현 : (   )

20. 다음 글을 제시된 〈조건〉에 맞게 일본어로 옮기시오. [3점]

田中씨는 매일 늦게까지 <u>잔업</u>을 하고 있는 것 같다.

(조 건)

① 'らしい'를 사용할 것.

② 밑줄 친 부분은 한자(漢字)로 쓸 것.

③ 명령이나 강요 등에 의해 어쩔 수 없이 잔업을 하고 있다는 뜻의 '使役受身'를 사용할 것.

답(   )

21. 다음 글을 일본어로 옮길 때, 제시된 〈조건〉에 맞게 A, B에 들어갈 말을 쓰시오. [3점]

계속 신세만 지고 있을 수 없고, 일을 찾을 작정이다.

ずっとお世話になり(A)では(B)し、仕事を探すつもりだ。

(조건)

A는 4글자, B는 5글자로 쓸 것.

A(   )   B(   )

22~23. 다음 글을 읽고 물음에 답하시오.

A 人間でもそのりっぱさというものは、川と同じでないでしょうか。川
の長い流れが河口に行くように、人間も生涯の大部分を終えてある地
点へ来たとき、その人間の過ぎ来し方のあり様が、私などにどうも問
題になるようです。河口がいくらりっぱでも、そんなことにはたいし
て驚かされません。やはり、その人間がそこへ来るまでの長い人生の
①どうていが、その人を美しくも醜くも見せますね。私は少し偏屈か
もしれませんが、やはり人間というもののりっぱさを、そのように考
えたい気持ちですね。

B 私が、その人物は転任でなくて、定年で職をひいたのに違いないと
思ったのは、列車が駅を離れてしまって、その人物が窓から顔を引っ
込め、腰から手ぬぐいを出して、そこだけ日焼けしていない白い額の
汗をふき、そして、すぐは自分の席に腰をおろさず、しばらく茫然と
した面持ちで目を軽く閉じて立っているのを見た時です。

C 私が川が好きだというのも、川というものはどんな川でも、みな海へ
出ようとする一途さを持っているからでしょうか。人間でも川のよう
な一途な流れをその経歴に持っている人はりっぱですな。

D わたしはふとその時、その人物は泣くなとおもいました。と、はたし
て彼は鼻をすすり、小さくたたんだ日本手ぬぐいを目に当てました。
そして、彼は②網棚のカバンの位置を直し席に腰をおろすと、あとは

窓のほうへ顔を向けたまま、いつまでも物思いにふけっているかっこうでした。そして二度ほど手ぬぐいを目に持っていきました。

E 私はその時、その人物をりっぱだと思いました。いかなる人かまったく知りませんが、しかし、いかにも一生を鉄道にささげた人の、職場からの身のひき方はかくあろうと思われるような、そんな態度でした。③かいさつ係を何年もやり、小さい駅の助役になり、それから徐々に大きい駅へとかわっていった、そんなその人の過去が目に見えるようでした。自分の来し方を、見ず知らずの私に展望させるものを、その時のその人物は持っていたのです。けっして樹枝を大きく広げてはいないでしょう。しかし、ただ一本の流れとして、その人物の過去は名もない小さな谷川から、ともかく海へ出るまで、流れ続いてきているのです。

F 数年前のことですが、私は東海道線のある大きい駅で、一人の国鉄駅員が大勢の駅員たちに送られて汽車に乗り込んできたのを見たことがあります。

五十年配のみるからに律義な顔をした中肉中背の人物で、もちろん駅員の制服を身にまとっていました。私は初め、その駅員は転任するので皆に送られて新しい任地へ向かうのだと思っていました。鉄道の関係者が④総出で送っているところを見ると、駅長か助役か知らないが、とにかくある程度の地位についていた人物なのでしょう。見送り人たちの態度は、私に気がつくほど控えめで言葉少なでした。列車が動き出すと、駅のホームの他の場所でも、駅員たちがみな三人四人と整列し、帽子を取って短く刈り込んだ頭を窓から出しているその人物の方へ下げています。

22. 밑줄 친 단어 ①~④를 한자(漢字)는 히라가나로, 히라가나는 한자(漢字)로
　　바꿔 쓰시오. [2점]

① (　　　　　　　)　　　　　② (　　　　　　　　)
③ (　　　　　　　)　　　　　④ (　　　　　　　　)

23. 의미가 자연스럽게 통하도록 B~F를 순서대로 정렬하고, '川'와 '人間'에 대
　　해 공통된 'りっぱさ'를 요약하고 있는 한 단어를 찾아 쓰시오. [4점]
글의 순서 : A → (　　) → (　　) → (　　) → (　　) → (　　)
단 어 : (　　　　　　　)

24. 빈칸 ①~③에 들어갈 말을 일본어로 쓰시오. [3점]

　　4月29日の(　①　)の日に始まり、5月3日の憲法記念日、5日のこどもの
日、それに日曜日も含めると、この時期は休日が多い。普通この時期を
(　②　)と呼んで休暇を楽しむ人が多い。会社によっては従業員のために、
休暇にはさまれた週日を休業にしてしまうので、この週は動物園や遊園
地をはじめ行楽地は人でいっぱいになる。また、この時期に海外旅行に
行く人も多い。5月5日は、子供のすこやかな成長を祝い、幸福を願う日
である。武者人形や武具を飾ったり、屋外には(　③　)を揚げたりする。ま
た、柏餅やちまきを食べたり菖蒲湯に入ったりしてこの日を祝う。

---

① (　　　　　　　)
② (　　　　　　　)
③ (　　　　　　　)

25. 다음은 일본 역사와 관련이 있는 글이다. 빈칸 ①~③에 들어갈 말을 일본어

로 쓰시오. [3점]

A（　①　）改新は、645年中大兄皇子(後の天智天皇)を中心に中臣鎌足(後の
　藤原鎌足)などの革新的な朝廷豪族が蘇我家を滅ぼして開始した古代
　政治史上の大改革である。古代中央集権国家成立の出発点となった。

B日本の中世は、源頼朝が鎌倉幕府を開いた1192年あたりから、徳川家
　康が江戸幕府を開設した1603年頃までの時期である。日本の中世
　は、鎌倉時代、南北朝時代、室町時代、（　②　）時代と細分化される
　が、その中で（　②　）時代は織田信長・豊臣秀吉が政権を握っていた時
　代をいう。

C（　③　）は、明治前半期、藩閥専制政治に対抗して起こった政治運動で
　ある。1874年1月、板垣退助らの民撰議院設立建白書にはじまり、憲
　法発布と国会開設とともに衰退する。文学の方面では、この運動の
　ための政治的啓蒙や宣伝を目的とした政治小説が登場する。

① (　　　　) ② (　　　　) ③ (　　　　)

1. 다음은 일본어 학습지도안의 일부이다. 학습지도안에 제시된 대화 내용 중에 거절 표현을 하나 찾아 쓰고, 밑줄 친 ㉮, ㉯, ㉰에 알맞은 말을 쓰시오. [4점]

深化学習の教案例
日時: 2007. 00. 00   担当教師: 000

学習項目	学習内容	
可能表現	学習目標	日本語の動詞に「れる」や「られる」を付け、可能表現を作ることができる。学習者の発話を拾って、コミュニケーションを広げる。
文型の導入	区分	指導および学習活動

	区分	教師	学生
文型の導入	1グループの動詞	U-verb(1グループの動詞)は"-u"を"-eru"に変えます。	書くは「」「㉮」になります。
	2グループの動詞	RU-verb(2グループの動詞)は"-ru"を"-rareru"に変えます。	「開ける」は「けられる」になります。
	3グループの動詞	「する」は不規則動詞です。	「する」は「㉯」になります。
		「くる」も不規則動詞です。	「くる」は「こられる」になります。

	資料	くだもののたくさんある絵、写真
	留意事項	２グループの動詞の可能表現
文脈の 導入		くだものがたくさんある絵や写真を見せて 教師：さあ、今日はくだものがたくさんありますから、 　　　たくさん食べてください。 学生：ありがとうございます。(食べるふり) 教師：さ、もっと食べてください。 学生：はーい、(また食べるふり) 教師：さ、もっともっと食べてください。 学生：先生、もういいです。 教師：そうですか。もう＿＿ㄸ＿＿ませんか。私はもっと 　　　＿＿ㄸ＿＿ますよ。

● 거절 표현 : ＿＿＿＿＿＿＿＿＿＿＿＿＿＿＿＿＿＿＿＿＿＿＿

㉮ ＿＿＿＿＿＿＿＿＿＿＿＿＿＿＿＿＿＿＿＿＿＿＿＿＿＿＿

㉯ ＿＿＿＿＿＿＿＿＿＿＿＿＿＿＿＿＿＿＿＿＿＿＿＿＿＿＿

㉰ ＿＿＿＿＿＿＿＿＿＿＿＿＿＿＿＿＿＿＿＿＿＿＿＿＿＿＿

2. 다음은 제7차 일본어 교육과정의 '의사소통 기능 예시문'을 응용한 문(文)이
　다. 밑줄 친 ㉮~㉰에 대한 세부 기능내용을〈보기〉에서 찾아 쓰시오. [4점]

A：このプリンターちょっと借りていい。

B：㉮ <u>もちろんいいよ。</u>

A：どうしてこの手紙が返送されてきたんだろう。住所は正しいのに。

B：もう一度、㉯<u>郵便番号を調べてみてはいかがですか。</u>

A：㉡本当によくやってくれた。感心したよ。

B：ありがとうございます。

A：田中さん、今晩、1時間残業してもらえるかなあ。

B：喜んでやりたいんですが、㉣今晩はちょっと……。

㉮ _____   ㉯ _____

㉰ _____   ㉱ _____

3. 평가를 실시하는 목적과 시기에 따라 교육평가의 유형을 다음과 같이 3종류로
   나눌 수 있다. ( ) 안에 들어갈 평가 유형을 한자(漢字) 또는 히라가나로 쓰시
   오. [4점]

(総括)的評価

学習指導の終了後（学期末、学年末、卒業前など）に実施され、学習の
成果を測定するための評価である。指導計画の反省と改善のための資料
となる。

(㉮)的評価

学習指導の前に学習者がどの程度の学力をもち、どのような問題点をか
かえているかを、教師が知るためになされる評価である。この評価をも
とにして、指導計画や指導方法に変更が加えられる。

(㉯)的評価

学習指導の途中で、学習目標がどの程度達成され、どの部分が獲得され

ていないかを評価するものである。これは、教師および学習者への
フィードバック機能をもち、指導学習のための資料となる。

㉠_____　　㉡_____

4. 다음 중 A는 교수법, B는 학습방법에 관한 글이다. ㉠와 ㉡에 알맞은 말을 일
　본어로 써 넣으시오. [4점]

A. 18世紀後半になり、外国語教育のカリキュラムの中に、ラテン語だけ
　でなく、ドイツ語、英語、フランス語が取り入れられるようになっ
　た。しかし、17世紀のラテン語教育にその端を発する文法翻訳中心の
　教え方は、依然として外国語教授法の主流を占めていた。それが、
　(　　㉠　　)と呼ばれる教授法である。文法をマスターし、テキスト
　を母語に訳すことによってその意味を理解し、語彙を学習する方法
　で、読み書きの訓練が中心となる。
B. ハーバード大学のケッペルが1950年代後半に創始した協力教授組織。
　60年代に日本に導入された教授組織の新しい編成方式に、(　　㉡　　)が
　ある。数人でチームを作り、リーダーのベテラン教師を中心に、各教
　師がそれぞれの専門や特技を活用して、効率的な指導を行うことを目
　指す。

㉠_____　　㉡_____

5. 다음은 어떤 단어들이 결합될 때 연탁(連濁)현상이 나타나는가를 설명하기 위
　한 교수·학습자료이다. 그 중에서 연탁현상이 나타나는 카드 하나를 찾아 기
　호를 쓰고, 이러한 연탁현상이 나타나는 조건(상황)을 2줄 이내로 설명하시
　오. [4점]

(카드 A)	(카드 B)	(카드 C)
鼻 + 血 → 昔 + 話 →	新聞 + 広告 → 暖房 + 器具 →	ビデオ + カメラ → ビジネス + ホテル →

● 연탁현상이 나타나는 카드 : _____

● 조건(상황)설명 : _____
_____

6. 접미어 「~がる」는 감정형용사에 붙어 동사를 만드는 기능이 있다. 이 기능
을 학생들이 제대로 알고 있는지 평가하기 위한 사지선다형 문항을 만드시오.
[4점]

<질문> _____

　㉠ _____　　㉡ _____

　㉢ _____　　㉣ _____

7. 〈보기〉 중 한자(漢字)의 후리가나(振り仮名)가 잘못 표기된 4개를 골라서 바
르게 고쳐 쓰시오. [4점]

━━━━━━━━━━━ 〈보기〉 ━━━━━━━━━━━
雪崩(なだれ)	仲人(なこうど)	乳母(うば)	更迭(こうしつ)
最寄り(さより)	時雨(しごれ)	雑魚(ざこ)	紛糾(ふんきゅう)
匿名(どくめい)	乙女(おとめ)		

● _____ → _____
● _____ → _____
● _____ → _____
● _____ → _____

8. 일본어에 유입된 외래어 음소(音素) / t /는 모음(母音) [i] 앞에서 다음 ㉮, ㉯와 같은 이음(異音)으로 실현된다. 이음(異音) ㉮와 ㉯가 들어 있는 일본어 문자를 각각 가타카나로 표기하고, 그 문자가 들어 있는 단어를 1개씩만 쓰시오. (단, 단어는 사전에 등재된 것으로 제한한다.) [4점]

$$/ t / \rightarrow ㉮ [t\int]$$
$$㉯ [t]$$

	㉮	㉯
가타카나 표기		
해당되는 단어		

9. 다음 문(文)의 밑줄 친 부분을 한자(漢字)를 사용하여 변환시켜 다시 쓰시오. [2점]

『朝日新聞』に以前「ねえねえ、きいて」という小話欄があった。そこにかつて「とらずにとってよ」と題して、神奈川県の主婦の、次のような一口話の載ったことがあった。
わが家の玄関の飾り窓にハチが巣を作った。大騒ぎする私。「ハチの巣とって、とって」といったら、主人がカメラを持ってきた。

• 「とらずにとってよ」 → _____

10. ( )안에 제시된 상황을 참조하여, ㉮~㉰의 문(文)을 일본어로 옮기시오. [4점]

㉮ 이 케이크, 맛있을 것 같다.　　　　　　　　　(케이크를 직접 보면서)
㉯ 교토(京都)에 간다면, 신칸센이 편리합니다.　　(교통편 질문을 받고)
㉰ 아버지가 공항까지 데려다 주셨습니다.　　　　(선생님과의 대화)

> ㉥ 洗濯をしている間に、部屋には誰もいなかった。 (일기문)

㉥ 빨래를 하고 있는 동안에, 방에는 아무도 없었다. (일기문)

㉮ _____

㉯ _____

㉰ _____

㉱ _____

11. 다음 단어들의 축약형을 쓰시오. 단, 축약형이 한자(漢字)인 경우는 반드시 괄호 안에 후리가나(振り仮名)를 쓰시오. [3점]

> ㉮ デジタルカメラ   ㉯ アポイントメント   ㉰ 青森函館トンネル

㉮ _____   ㉯ _____   ㉰ _____(____)

12. 다음의 ㉮와 ㉯는 사장을 만나러 온 사람에게 비서(秘書)가 말할 수 있는 서로 다른 경어 표현이다. 비서는 ㉮와 ㉯에서 각각 누구에게 말하고 있는지 그 적절한 대화 상대를 쓰시오. [2점]

> ㉮ 秘書 : はい、社長はおります。少々お待ちください。
> ㉯ 秘書 : はい、社長はいらっしゃいます。少々お待ちください。

㉮ _____

㉯ _____

13. 'の'와 'こと'의 선택과 관련된 내용이다. 'の'를 넣어 적절한 문(文) 3개를 골라 그 기호를 쓰시오. [3점]

332

㉮ 僕は外国人同士が韓国語だけで話している(の/こと)を聞いたよ。

㉯ 先生は学校で学生たちが帰ってくる(の/こと)を待っていた。

㉰ 部長は取引先の担当者に会う(の/こと)を命じた。

㉱ 見る(の/こと)は信じることだ。

㉲ 彼が殺人を犯した(の/こと)が明らかになった。

㉳ 母親は子供がテレビをつける(の/こと)をとめた。

_____ _____ _____

14. 〈보기〉의 동사 중 계속동사와 순간동사를 3개씩 골라 쓰고, 계속동사와 순간
    동사의 차이를 각각의 동사에 붙는「ている」의 의미와 관련지어 2줄 이내로
    설명하시오. [4점]

┌─────────────── 〈보기〉 ───────────────┐
│ 見る ある すぐれる 決まる 要る 歩く 到着する 読む 似る 死ぬ │
└──────────────────────────────────────┘

㉮ 동사 분류

● 계속동사 : _____ _____ _____

● 순간동사 : _____ _____ _____

㉯ 비교 설명

_____

_____

15. 빈칸 ㉮~㉱에 가장 적절한 일본어 조사(助詞)를 쓰시오. [4점]

┌──┐
│ 忘れようとすればするほど人は忘れられなくなる動物である。   │
│ 忘れるのに本来努力なんていらないのだ。次から次に降りかかる日々の   │
│ 出来事なんて、気がついたら忘れてしまっているものがほとんど。忘れ   │
└──┘

てしまったこと(㉑)思い出さないのが普通。

ある時ふいに、そういえばあんなことがあった(㉯)って思い出すことがあっても、引きずったりしないから、記憶なんて大概儚いカゲロウの羽根のようなもので、太陽の熱にそのうち溶かされ、永遠に消え去ってしまう。

ところがあれから五年(㉰)の歳月が経っているという(㉱)、忘れさろうとすればするだけしっかりとあおいの思い出は記憶されてしまい、ふとした瞬間、たとえば横断歩道を渡っている一瞬や、仕事に遅れそうで走っている最中、酷いときは芽実めみと見つめあっている時なんかに、亡霊のようにすっと現れ出てきてぼくを戸惑わす。

『冷静と情熱のあいだ』(辻 仁成)より

㉑ _____ ㉯ _____ ㉰ _____ ㉱ _____

16. 다음 내용의 작품이 무엇인지 작품명과 작자를 한자(漢字) 또는 히라가나로 쓰고, 두 작품에 전편(全篇)을 통해 흐르는 공통된 주제가 무엇인지를 1줄 이내로 쓰시오. [4점]

㉑ 建暦2年成立。初め武士。23歳で出家して、旅を愛し、自然に親しんだ作者が佛教の立場で書いた鎌倉初期の随筆。前半は當時の世の中の混亂や自然界の異變を書き、後半は自分のせまい家に住んでからの生活を書いた。

㉯ 1331年頃成立。種々の感想や見聞などを書いた随筆。人事や自然にたいする作者の深い考えが味わいのある文章で述べてある。随想風に長短243段が書きつづられている。王朝趣味・有職故実への関心が強く、貴族文化への尚古的態度が見られる。

㉠ 작품명 : _____   작자명 : _____

㉡ 작품명 : _____   작자명 : _____

● 공통 주제 : _____

17. 다음은 일본의 문학이념(文學理念)을 설명한 것이다. ㉠~㉣에서 설명하는
    문학이념이 무엇인지 〈보기〉에서 골라 쓰시오. [4점]

㉠ 艶美な情趣を心に深くこらすこと。また、それによってかもし出される美しさ。

㉡ ものごとを客観的・理智的に賞美するよう、そこに知性や批評意識がはたらくため、情感や滑稽さの方向にひろがっていく傾向がある。

㉢ この世のものとは思えないような華やかな美しさ。

㉣ 平安時代の文学精神を表す。主観的・感情的に感動する様である。物語の本質論。文學の自律を説いた批評意識の先驅として注目される。

〈보기〉

妖艶   有心   をかし   幽玄   ますらをぶり   もののあはれ

㉠ _____   ㉡ _____

㉢ _____   ㉣ _____

18. 다음은 일본의 현대문학에 대한 글이다. ( ) 안에 알맞은 작가(作家)를 한자
    (漢字) 또는 히라가나로 쓰시오. [4점]

『ノルウェイの森』がベストセラーになった(㉠)は、長篇『ねじまき鳥クロニクル』、阪神・淡路大震災をモチーフにした連作短篇『神の子どもたちはみな踊る』を發表。小説以外でも『アンダーグラウン

ド』『約束された場所で』など、インタビューという手法を選んで現代社會に生きる人の心を描き出す。(　㉓　)も『ヒュウガ・ウイルス』『ラブ＆ポップ』『希望の國のエクソダス』と現在の問題を直視した作品を次々に發表。

　『キッチン』『TUGUMI』で若い讀者の心をつかんだ(　㉓　)は、短篇集『とかげ』『体は全部知っている』を、山田詠美も『放課後のトラッシュ』『僕は勉強ができない』などを書いた。ノーベル文學賞を受賞した(　㉓　)は、三部作『燃えあがる緑の木』を「最後の作品」とすると發言したが、『宙返り』で復歸した。音符』や『

㉓ _____　　㉓ _____

㉓ _____　　㉓ _____

19. 다음은 일본의 전통예능(傳統藝能)에 대한 설명이다. ㉓, ㉓에서 설명하는 전통예능이 무엇인지를 한자(漢字)로 쓰시오. [2점]

㉓ 豪華な装束を身につけ、謠・囃子につれて演じ舞う歌舞劇。登場人物は、シテ・ワキ・ツレ・トモという役割を擔って演じる。興行は原則五番立てで行われ、最初に脇能・二番目物・三番目物・四番目物・五番目物の順に演じられていく。しかし、最近は五番立てにこだわらず、番組数を減らして上演されることが多い。

㉓ 喜劇的色合いのつよいせりふ劇で、室町時代に芸能楽が大成するのと時を同じくして、猿樂から独立した。本来はある劇の幕間に演じられた寸劇で、会話のなかに寫實的な物まね口調の演技を取り入れ、その時代の会話體を主体とし、おかしさを持たせた舞台芸能である。

㉓ _____　　㉓ _____

20. 일본의 국토는 일반적으로 홋카이도(北海道), 혼슈(本州), 시코쿠(四國), 큐슈(九州)의 4개 지역으로 나뉘며, 이들 지역은 다시 8개 지방으로 나뉜다. 다음의 지도에서 ㉮, ㉯의 지방명과 그 지방에서 가장 대표적인 도시를 한자(漢字)로 쓰시오. [4점]

㉮ 지방명 : ＿＿＿＿＿＿＿＿＿＿＿＿＿＿　대표 도시명 : ＿＿＿＿＿＿＿＿＿＿＿＿＿＿
㉯ 지방명 : ＿＿＿＿＿＿＿＿＿＿＿＿＿＿　대표 도시명 : ＿＿＿＿＿＿＿＿＿＿＿＿＿＿

21. 다음은 근대소설(近代小説), 근대시(近代詩), 단가(短歌) 작품의 일부분이다. 작품명과 작가(作家)를 한자(漢字) 또는 가나(仮名)로 쓰시오. [4점]

㉮雨ニモマケズ
  風ニモマケズ
  雪ニモ夏ノ暑サニモマケヌ
  丈夫ナカラダヲモチ
  欲ハナク
  決シテイカラズ

イツモシズカニワラッテヰル

㉔　私はもう私が分からなくなつて来た。私はただ近づいて来る機械の
　鋭い先尖がじりじり私を狙つてゐるのを感じるだけだ。誰かもう私
　に代つて私を審いてくれ。私が何をして来たかそんなことを私に聞
　いたつて私の知つてるよう筈がないのだから。

㉕「この味がいいね」と君が言ったから
　七月六日はサラダ記念日
　「嫁さんになれよ」だなんてカンチューハイ
　二本で言ってしまっていいの
　空の青梅のあおさのその間
　サーフボードの君を見つめる
　向きあいて無言の我ら砂浜に
　せんこう花火ぽとりと落ちぬ

㉖　あんなに唐突に生れた想念であつたとはいへ、金閣を焼くといふ考
　えは、仕立卸しの洋服か何ぞのやうに、つくづくぴつたりと私の身
　についた。生れたときから、私はそれを志してゐたかのやうだつ
　た。少なくとも父に伴はれてはじめて金閣を見た日から、この考へ
　は私の身内に育ち、開花を待つてゐたかのやうだつた。

㉓ 작품명 : _____ 　 작가명 : _____

㉔ 작품명 : _____ 　 작가명 : _____

㉕ 작품명 : _____ 　 작가명 : _____

㉖ 작품명 : _____ 　 작가명 : _____

22. 의미가 자연스럽게 통하도록 B·G를 순서에 맞게 정렬하시오. [4점]

A. 今日悲三年生同級生トットちゃんはしかったもうトットちゃんはに
なっていての。。。。。泰たいちゃんを、とても好きだと思ってい
た。頭がよくて、物理ができた。英語を勉強していて、最初に「キ
ツネ」という英語を教えてくれたのも、泰ちゃんだった。

B. それだけいうと、泰ちゃんは、下をむいたまま、歩いて行ってしまっ
た。トットちゃんは、ポカンとして、その泰ちゃんの頭が……脳味
噌が、いっぱいつまっている、自分の尊敬している頭、仮分数、と
いう仇名の頭が……見えなくなるまで見ていた。

C. 「そりゃ、そうよ。だって、トットちゃん、今日、おすもうの時間に
泰ちゃんのこと、投げとばしたじゃないの。泰ちゃんは、頭が重い
から、ずーっと、土俵の外に、すっとんだんだもの。そりゃ、怒る
わよ」

D. 「トットちゃん、キツネは、フォックスだよ。」
(フォックスかあ……)
その日、トットちゃんは、一日、"フォックス"という響きに、ひたっ
たくらいだった。だから、毎朝、電車の教室に行くと、最初にする
事は、泰ちゃんの筆箱の中の鉛筆を、全部ナイフで、きれいに、け
ずってあげる事だった。自分の鉛筆ときたら、歯でむしりとって、
使っているというのに。

E. トットちゃんは、ポケットに手をつっこんだまま考えた。思いあたる
事は、ないように思えた。仕方なく、トットちゃんは、同級生のミ
ヨちゃんに相談した。ミヨちゃんは、トットちゃんの話を聞くと、
大人っぽい口調で、こういった。

F. トットちゃんは、心の底から後悔した。(そうだった)、毎日、鉛筆を
けずってあげるくらい好きな人を、なんで、おすもうの時間に、

すっかり忘れて、投げとばしちゃったんだろう……。でも、もう遅かった。トットちゃんが、泰ちゃんのお嫁さんになれない事は、決まってしまった。(でも、明日から、やっぱり、鉛筆は、けずってあげよう) だって、好きなんだもの。

G. ところが、今日、その泰ちゃんが、トットちゃんを呼びとめた。そのとき、トットちゃんは、昼休みなので、プラプラと講堂の裏の、例のトイレの汲み取り口のあたりを散歩してたんだけど、「トットちゃん!」という泰ちゃんの声が、怒ってるみたいなので、びっくりして立ち止まった。泰ちゃんは、一息つくと、いった。「大きくなって、君がどんなに頼んでも、僕のお嫁さんには、してあげないからね!」

『窓ぎわのトットちゃん』(黒柳徹子)より

● 글의 순서 : (A) → ( ) → ( ) → ( ) → ( ) → ( ) → ( )

1. 제 7차 교육과정 (일본어1)의 '내용, 교수·학습방법'에 대한 설명으로 가장 알맞은 것은?

① 「聞く」では、多様な内容の言葉を聞き、展開方式や原因・結論などを理解する。

② 「話す」では、対話の戦略を知り、それを積極的に活用する。

③ 「話す」では、日常生活に必要な電話の対応を流暢にこなせる。

④ 「読む」では、仮名と漢字で書いてある簡単な語句や文を朗読する。

⑤ 「書く」では、時事問題について自分の考えを論理的に展開しながら記述する。

2. 다음은 교사가 실용회화를 중심으로 만든 교재의 일부이다. 이와 같은 교재를 만들 때 유의해야 할 점이 아닌 것은?

第5課 郵便局で

田中：すみません。この小包を速達でお願いします。

局員：はい、わかりました。ちょっと重いですね。中身は何ですか。

田中：はい、本です。

局員：そうですか。それじゃ、円になります。

田中：あ、それと円の切手を枚ください。

局員：それでは、合わせて円になります。

田中：はい、これで。

局員：はい、ちょうどいただきます。ありがとうございました。

---

① リスニングのCDは、臨場感が出るように作る。

② 学習者が接する可能性の高い場面を設定して作る。

③ 会話の練習は、ロール・プレイができるように作る。

④ 会話の内容は、主にタスク・シラバスを利用して作る。

⑤ 語彙は、実用性を考慮し、使用頻度の高いものを選んで作る。

3. 교사가 다음 대화 내용으로 듣기 지도를 하려고 한다. 듣기 연습 시작 전의 유
   의사항으로 교사가 가장 강조해야 할 것은?

佐々木：すみません。

通行人：はい、何でしょうか。

佐々木：この近くにコンビニはありませんか。

通行人：コンビニですか。

佐々木：はい。

通行人：あそこに白い建物がありますね。

　　　　そこを右に曲がって少し行くと、大きい道路に出ます。

　　　　その道路を渡るとすぐです。

佐々木：どのくらいかかるでしょうか。

通行人：そうですね。

　　　　だいたい分ぐらいじゃないでしょうか。

佐々木：はい、どうもありがとうございました。

① とりわけ発音を正確に聞き取ること。

② 対話全体のあらすじを把握すること。

③ 登場人物の発話の意図を正確に把握すること。

④ メモをとりながら、対話の情報を正確につかむこと。

⑤ 聞き取れなかったところは前後の関係から判断すること。

4. 회화 수업에서 학습자의 오용이 발견 되었다. 교사는 이 오용을 〈보기1〉의 방법으로 수정하지 않고, 〈보기2〉의 방법으로 수정하였다. 〈보기2〉와 같은 지도방법의 명칭으로 알맞은 것은?

<보기1>	<보기2>
教師：あした何をしますか。 学習者：図書館に勉強します。 教師：図書館にではなく、図書館でのほうが正しいですよ。	教師：あした何をしますか。 学習者：図書館に勉強します。 教師：ああ、図書館で勉強するんですね。

① 自己修正　　　　　② 過度修正　　　　　③ 明示指導
④ スキーマ　　　　　⑤ リキャスト

5. 민수는 책을 읽으면서 아래와 같은 과정을 통하여 내용을 이해했다. 이러한 독해 과정의 명칭으로 알맞은 것은?

> <책내용>
> 今日は子どもの日でした。学校は休みなので、友だちと遊びに行きました。

　ミンスは、子ども学校休みます遊びます行きますなどの言葉は習って知っているが、休みなのでや遊びに行きましたなどは、まだ習っていない。それで、知っている言葉や常識などをふまえて、「어린이 날이다. 어린이날은 공휴일이다. 그러므로 학교에 가지 않을 것이다. 그래서 친구와 놀러간다.」という意味だと推測した。それから、わからない言葉は参考書などで確認した。つまり、ミンスは自分の知識や経験などを生かして語や文の意味を予2測し、検証していったのである。

① シミュレーション　　② フォリナートーク　　③ トップダウンモデル
④ ボトムアップモデル　　⑤ インターアクションモデル

6. 예비교사A는 주간 2시간 씩 1년간 일본어 수업을 들은 고등학생을 대상으로
   독해력을 측정하기 위해 아래와 같은 평가문항을 제작하였다. 이 문항을 이용
   한 테스트의 문제점에 대한 지적으로 가장 적절한 것은?

<예비교사 A가 제작한 문항>

아래의 글을 읽고 'ここ'가 가르키는 곳을 고르시오.

　ここには、二つの大きな橋があります。一つは明石に行く橋です。
そして、もう一つは鳴門に行く橋です。全国からたくさんの人がこ
れらの橋を見に来ます。

㉠ 福島　　　　　㉡ 淡路島　　　　　㉢ 新潟　　　　　㉣ 鹿児島

---

① 正解率が高すぎる。　　　　　② 簡単には実施できない。
③ 評価目標が達成しにくい。　　　④ 問題の採点が容易でない。
⑤ 使われている文型が難しい。

7. 다음 일기에 보이는 오용에 대한 지적으로 가장 알맞은 것은?

11月9日 日曜日 晴れ

きのうは友だちと箱根へ行きました。
電車で二時間ぐらいかかりました。
船を乗ったり、温泉に入ったりしました。
本当に楽しい一日でした。

---

① 揺れ　　　② 干渉　　　③ 脱落　　　④ 簡略化　　　⑤ 正の転移

8. 〈보기1〉은 학습자 자신의 상황에 대한 설명이고, 〈보기2〉는 실러버스에 대한 설명이다. 가장 바르게 짝지어진 것은?

<보기1>

(가) 私は現在二十歳です。これまで日本語の学習経験はありません。日本語を初歩から学び、二年後には日本の大学を受験したいと思っています。いますぐ使える表現だけを学ぶよりは、基本文型や語彙などを一通り学習しておきたいのです。こんな私に適したシラバスは何でしょうか。

(나) 私は現在会社員です。日本語はこれまで何年も勉強していますが、なかなか上達しません。三ヶ月後に商談のため日本に出張の予定ですが、日本語のことが心配です。商談の際に役立つ日本語を身につけたいと思います。こんな私に適したシラバスは何でしょうか。

<보기2>

ㄱ. ある程度学習が進まないと、コミュニケーションの場で流暢に話せない。

ㄴ. どのような話題がとりあげられるかという観点からのシラバスである。

ㄷ. 特定の場面で必要な言語表現を学習するには向いているが、他の場面への応用力がつきにくい場合もある。

ㄹ. その言葉をどういう目的で使うかという観点から作ったシラバスである。

	(가)	(나)
①	ㄱ	ㄴ
②	ㄱ	ㄷ
③	ㄴ	ㄷ

④ ㄴ   ㄹ

⑤ ㄹ   ㄱ

9. 교사는 일본어 학습자의 한자섞어쓰기 표기를 아래와 같이 수정하였다. 수정
   이 적절하지 않은 것은?

   〔학습자의 표기〕   〔교사의 수정〕

① 薬が利く   薬が効く

② 解決を計る   解決を図る

③ 聞に乗せる   新聞に載せる

④ 学力が延びる   学力が伸びる

⑤ 成功を治める   成功を納める

10. 다음은 학습자의 일본어 표현이다. 이에 대한 교사의 지적으로 가장 적절한
    것은?

(가) このツルは、先生が作ったのですか。一ついただいてもよろしいで
    すか。

(나) 私は初めの場所では、その場の雰囲気になかなかなじみにくいんです。

(다) 五時間も並んだんだ。チケットが手に入らなかったではおかないぞ。

(라) わたしはあいにく存じませんので、その先の交番でお尋ねしてくだ
    さい。

(마) この地方は一年中にわたって穏やかな気候だ。

---

① (가)のよろしいが間違っているから他の語に変えた方がいい。

② (나)のなかなかが間違っているから他の語に変えた方がいい。

③ (다)のおかないが間違っているから他の語に変えた方がいい。

④ (라)の「ので」が間違っているから他の語に変えた方がいい。

⑤ (마)の「穏やかな」が間違っているから他の語に変えた方がいい。

11. 일본어 학습교실활동과 그 방법에 대한 설명으로 옳지 않은 것은?
① 読解の授業におけるスキャニング練習新聞記事の大意を把握するように
　練習させる。
② 定着段階で、正確に話すための完成ドリルいくつかの単語を提示し、そ
　れを使って文を作らせる。
③ 総合的な教室活動のためのシミュレーション疑似場面を設定し、ある課
　題を遂行させる。
④ 現場指示のコソアドを学習するためのペア・ワーク学習者の持ち物の名
　称をお互いに質問させる。
⑤ 存在表現を学習するためのインフォメーション・ギャップ練習人や物の
　数など、内容の異なる絵カードを用いて練習させる。

12. 교재·교구에 관한 설명으로 옳은 것은?
① 文字カードは、文字や語彙の教育には効果的であるが、文型練習には利
　用できない。
② ビデオ教材は、言語教材としては有効に利用できるが、非言語行動の理
　解をするには適していない。
③ 初級クラスでテレビのニュース番組を、聞き取りの教材として利用する
　場合、スキミングの練習になる。
④ モジュール教材は、各単元ごとに完結しているので、学習者のニーズや
　レディネスなどに応じて利用できる。
⑤ 教材を利用する場合、学習者は自分の学習履歴をチェックすることはで
　きるが、自分のペースで学習することは難しい。

13. 다음 설명 중 적절하지 않은 것은?

① 「荷物」は、湯桶読みの例である。

② 「てくてく」は、人の歩き方を表すオノマトペである。

③ 「手前みそ」は、自画自賛の意味を表す慣用句である。

④ 「先祖」は、撥音に軟口蓋音が後続した場合の例である。

⑤ 「書きゃ」は、文脈により、二つの意味に解釈できる縮約形の例である。

14. ⟨보기⟩에서 경어의 용법이 같은 것끼리 모은 것은?

```
ㄱ. 先生、どこに行かれますか。
ㄴ. この頃、お忙しいでしょうか。
ㄷ. ちょっとお茶でも飲みましょう。
ㄹ. これから父のところへ参ります。
ㅁ. この商品は無料でお届けします。
ㅂ. どうぞ、おかけになってください。
ㅅ. 藤田さんは何時頃いらっしゃいましたか。
ㅇ. 暑いので、上着を脱がせていただきます。
```

① ㄱ ㄴ ㄹ ㅂ

② ㄱ ㄴ ㅂ ㅅ

③ ㄴ ㄷ ㅁ ㅇ

④ ㄴ ㄹ ㅁ ㅇ

⑤ ㄴ ㄹ ㅂ ㅅ

15. (가), (나)의 복합어와 같은 결합 관계로 짝지어진 것은? [1.5]

(가) 日暮れ　雪解け　値上がり　　　(나) 砂遊び　石焼き　体当たり

	(가)	(나)
①	水遊び	手書き
②	白髪まじり	手作り
③	川くだり	里帰り
④	雨宿り	金持ち
⑤	肌ざわり	島育ち

16. 일본어 표현에 대한 설명으로 바르지 않은 것은?

① 「柔らかい体を作る」の「柔らかい」は、「柔らかな」の形でも使われる。

② 「その本はもう読みました」の「その本」は主題を表し、主語にはならない。

③ 「動く」と「動かす」は自・他の対立をなしているが、体を動くとも言える。

④ 「留学しても、どうか頑張ってください」に使われている副詞は、文末の表現と呼応する。

⑤ 「寒いところで、一時間も待たされた」の述部には、使役と受身が同時に使われている。

17. (가), (나), (다), (라)에 들어갈 말로 가장 적절한 것은?

• (가)彼が怪しく思えてしかたがない。 • まったくあいつは(나)ならない奴だな。 • 一生懸命走って列車に(다)間に合った。 • (라)雨はあがったらしい。

	(가)	(나)	(다)	(라)
①	どうも	どうにか	どうやら	どうにも
②	どうやら	どうも	どうにか	どうにも
③	どうも	どうにも	どうにか	どうやら
④	どうやら	どうにか	どうにも	どうも
⑤	どうにか	どうにも	どうやら	どうも

18. 현대 일본어의 공통어에 대한 설명으로 옳지 않은 것은?

① 「さ」の子音と「し」の子音は、調音法が異なる。

② 有声子音の前で、「母音の無声化」は起らない。

③ 「イントネーション」は、文の表す意味にかかわる。

④ 第二拍が低で第一拍と第三拍が高の「三拍語」はない。

⑤ 「拍」は等時性を持ち、拗音を除いては、仮名一字に相当する。

19. 〈보기1〉의 예와 〈보기2〉의 현상이 바르게 짝지어진 것은?

<보기1>	<보기2>
(가) 恋	ㄱ. 連濁
(나) 因縁	ㄴ. 連声
(다) 平仮名	ㄷ. 音便
(라) おはようございます	ㄹ. ハ行転呼音

	(가)	(나)	(다)	(라)
①	ㄴ	ㄱ	ㄷ	ㄹ
②	ㄴ	ㄹ	ㄱ	ㄷ
③	ㄷ	ㄴ	ㄹ	ㄱ
④	ㄹ	ㄱ	ㄷ	ㄴ
⑤	ㄹ	ㄴ	ㄱ	ㄷ

20. 각 시대별 일본 문학의 특징에 대한 설명으로 옳지 않은 것은? [2.5점]

① 上代には、中国文化の影響を直接に反映した漢詩文が作られ、それらは懐風藻の中にまとめられた。

② 中古には、都と地方との行き来が盛んになり、海道記東関紀行など旅を素材とした紀行文学もつづられるようになった。

③ 中世には、建礼門院右京大夫集やとはずがたりのように、宮廷を舞台とした女房日記もつづられ、平安時代の物語を模倣した擬古物語も多く作られた。

④ 近世には、印刷術の発達によって、大量の版本が供給されるようになり、写本の時代では一部特権層の専有物であった文学が、庶民中心のものになった。

⑤ 近代には、自由民権運動の担い手たちが自ら筆を執った政治小説の流行を通して、文学に知識人の仕事としての価値が認められるようになった。

21. ( )에 공통으로 들어갈 말로 알맞은 것은?

> 「( )」なる語は上代には見えない。年代の確定できる最古例は古今集の仮名序である。
>
> 　今の世の中、色につき、人の心、花になりにけるより、あだなる歌、はかなき言のみいでくれば、( )の家に埋もれ木の、人知れぬこととなりて、まめなる所には、花薄ほに出すべきことにもあらずなりにたり。その初めを思へば、かかるべくなむあらぬ。
>
> 　ここには、いわゆる国風暗黒時代の和歌のあり方との家と( )の関係、その両者に対する批判意識などが、やや図式的に示されている。
>
> 　紀貫之は、和歌が公的な場に用いられなかったのを不振の時代としてとらえていた。漢詩文に比肩しうる晴れの場に和歌を引き出すことを念願とし、律令官人として、和歌を媒介とした君臣和楽の世界を築

くことを理想としていた貫之にとって、それを妨げるものは悪むべきことであった。まめなる所ではにできないような形で和歌を私する(　)の家は、第一に批判されるべき存在だったのである。(中略)

しかし、物語の世界になると、は盛んに活躍する。物語の出でき始めの祖といわれる竹取物語でも、求婚者として最後に残ったのは(　)といはるるかぎり五人の貴公子たちであった。

①みやび　　②をかし　　③ゆうげん　　④もののあはれ　　⑤いろごのみ

22. 다음 글과 관련된 문예사조의 특징으로 옳지 않은 것은?

小説の主脳は人情なり。世態風俗これに次ぐ。人情とはいかなるものをいふや。曰く、人情とは人間の情欲にて、所謂百八煩悩是れなり。中略此人情の奥を穿ちて、賢人、君子はさらなり、老若男女、善悪正邪の心の中の内幕をば洩す所なく描きいだして周密精到、人情を灼然として見えしむるを我が小説家の務めとはするなり。よしや人情を写せばとて、其皮相のみを写したるものは、未だ之れを真の小説とはいふべからず。其骨髄を穿つに及び、はじめて小説の小説たるを見るなり。

① 個性や自我の解放を感性の方面に求めた文学傾向である。
② 主観を交えずに、現実をありのままに描写する立場である。
③ 政治小説が可能性として内包していた文学の思想性を排斥する。
④ 従来の戯作文学に対抗して提唱されたため、理論的に不十分な面がある。
⑤ 旧文学の持つ功利性を脱し、西欧近代の実情に照らした新文学を創始しようとする動きである。

23. (가), (나), (다)에 들어갈 말을 바르게 나열한 것은? [1.5점]

明治末期から大正にかけて、文壇の自然主義に刺激を受けた詩壇では、口語自由詩の試みがなされるようになり、口語を用いることで詩の素材を拡大し、さまざまな個性ある表現を生み出すようになった。この時期には、理想主義の詩人や、芸術至上主義的立場にたつ、象徴詩の流れをくむ人たちがいる。（　가　）は大正三年に処女詩集道程でその結晶をみせ、（　나　）は大正六年に月に吠えるを発表し、近代詩を達成したのである。また、大正十四年には、長い洋行から帰った（　다　）が、訳詩集月下の一群を出版し、後の詩人たちに大きな影響を与えた。

	(가)	(나)	(다)
①	高村光太郎	萩原朔太郎	堀口大学
②	萩原朔太郎	堀口大学	石川啄木
③	上田敏	萩原朔太郎	高村光太郎
④	石川啄木	高村光太郎	上田敏
⑤	上田敏	石川啄木	堀口大学

24. 밑줄 친 말의 쓰임이 옳지 않은 것은?

① 冷めないうちに食べましょう。

② 晴れているうちに洗濯物を干す。

③ 若いうちにいろいろな国を旅行する。

④ お風呂に入っているうちに宅配便が来た。

⑤ これは朝のうちにやってしまわなければならない。

25. (가)~(마)의 밑줄 친 「タ」에 대한 설명으로 가장 옳은 것은?

(가) 旅行に行っ<u>た</u>学生たちが帰って来る。

(나) 帽子をかぶっ<u>た</u>人が手を振っている。

(다) そうか、今日は博物館の休館日だっ<u>た</u>。

(라) 漱石は優れ<u>た</u>文学作品を数多く残した。

(마) ぼくが言うより君が直接言っ<u>た</u>ほうがいい。

---

① (가)と(나)は、過去の意味を表へす。

② (가)と(다)は、状態の意味を表シす。

③ (나)と(라)は、「テイル」形でも使える。

④ (다)と(마)は、過去の意味ではない。

⑤ (라)と(마)は、「ル」形でも使える。

26. (가)~(마)의 조건표현에 대한 설명으로 적절하지 않은 것은? [2.5]

(가) この地域は月になると、雪が降ります。

(나) 国境の長いトンネルを抜けると、そこは雪国だった。

(다) あと円あれば、この財布が買えるのに。

(라) 適当なものがあったら、買ってきてください。

(마) 飲んだら、乗るな。乗るなら、飲むな。

---

① (가)は、一般に前件が成立すれば後件も成立する事柄を表す。この例では、「ナラ」は使えない。

② (나) は、前件と後件がすでに実現された事柄を表す。この例では、「タラ」も使える。

③ (다)は、現実とは異なる事柄を仮定する条件文である。この例では、「タ

ラ」も使える。

④ (라)は、確定条件の用法で、個別的・一回的な事柄を表す。この例で
は、「バ」も使える。

⑤ (마)のナラは、前件と後件の時間的な関係がタラとは逆である。この例
では、「ト」は使えない。

27. 〈보기〉에서 밑줄 친 「テ」의 용법이 같은 것끼리 모은 것은? [1.5]

〈보기〉

ㄱ. 昨日は早めに帰<u>って</u>宿題をした。 ㄴ. 自転車に乗<u>って</u>会社まで行く。

ㄷ. デパートに行<u>って</u>買い物をした。 ㄹ. 熱を出<u>して</u>学校を休んだ。

ㅁ. 彼らは両手を組ん<u>で</u>立っていた。

---

① ㄱ, ㄷ   ② ㄱ, ㄹ   ③ ㄴ, ㄹ   ④ ㄴ, ㅁ   ⑤ ㄷ, ㅁ

28. 주어진 상황에 적합한 일본어 표현으로 가장 자연스러운 것은?

① 会社の同僚が家まで迎えに来た場合 :「わざわざ家まで来てもらってあ
りがとう」

② 窓の近くにいる人に窓を開けるよう依頼する場合 :「すみません、窓を
開けていただきませんか」

③ 部長に早退の許可をとる場合 :「部長、今日は用事があるんですから早
く帰ります」

④ 観光客に日程を説明する場合 :「それでは、今日のスケジュールをご紹
介してさしあげます」

⑤ 取引先からの電話を受けた場合 :「社長はただ今、席を外しております
が、どんなご用でしょうか」

29. (가), (나), (다), (라)에 들어갈 말로 가장 적절한 것은?

ジニ：拓也さんから借りてたマンガ、ようやく読み終えたよ。

拓也：えっ、もう読んだのか。

ジニ：まあね。そのかわり、夕べ(가)。

拓也：そんなにムリすることないのに。

ジニ：でも、拓也さんに(나)。

　　　実はさ、表紙をちょっと(다)。

拓也：いいよ、そのくらい。っていうか、

それ、ジニにプレゼントするよ。

ジニ：え？いいの？

拓也：いいに(라)。

　　　オレとかこの学校のこととか、忘れんなよな。

ジニ：うん、ありがとう。

	(가)	(나)	(다)	(라)
①	徹夜するじゃん	謝っちゃった	汚れちゃった	決まったじゃん
②	徹夜しちゃった	謝ってるじゃん	汚れるじゃん	決まってるじゃん
③	徹夜しなきゃ	謝んなきゃ	汚しちゃった	決まっちゃった
④	徹夜したじゃん	謝っちゃった	汚れるじゃん	決まったじゃん
⑤	徹夜しちゃった	謝んなきゃ	汚しちゃった	決まってるじゃん

30. 다음 밑줄 친 부분과 용법이 같은 것은?

彼、プレッシャーを感じてたん<u>じゃない</u>かな。

---

① あら、山田さん<u>じゃない</u>ですか。

② あの人、今日お休み<u>じゃない</u>の。

③ 何をするんだ。あぶない<u>じゃないか</u>。

④ ケンカかと思ったらプロレス<u>じゃないか</u>。

⑤ あそこに赤い建物が見える<u>じゃない</u>ですか。

31. (가), (나)의 우리말을 일본어로 표현한 것 중 가장 옳은 것은?

> (가) 이렇게 많은 물건은 이 상자에 들어갈 수가 없다.
> ㄱ.これだけ多い品物はこの箱にははいれない。
> ㄴ.これだけ多くの品物はこの箱にははいらない。
> ㄷ.これだけ多い品物はこの箱にははいらない。
> ㄹ.これだけ多くの品物はこの箱にははいれない。
>
> (나) 야마다 군은 건강하지 않다고 한다.
> ㅁ.山田君は元気ではなさそうだ。
> ㅂ.山田君は元気だそうではない。
> ㅅ.山田君は元気だとは聞いていない。
> ㅇ.山田君は元気でないと聞く。

	(가)	(나)
①	ㄱ	ㅇ
②	ㄴ	ㅅ
③	ㄴ	ㅇ
④	ㄷ	ㅂ
⑤	ㄹ	ㅁ

32. (가), (나)의 밑줄 친 부분에 대한 설명 중 가장 적절한 것은?

(가) <u>おっしゃることはごもっともだと思わないわけではないのでございまして、ええ。</u>

ㄱ. 相手の意見にまったく同意する。

ㄴ. 相手の意見に同意しかねる。

ㄷ. 相手の意見にまったく同意しない。

(나) <u>日本の経済は不況から立ち直っていなくもないのではないかと思われる。</u>

ㄹ. 日本tの経済は立ち直る見込みがない。

ㅁ. 日本の経済はある程度立ち直っている。

ㅂ. 日本3の経済はまったく立ち直っていない。

　　　　(가)　　　(나)

① 　ㄱ　　　　ㄹ

② 　ㄱ　　　　ㅁ

③ 　ㄴ　　　　ㄹ

④ 　ㄴ　　　　ㅁ

⑤ 　ㄷ　　　　ㅂ

33. 다음 글의 제목으로 가장 적절한 것은?

　アカデミー賞の授賞式は、過去に幾つもの印象的なスピーチを生んできた。それに、もうひとつが加わった。もう一度封筒を確認してくれるかな1981年以来回目のノミネートで初の監督賞を受けた、マーティン・スコセッシ監督の念押しのジョークだ。生まれ育ったニュー

ヨークを舞台にしたタクシードライバーなどで名匠とうたわれてきた
が、アカデミー賞では無冠だった。

　友人で、授賞式ではプレゼンターとなったスティーブン・スピルバー
グ氏が述べている。僕の映画が囁きならば、マーティの映画は叫びだ。

　確かに、タクシードライバーなどで描かれた暴力の場面はすさまじ
く、それは叫びの世界と呼べるだろう。しかし、見終わって感じるの
は、単なる後味の悪さなどではない。主人公たちの振るう暴力の源
は、個々人を超えた普遍的な所にあるように見える。暴力は、いわば
時代の叫びであり、それは見る側の耳に残ってしまう。そういう意味
では、危険な監督でもある。

　監督は以前、アカデミーはある程度ハリウッドの黄金時代の価値観
に忠実な組織だが、自分の映画はそれとは正反対のものを描いている
ようだと述べたという。そして、私は賞を取るよりはむしろ自分の好
きに映画を作るほうを選ぶとも語った。

　アカデミー賞での、無冠の時代は終わった。

　しかし、時代の叫びを描く仕事に、エンドマークは出そうもない。

-天声人語-

① 時代の叫びを描く映画
② 囁きの映画と叫びの映画
③ スピルバーグ監督とスコセッシ監督
④ 映画タクシードライバーの暴力性
⑤ アカデミー賞とハリウッドの"黄金時代"

34. (가)~(마)를 글의 흐름상 가장 자연스러운 순서로 배열한 것은? [2.5]

(가) わたくしはしばらくその老人の、高いのどぼとけのぎくぎく動くのを、見るともなしに見ていました。なにか話しかけたいと思いましたが、どうもあんまりむこうがしずかなので、わたくしはすこしきゅうくつにも思いました。

(나) けれども、半日まるっきり人にも出会わないそんな旅でしたから、わたくしは食事がすんでも、すぐにいずみとその年とった巡礼とから、わかれてしまいたくはありませんでした。

(다) そのとき、一人の巡礼のおじいさんが、やっぱり食事のために、そこへやってきました。わたくしたちはだまってかるく礼をしました。

(라) 流沙の南の、やなぎでかこまれた小さないずみで、わたくしは、いった麦粉を水にといて、昼の食事をしておりました。

(마) けれども、ふとわたくしはいずみのうしろに、小さなほこらのあるのを見つけました。それはたいへん小さくて、地理学者や探険家ならばちょっと標本にもっていけそうなものではありましたが、まだまったくあたらしく黄いろと赤のペンキさえぬられていかにも異様に思われ、その前には、そまつながら一本の幡も立っていました。

① (가)－(나)－(마)－(다)－(라)

② (가)－(다)－(나)－(라)－(마)

③ (가)－(마)－(라)－(다)－(나)

④ (라)－(나)－(가)－(마)－(다)

⑤ (라)－(다)－(나)－(가)－(마)

35. 문맥상 (   )에 들어갈 말로 적절한 것은?

日本に襲来する台風は、主として赤道に近い熱帯及び亜熱帯の海上に発生する。その元は赤道に沿って帯のように長く連なる雲(熱帯収束帯)である。熱帯収束帯の中で雲はさまざまに動いているが、時に一部が回転運動を始め、周囲でやや強い風が吹くようになる。弱い熱帯低気圧の発生である。そして、それらのうち、さらに発達して中心近くの風速が秒速17.2メートル以上になったものが、「台風」と認定される。

その数は一年で約28個(全世界では約80個)である。

台風は、偏東風に押されてしばらく西に進むが、あるところで太平洋高気圧の弱いところを突破し、その後は偏西風に引き込まれて北上を始め、速度を速めながら北東寄りに進むようになる。

そして、(   )。台風の寿命は平均でおよそ一週間だが、さまざまな気象条件が合致してその間に日本列島に到達すれば、台風上陸という事態になるわけである。

① ぜったい日本列島に近づく
② たまにそこに日本列島がある
③ たまたま日本列島がそこにある
④ まさにその方向に日本列島がある
⑤ 決まってそれが日本列島に上陸する

36. (가)~(다)에 들어갈 말로 가장 적절한 말을 〈보기〉에서 고른 것은?

言うまでもないことだが、甲子園はすべての高校球児の夢であり、憧れである。ここで行われる春の選抜選抜高校野球大会、夏の大会全国高校野球選手権大会への出場を夢見て、(　가　)栄光の全国制覇を夢見て、彼らはきょうも苦しいランニングに耐え、激しいノックに耐

え、厳しい叱咤に耐えている。

　（ナ）、甲子園にかける夢は誰もが等しく持つことはできても、残念ながら栄冠は必ずしも誰にも等しく輝くわけではない。全国の大部分の高校はかつて一度も甲子園には行ったことがないし、また甲子園出場校のなかでも、気候条件や歴史の違いなどにより、野球の実力には自ずと地域差がある。（ダ)四七都道府県のうち、春回・夏回を通じてまだ

　一度も優勝したことのない県が十七もあるのである。

〈보기〉

	ㄱ. それに	ㄴ. 現に	ㄷ. しかも	ㄹ. どうか
	ㅁ. ただ	ㅂ. しかし	ㅅ. そして	

	(가)	(나)	(다)
①	ㄱ	ㄷ	ㄴ
②	ㄱ	ㅁ	ㄷ
③	ㄷ	ㄴ	ㅁ
④	ㅅ	ㄴ	ㄹ
⑤	ㅅ	ㅂ	ㄴ

37. (가), (나)에 들어갈 말로 가장 적절한 것은?

　日本人はお客をもてなす場合、過剰に食べ物を勧めることがある。これはお客が遠慮しているだろうと思っての行為であるが、外国人にはそれが（가）感じられることがある。日本人のように、必要以上に遠慮することがないからである。

　また、日本人が他人に物を贈る場合、よく誠につまらないものです

がという挨拶をするが、それはつまらないものだから、お返しは無用ということを暗示した、相手のことを（ 나 ）挨拶なのである。

	(가)	(나)
①	なかむつまじく	おもいやった
②	なかむつまじく	きくばりした
③	おしつけがましく	おもいやった
④	おしつけがましく	かろんじた
⑤	さしつかえなく	きくばりした

38. 일본의 주거 문화에 대한 설명으로 옳지 않은 것은?
① 床の間には、花を飾ったり、掛け軸を掛けたりする。
② ふすまは、畳間の間仕切りの役割をし、取り外しができる。
③ こたつは、日本レの暖房器具の一つで、冬の間の家族団らんの憩いの場でもある。
④ 畳は、洋式住宅が一般化した現代でも、日本人に広く愛されている床材である。
⑤ 火鉢は、床を四角に切って作ったもので、暖をとったり、煮炊きをしたりする所である。

39. 일본의 풍속에 관한 설명으로 옳지 않은 것은?
① お正月には、神社やお寺に参拝し、一年の健康と無事を祈る。
② お彼岸には、お墓参りをして、先祖を供養する。
③ お盆には、神社から神主を招き、読経してもらう。
④ 七五三は、男三歳と五歳、女三歳と七歳のときに子供の成長を祝う行事である。

⑤大みそかには、年越しそばを食べて、長寿を願う。

40.〈보기〉에서 옳은 설명을 고른 것은?

<table>
<tr><td>〈보기〉</td></tr>
<tr><td>ㄱ. 大相撲の初日のことを千秋楽と言う。</td></tr>
<tr><td>ㄴ. 日本三景は、松島、天橋立、厳島である。</td></tr>
<tr><td>ㄷ. 下駄は、鼻緒の付いた平底の履物である。</td></tr>
<tr><td>ㄹ. 着物の中で振り袖は、未婚の女性が着るものである。</td></tr>
<tr><td>ㅁ. 京の着倒れ、大阪の食い倒れの京とは東京のことを指す。</td></tr>
<tr><td>ㅂ. 親子丼は、ごはんの上に鶏肉と卵をのせたもので、他人丼は、牛肉
と卵をのせたものである。</td></tr>
</table>

① ㄱ, ㄴ, ㄷ   ② ㄱ, ㄷ, ㄹ   ③ ㄴ, ㄹ, ㅂ

④ ㄴ, ㅁ, ㅂ   ⑤ ㄷ, ㄹ, ㅁ

1. 2007년 개정 일본어과 교육과정에 제시된 목표의 문화 항목으로 옳지 않은 것은?

① 일본인의 일상 생활문화를 이해한다.

② 일본인의 언어 행동문화를 이해한다.

③ 일본의 중요한 전통문화와 대중문화를 이해한다.

④ 일본의 중요한 정치문화와 종교문화를 이해한다.

⑤ 한·일양국문화의 공통점과 차이점을 이해하여 문화의 다양성을 인식한다.

2. 2007년 개정 일본어과 교육과정(일본어Ⅰ)에 제시된 평가에 대한 설명으로 옳은 것은?

① [듣기] 다소 긴 일본어를 듣고 글의 세부사항을 이해하는 능력을 평가한다.

② [말하기] 만화나 드라마를 보고 정확하게 설명·묘사하는 능력을 평가 한다.

③ [읽기] 가나와 상용한자가 포함된 다소 긴 글을 읽게 하여 그 능력을 평가 한다.

④ [쓰기] 컴퓨터를 이용한 일본어 입력능력을 평가한다.

⑤ [문화] 문화에 대한 조사와 유창한 발표력을 중심으로 평가한다.

3. 2007년 개정 일본어과 교육과정의 '의사소통기본표현'이다. 〈보기1〉, 〈보기2〉의 예시문에 해당하는 의사소통 기능 중 옳은 것은?

〈보기1〉	〈보기2〉
• 日本語がお上手ですね。	• 少々お待ちください。
• きっとうまくいきますよ。	• よかったら、いっしょに行かない?
• 来週ならだいじょうぶです。	• 月曜日は来なくてもいいですか。
• いろいろお世話になりました。	• 環境は守らなければなりません。

	\<보기1\>	\<보기2\>
①	행위요구	대화진행
②	정보교환	행위요구
③	대화진행	정보교환
④	배려 및 태도전달	행위요구
⑤	배려 및 태도전달	대화진행

4. 전신반응교수법(Total Physical Response)을 이용한 수업의 장점이 아닌 것은?

① 作文能力への移行が積極的である。

② 文法などの難しい説明はしなくてもよい。

③ 学習者に興味を湧かせて学習を楽しくする。

④ 学習者は体を使うので児童の指導に効果的である。

⑤ 学習者は聞いた内容を身体反応で示すので発話の負担がない。

5. 제 2언어 습득에 대한내용이다. 〈보기〉의 (가), (나), (다)에 들어갈 적절한 것은?

\<보기\>

- __(가)__ とは、第二言語習得の過程で生じるものであり、学習者の母語とも目標言語とも異なる独特な言語体系を持つものを指す。

- __(나)__ とは、第二言語習得の際に、既に習得された学習者の母語や他の言語が持ち込まれる現象を指す。

- __(다)__ とは、第二言語習得の際に、学習者の母語が与える否定的な影響で生じるものを指す。

	(가)	(나)	(다)
①	言語転移	中間言語	母語干渉
②	言語転移	負の転移	中間言語
③	中間言語	言語転移	母語干渉
④	中間言語	母語干渉	言語転移
⑤	言語転移	中間言語	負の転移

6. 제 2언어 습득이론 중 크라센(S.Krashen)의 다섯 가지 가설에 관한 설명으로 옳지 않은 것은?

① 習得と学習は区別される。

② 言語規則の発達には予ッ測可能な自然順序がある。

③ 学習者の発話の際、学習された言語能力はモニターとしての役割をする。

④ 学習者の情意フィルターを高い水準に保つとインプットが効果的である。

⑤ インプットは学習者の理解可能な「i+1」1の水準で与えるのが効果的である。

7. 〈보기〉의 밑줄 친 말이 가리키는 것은?

> <보기>
>
> これは、学習者のパフォーマンスを学習者同士が評価するものである。これは、たとえば、作文、スピーチ、ロール・プレイでのパフォーマトンスなどを評価する
>
> ものであるが、これにより、自分自身のパフォーマンスを意識することができる。
>
> また、教師以外の人間に自分のパフォーマンスを見てもらうことで学習意欲があがる、などの効果が期待できる。

① クイズ　　　　　　　② ピア評価　　　　　　　　③ 自己評価
④ ポートフォリオ評価　　⑤ プレースメント・テスト

8. 〈보기〉는 단원의 내용을 반영한 교과서의 목차이다. 사용하고 있는 교수요목
　(syllabus)은? [1.5점]

<보기>

〈보기〉	
제1과 家族	제2과 学校生活
－ 私の家族	－ 部活動
－ 家族とペット	－ 文化祭
제3과 趣味	제4과 旅行
－ スポーツ	－ 修学旅行
－ ゲーム	－ 家族旅行

① 話題シラバス　　　　② 構ノ造シラバス　　　　　③ 文法シラバス
④ 機能ワシラバス　　　⑤ スキル・シラバス

9. (가)는 밑줄 친 비유표현을 이용하여 학생이 작성한 것이고, (나)는 교사가 이
　를 수정한 것이다. 수정이 옳은 것은?
① ㄱㄴ　　　　②ㄱㄷ　　　　③ㄴㄷ　　　　④ㄴㄹ　　　　⑤ㄷㄹ

10. 교사가 〈보기〉와 같은 말을 학생에게 들려주고 받아쓰기를 실시하였다. 밑
　줄 친 부분을 한자로 모두 옳게 쓴 것은? [2.5점]

<보기>

(가)	(나)
ㄱ. 割れるような批判	→ 割れるような拍手
ㄴ. 目を皿のようにして怒る	→ 目を皿のようにしてよろこぶ

ㄷ. のどから手が出るほど怖い　　→　　のどから手が出るほどほしい

ㄹ. 盆と正月が一緒に来たような煩わしさ　→　盆と正月が一緒に来たようなのどかさ

<보기>

ㄱ. らいしゅうはじんじ<u>いどう</u>がある。

ㄴ. としょかんのひゃっか<u>じてん</u>でしらべる。

ㄷ. かいさつぐちでうんちんを<u>せいさん</u>する。

---

① ㄱ. 来週は人事移動がある。

　ㄴ. 図ノ書館の百科事典で調べる。

　ㄷ. 改札口で運賃を清算する。

② ㄱ. 来週は人事異動がある。

　ㄴ. 図書館の百科事典で調べる。

　ㄷ. 改札口で運賃を清算する。

③ ㄱ. 来週は人事移動がある。

　ㄴ. 図書館の百科事典で調べる。

　ㄷ. 改札口で運賃を精算する。

④ ㄱ. 来週は人事異動がある。

　ㄴ. 図書館の百科辞典で調べる。

　ㄷ. 改札口で運賃を精算する。

⑤ ㄱ. 来週は人事異動がある。

　ㄴ. 図K書館の百科事典で調べる。

　ㄷ. 改札口で運賃を精算する。

11. (가)는 학생이 작성한 글이고, (나)는 이에 대한 교사의 지도이다. 교사의 지도로 옳지 않은 것은?

① (가) 三週間にわたって雨が降りつづき、洪水の被害が出た。
(나)「わたって」を「かけて」に直した方がいい。

② (가) 彼は負けた試合のことをかんかんと悩んでいる。
(나)「かんかん」を「くよくよ」に直した方がいい。

③ (가) 表面がざらざらしていて、触ると非常に気分が悪い。
(나)「気分」を「気持ち」に直した方がいい。

④ (가) 39℃にもなっていた体温が、注射のおかげで平熱にかえった。
(나)「かえった」を「もどった」に直した方がいい。

⑤ (가) 私には恋人と呼べる人はいませんが、気にする人はいます。
(나)「気にする」を「気になる」に直した方がいい。

12. (가)는 대우표현을 이용한 학생의 글이고, (나)는 이에 대한 교사의 지도이다. 교사의 지도로 옳은 것은?

① (가) お客さま、まだお部屋にいらっしゃいますか。
(나)「いらっしゃいますか」を「おりますか」に直した方がいい。

② (가) 失礼ですが、山田さんのお父さんでおりますか。
(나)「おりますか」を「ございますか」に直した方がいい。

③ (가) 今、お時間、おありですか。
(나)「おありですか」を「いらっしゃいますか」に直した方がいい。

④ (가) うちの母が先生に拝見したいと言っております。
(나)「拝見したい」を「お会いしたい」に直した方がいい。

⑤ (가) 紹介状をお持ちしていらっしゃいますか。
(나)「お持ちして」を「ご持参して」に直した方がいい。

13. 日本語の表記に関する説明として正しくないものは?

① オ列の長音は、「わこうど(若人)」「こおり(氷)」のように、オ列の仮名に「う」か「お」を添える。

②「そえぢ(添乳)」「にいづま(新妻)」のような二語の連合によって生じた「ぢ」「づ」は、「ぢ」「づ」を用いて書く。

③「メーター」と「メートル」、「グローブ」と「グラブ」のように、語形に揺れのある外来語の表記は両方使える。

④「かがやかしい」「よろこばしい」のような語幹が「し」で終わる形容詞は、「輝しい、喜しい」のように「し」から送る。

⑤「tan'i、gen'in、kin'yôi」iのように、はねる音を表わすnと次にくる母音字またはとを切り離す必要がある場合には、nの次に「'」を入れる。

14. 共通語の発音の説明として正しいものは?

(가)「勝手、切手」は三拍である。

(나) 日本語のアクセントは、一語の中で一度下がったら二度と上がらない。

(다)「心配、銀行」の「ん」の発音は、有声両唇鼻音と有声軟口蓋鼻音との違いである。

(라) 複合語の二番目の語の初めの無声子音は、複合語の中では、全て有声音に変化する。

(마)「日本銀行」の「ぎ」、「ガラガラ」の二番目の「ガ」は、鼻濁音化する。

(바)「きし(岸)、くち(口)」のように、[i] [ɯ]は無声子音の間や、語末また文末で無声子音の後に立った場合に無声化しやすくなる。

---

① (나) (다) (라)　　　③ (가) (나) (다) (바)　　　② (나) (라) (마)

④ (가) (나) (라) (바)　　　⑤ (가) (다) (마) (바)

15. (가) (나) (다) (라) (마)に入る最も適切なものは?

ㄱ.「さ・ん・か」のように、長さにかかわる音の単位を　(가)　という。

ㄴ.「さん・か」のように、自然に音声を区切って発音することのできる
　　最小単位を　(나)　という。

ㄷ.「あか(赤)」と「おか(丘)」は「あ」と「お」によって意味が変わる。
　　このような意味の区別に関係する音の最小単位を　(다)　という。

ㄹ.「さ・ん・か」[sa·aŋ·a]は、さらに[s] [a] [ŋ] [k] [a]のように細かく分け
　　ることができる。このように、音声学上、それ以上分割できない最
　　小の単位を　(라)　という。

ㅁ.「アメリカのドラマを見た。」という文を、意味を持つ最小単位で区
　　切ると、「アメリカ」「の」「ドラマ」「を」「見」「た」のような、一
　　般に　(마)　と呼ばれる単位に分かれる。

	(가)	(나)	(다)	(라)	(마)
①	拍	音節	音素	単音	形態素
②	音節	拍	単音	音素	形態素
③	拍	音節	単音	音素	形態素
④	音節	拍	形態素	単音	音素
⑤	拍	単音	音素	音節	形態素

16. 下線部の「の」と「こと」の使い方が正しくないものは?

① 雨なので花見に行く<u>の</u>をやめました。

② このパソコンを運ぶ<u>こと</u>を手伝ってください。

③ ここから子供たちが遊んでいる<u>の</u>が見えます。

④ いっしょに海外旅行に行く<u>こと</u>を約束しました。

⑤ ゼミに出られない<u>こと</u>を先生に伝えてください。

17. 〈例〉の（ ）の言葉がどちらも使えるものは? [2.5점]

<例>

ㄱ. しばらくすると雨は（さらに / もっと）激しく降ってきた。

ㄴ. (せっかく / わざわざ) 準備したのだから、雨でも出かけましょう。

ㄷ. コネで採用は決まっていたが、（とりあえず / いちおう）テストは受けてきた。

ㄹ. あの人は、日本I語が（全然 / けっして）わからないだろうか。

ㅁ. 私の給料では、軽自動車を買うのが（やっと / ようやく）です。

ㅂ. お禮を言いに行ったのに、(むしろ / かえって) ごちそうになってしまった。

① ㄱㄴ   ② ㄱㄴㄷ   ③ ㄱㄴㄷㄹ

④ ㄱㄴㄷㄹㅁ   ⑤ ㄱㄴㄷㄹㅁㅂ

18. 文中で、下線部の表現が<u>自然でない</u>ものは? [1.5점]

① <u>からかったつもり</u>はないんだけど、あの人、怒ってるのかな。

② あそこの<u>家の中ときたら</u>、散らかし放題で足の踏み場もない。

③ このドレスは<u>デザインもさることながら</u>、色使いがすばらしい。

④ <u>嫌われたくないばかりで</u>、心にもないお世辞を言ってしまった。

⑤ <u>公務員ともあろうものが</u>、強盗をはたらくとは何と言うことだ。

19. 〈例〉から正しい待遇表現を選んだものは?

> **＜例＞**
>
> ㄱ. 部長が書かれた報告書に課長も目を通されました。
>
> ㄴ. 先生、先生も来週のピクニックに誘ってさしあげましょうか。
>
> ㄷ. 後ほど、こちらからお電話をかけさせていただきます。
>
> ㄹ. 私は新幹線の駅名を全部存じ上げています。
>
> ㅁ. すみません、そちらにうちの父おじゃましておりませんか。
>
> ㅂ. 面接では、聞かれた質問についてよく お考えして答えました。

① ㄱㄴㅂ   ② ㄱㄷㅁ   ③ ㄱㄷㅂ   ④ ㄴㄹㅂ   ⑤ ㄷㅁㅂ

20. 日本の文学史に関する内容として正しくないものは?

① 上代には、言霊信仰のもとに人が神に向って発する「宣命」と、天皇が臣下に自分の意思を告げ知らせる「祝詞」が行われた。

② 中古には、最古の仏教説話集『日本霊異記』や仮名で書かれた『三宝絵詞』、そして仏教霊験譚『打聞集』など、多様な形態の説話集が成立した。

③ 中世には、長句と短句を交互に続けていく鎖連歌が行われ、それが次第に和歌的優美さを求める「有心連歌」と言語遊戯的な滑稽を主とした「無心連歌」とに分かれていった。

④ 近世には、多様な形式の仮名草子が登場し、教訓的な『可笑記』、古典のパロディ『仁勢物語』、名所記的な『竹齋』などが広く読まれた。

⑤ 近代には、従来の伝統的な韻文文芸に対し、新しい詩形を生み出そうとする気運が生じ、『新体詩抄』をはじめ、『於母影』のような訳詩集も作られた。

21. (가) (나) (다) (라) (마)の作品を成立順に並べたものは? [2.5점]

> (가) また、養和のころとか、久しくなりて覚えず。二年があひだ、世の
> 中飢渇して、あさましき事侍りき。或は春夏ひでり、或は秋大風、
> 洪水など、よからぬ事どもうちつづきて、五穀ことごとくならず。
> 夏植うるいとなみありて、秋刈り、冬収むるぞめきはなし。これに
> よりて、国々の民、或は地をすてて境を出で、或は家を忘れて山に
> 住む。さまざまの御祈りはじまりて、なべてならぬ法ども行はるれ
> ど、さらにそのしるしなし。
>
> (나) 今昔、百済国ヨリ渡レル僧有ケリ。名ヲバ義覚ト云フ。彼ノ国ノ破
> ケル時此ノ朝ニ渡テ、難波ノ百済寺ニ住ス。此ノ人長高クシテ七尺
> 也。広ク仏教ヲ学シテ悟リ有ケリ。専ニ般若心経ヲ読誦シテ日夜ニ
> 不怠ズ。其ノ時ニ、同寺ニ一人ノ僧有テ夜半ニ房ヲ出デヽ行クニ、
> 彼ノ義覚ガ所ヲ見レバ、光リ有リ。
>
> (다) 筑波の郡。東は茨城の郡、南は河内の郡、西は毛野の河、北は筑波
> の岳なり。古老の日へらく、筑波の県は、古、紀の国と謂ひき。美
> 万貴の天皇の世、采女の臣の友属、筑箪の命を紀の国の国の造に遣
> はしたまひし時に、筑箪の命云ひしく、「身が名をば、国に着けて
> 後の代に流伝へしめまく欲りす」といひて、すなはち本の号を改め
> て、更め筑波と称ふといへ
>
> (라) あづまぢの道のはてよりも、猶おくつかたに生ひいでたる人、いか
> 許かはあやしかりけむを、いかに思ひはじめける事にか、世の中に
> 物語といふ物のあんなるを、いかで見ばやと思ひつつ、つれづれな
> るひるま、よひゐなどに、姉まま母などやうの人々の、その物語、
> かの物語、光る源氏のあるやうなど、ところどころ語るを聞くに、
> いとどゆかしさまされど、わが思ふままに、そらにいかでかおぼえ
> 語らむ。

(마) 千里に旅立て、路粮をつゝまず、「三更月下無何に入」と云けむ、むかしの人の杖にすがりて、貞享甲子秋八月、江上の破屋をいづる程、風の声、そゞろ寒気也。野ざらしを心に風のしむ身哉

① (가)-(다)-(나)-(라)-(마)
② (나)-(다)-(라)-(마)-(가)
③ (나)-(라)-(가)-(다)-(마)
④ (다)-(나)-(가)-(라)-(마)
⑤ (다)-(라)-(나)-(가)-(마)

22. 日本の近代文学に関する説明として正しくないものは? [1.5점]
① 戯作文学は、江戸戯作文芸の流れを継承しながら新しい時代を風刺・滑稽化したもので、仮名垣魯文の『西洋道中膝栗毛』『安愚楽鍋』などの作品がある。
② 浪漫主義は、世俗的因習や封建的倫理を否定し、内面の真実と自我の目覚めを尊重した文学思潮で、森鴎外や北村透谷のような作者が活躍した。
③ 新現実主義は、耽美派や白樺派が見逃している現実を知性によって捉え直そうとした文学思潮で、新思潮派の芥川龍之介と奇蹟派の広津和郎に代表される。
④ 新心理主義は、ジョイスやプルーストらの影響を受け、人物の深層心理を表現しようとした文学思潮で、井伏鱒二や梶井基次郎などの作者が活動した。
⑤ 第三の新人は、戦後派の政治性や観念性に対し、日常生活に潜む不安や危機意識などを描き出そうとした流派で、安岡章太郎や遠藤周作などの作者が活動した。

23. (가) (나) (다) (라) (마)の作家を〈例〉から正しく選んだものは?

<例>
| ㄱ. 国木田独歩 | ㄴ. 太宰治 | ㄷ. 谷崎潤一郎 | ㄹ. 葉山嘉樹 |
| ㅁ. 島崎藤村 | ㅂ. 芥川龍之介 | ㅅ. 永井荷風 | ㅇ. 小林多喜二 |

(가) 私はこれから、あまり世間に類例がないだろうと思われる私達夫婦の間柄に就いて、出来るだけ正直に、ざっくばらんに、有りのままの事実を書いて見ようと思います。それは私自身に取って忘れがたない貴い記録であると同時に、恐らくは読者諸君に取っても、きっと何かの参考資料となるに違いない。（中略）彼女はみんなから「直ちゃん」と呼ばれていましたけれど、或るとき私が聞いて見ると、本t名は奈緒美と云うのでした。この「奈緒美」という名前が、大変私の好奇心に投じました。

(나) これはある精神病院の患者、一第二十三号がたれにでもしゃべる話である。彼はもう三十xを越しているであろう。が、一見したところはいかにも若々しい狂人である。彼の半生の経験は、一いや、そんなことはどうでもよい。彼はただじっと両ひざをかかえ、時々窓の外へ目をやりながら、（中略）院長のS博士や僕を相手に長々とこの話をしゃべりつづけた。

(다) 私の教えている生徒は小諸町の青年ばかりでは無い。平原、小原、山浦、大久保、西原、滋野、その他小諸附近に散在する村落から、一里も二里もあるところを歩いて通って来る。こういう学生は多く農家の青年だ。学校の日課が済むと、彼等は各自の家路を指して、松林の間を通り鉄道の線路に添い、あるいは千曲川の岸に随いて、蛙の声などを聞きながら帰って行く。

(라) 「おい、地獄さ行ぐんだで！」二人はデッキの手すりに寄りかゝっ

て、蝸牛が背のびをしたように延びて、海を抱え込んでいる函館の街を見ていた。漁夫は指元まで吸いつくした煙草を唾と一緒に捨てた。巻煙草はおどけたように、色々にひっくりかえって、高い船腹をすれずれに落ちて行った。彼は身体一杯酒臭かった。（中略）この蟹工船博光丸のすぐ手前に、ペンキの剥げた帆船が、へさきの牛の鼻穴のようなところから、錨の鎖を下していた。

(마) メロスは激怒した。必ず、かの邪知暴虐の王を除かなければならぬと決意した。メロスには政治がわからぬ。メロスは、村の牧人である。笛を吹き、羊と遊んで暮らしてきた。けれども邪悪に対しては、人一倍に敏感であった。

	(가)	(나)	(다)	(라)	(마)
①	ㄷ	ㄴ	ㅁ	ㄹ	ㅂ
②	ㄷ	ㅂ	ㅁ	ㅇ	ㄴ
③	ㅅ	ㄴ	ㄱ	ㅇ	ㅂ
④	ㅅ	ㄷ	ㄱ	ㄹ	ㄴ
⑤	ㅅ	ㅂ	ㄱ	ㅇ	ㄴ

24. 文中で、下線部の表現が正しいものは?

① 旅行に行けば、傘を持っていくといいです。

② 私がここに来たとき、彼らは就職の話をし続けた。

③ その金庫にはだれかによってかぎがかけてあります。

④ まだメンバーが十分集まらないで、会議は始まらない。

⑤ 警察官は職務権限で通行中の車を止まらせることができる。

25. 文中で、下線部の表現が正しくないものは? [1.5점]

① 彼は、あんなことを言うべきではなかったのに。

②汚職が発覚した以上、彼は議員を辞職すべきだ。

③八時集合だから、私は明日の朝早く起きるべきだ。

④エジプトのピラミッドは永遠に残すべき人類の遺産である。

⑤政府は国民の健康という問題をいい加減に扱うべきではない。

26. 〈例〉から自然な表現を選んだものは?

```
<例>
ㄱ. 話がまとまると、電話で知らせてください。
ㄴ. さんざんな目にあったあげく、結局、失敗した。
ㄷ. 君はなまけているから、成績が悪いのだ。
ㄹ. 他人に悟れまいにして、いろいろの手を使ったらしい。
ㅁ. 子供が目を覚さないあいだに、洗濯をした。
ㅂ. 雨が降っているために、傘をもっていきなさい。
```

①ㄱㄹ   ②ㄱㅁ   ③ㄴㄷ   ④ㄴㅁ   ⑤ㄷㅂ

27. 指示語の用法とその例である。下線部が正しく使われているものは?
   [2.5점]

①[話し手がこれから話題にしようとする事柄を指す場合]
   例) それはここだけの話ですが、実は今れ勤することになったんです。

②[話し手が直前に出した話題の中の事柄を指す場合]
   例) 多くの人は宗教に対してある種の憧れを持つ。
      あれは人間には永遠というものを信じたいという感情があるからだ。

③[聞き手は知らないが、話し手自身が言った話に出てきた事柄を指す場合]

例)　中国人も日本人と同じように自分のことをはっきり言わないことが
　　ある。しかし、この程度は日本人ほどではない。

④[相手が、直前の話題が話し手自身に関わる問題であることを了解して
　いる場合]

　例)A：今度転勤されるそうですね。

　　　B：ええ、そうなんです。でも、このことはだれにも言わないでくだ
　　　　さい。

⑤[記憶中の物事を思い出しながら指す場合]

　例) 子供時代は田舎で過ごした。このころが懐かしい。

28. (가) (나) (다) (라)に入る最も適切なものは?

課長：ちょっと悪いんだけど、この書類、4時までに　(가)　。

新入社員：はい、　(나)　。

課長：それと、君、今日、デートって言ってたよね。

新入社員：はい。それが……。

課長：それが、あいにく急な仕事が入っちゃってね。
　　　　今日、ぼくといっしょに残業　(다)　んだけど。手伝ってよ。

新入社員：ええ?……わかりました。　(라)　。

	(가)	(나)	(다)	(라)
①	まとめといてくれる	わかりました	させてほしい	お手伝いします
②	まとめといて	4時までにですね	してほしい	手伝ってさしあげます
③	まとめといて	もらえるいいですよ	してもらいたい	がんばります
④	まとめといて	くれかしこまりました	したい	手伝わせます
⑤	まとめといて	承知しました	してもらいたい	お手伝いします

29. 友だち同士の会話である。(가) (나) (다) (라) (마)に入る最も適切なもの
は?

佐藤 : ___(가)___ 、知ってる?

大野 : 何を?

佐藤 : お前がいいって言ってた木村さん、彼氏いるみたいだよ。

大野 : ___(나)___ 、ほんと?

佐藤 : うん、ほんと。

大野 : ___(다)___ 、全然しらなかったよ。で、相手はだれ?

佐藤 : ___(라)___ 、あそこにいるあいつらしいよ。

大野 : ___(마)___ 。

	(가)	(나)	(다)	(라)	(마)
①	あっ	うわっ	ほら	ふーん	ちぇっ
②	ねえ	えっ	ちぇっ	ほら	なるほどね
③	うわっ	ほら	あーあ	えっ	ねえ
④	そうそう	ちぇっ	さてと	ううんと	ほら
⑤	おい	ふーん	あのう	ちぇっ	よいしょ

30. 韓国語の日本語訳として、適切でないものは?

① 뻔뻔스럽기는 참!

　ずうずうしいったら、ありゃしない。

② 인간 절박하면 무언들 못먹겠어!

　人間せっぱ詰まれば何だって食べるさ。

③ 너무 수줍어하지 말고 한 곡하지?

　もったいぶらずに歌ったら?

④ 동생이 늦잠이라도 자면 아버지한테 호되게 혼났어.

　弟が朝寝坊などをしようものなら、からこっぴどく叱られた。

⑤ 제대로 지도 안 해 주면 딸을 어떻게 학교에 보낼 수 있겠어!

　ちゃんと指導してくれなくちゃ、娘を学校にやれやしない。

31. 日本語の韓国語訳として、正しくないものは?

① 夏はともすると睡眠不足になりがちである。

　여름은 자칫하면 수면부족이 되기 쉽다.

② なにごとも慎重にやるに越したことはない。

　무슨 일이든 신중하게 하는 것이 좋은 것만은 아니다.

③ 周囲の批判もものともせずに、彼女は自分の信念を貫き通した。

　주변의 비판도 아랑곳하지 않고 그녀는 자신의 신념을 관철시켰다.

④ 彼女は歌がうまいといわれて、柄にもなく顔を赤らめていた。

　그녀는 노래를 잘한다고 하자 어울리지 않게 얼굴을 붉혔다.

⑤ ただでさえ人手が足りなくて困っているのに、三人もやめられたらどう

　しようもない。

　그렇지 않아도 일손이 부족한데 세 사람이나 그만둔다면 보통일이 아니다.

32. 文章の内容を最も正しく捉えたものは?

　2001年、厚生労働省医療サービス向上委　員会は、国立病院化サービスに関するガイドラインとして、「患者の呼称の際、原則として姓(名)に『さま』を付ける」という指針を示し、これ以降、患者に「さま」を付ける呼び方が全国の医療機関で聞かれるようになった。しかし、これに対する患者の反応を調べた吉岡他(2008)によると、72名の患者の中で「さま」を望んだ人は一人もおらず、91.7%の患者は「さん」を望んでいた。その理由は、『さん』が対等な関係にふさわしく自然『さま』は堅

苦しく上下関係ができてしまう」などであった。この結果が示すように、患者は「さま」という呼称、つまり特別待遇されることを望んでいるのではなく、対等なパートナーとして扱ってほしいと望んでいる。「患者主体の医療」とは、患者が医療者とは異なる、しかし同様に価値ある文化を持った一人の人間として扱われ、そこから生まれる患者と医師の信頼関係に基づく医療だからである。これからの「患者主体の医療」においては、医師と患者が互いの文化を理解する努力を払うことが求められよう。

① 患者は特別に待遇されることを望んでいる。

② 決まった医療サービスのガイドラインに従うべきだ。

③ 患者にはガイドライン通りに「さん」を付けるべきだ。

④ 患者は医師と同様の人間として扱われることは望まない。

⑤ 医師と患者はお互いの文化を理解する努力を払うべきだ。

33. 意味上、正しい順に並べたものは?

(가) クジラたちは、周りの状況を的確に察知し、とても上手に生活を送っている。そのことから、クジラたちは、情報を受信・発信する何か優れた手段をもっているのではないかと、かなり以前から話題になっていた。しかし、その「何か」は、長いことなぞのままだった。

(나) 海で暮らす動物たちは、どのようにして情報を得たり、伝え合ったりしているのだろう。クジラを例に調べてみよう。

(다) クジラは高い音から低い音まで、さまざまな種類の音を出すことができる。しかも、非常に短い音と、比較的低い、長く続く音の二種類を、目的に応じて使い分けているのである。

(라) 動物たちはそれぞれ特有の方法で、身の回りの情報を得たり、得た情報や気持ちをたがいに伝え合ったりして生活している。特に、群れで暮らすことの多い動物たちにとって、それはとても重要なことである。

(마) ところが、クジラが鳴くことが知られるようになって、このなぞが解明され始めた。クジラの発する音が、優れた働きをしていることが明らかになってきたのである。

① (가)－(다)－(나)－(마)－(라)
② (나)－(가)－(다)－(라)－(마)
③ (다)－(나)－(라)－(마)－(가)
④ (라)－(가)－(다)－(마)－(나)
⑤ (라)－(나)－(가)－(마)－(다)

34. 文章の内容と合っているものは?

　　年末に向け、さらに悪化しそうな雇用情勢に、どう立ち向かうのか。鳩山政権の緊急雇用対策がまとまった。8月の完全失業者は360万人を超え、改善の兆しは見られない。雇用対策は今後の第2次補正や来年度予算でも取り組むことが期待されるが、目下の情勢の厳しさを考えれば、それらを待っている余裕はない。自公政権当時の今年度補正予算ですでにつくった基金も活用しつつ、将来への布石となる内容も盛り込んだ。

　　職を失い困っている人の暮らしや、就職先をさがす新卒の若者を支える。同時に、介護や環境、農林といった分野でNPOや社会的企業の活用を通じた地域社会での「雇用創造」に本格的に取り組む。こうした対策により、今年度末までに10万人の雇用を創出したり、下支えし

たりする。

　一つのポイントは職業訓練の充実をはじめとする「人づくり」だ。鳩山政権は公共事業に頼らない雇用対策をさぐってきた。その具体策が、職業訓練の充実だ。今回の対策では、働きながら介護職の資格を身につけられる制度をつくる。人手不足感のある介護現場で働きながらの訓練は、安定雇用に結び付く可能性が高い。失業した人に生活費付きで職業訓練の機会を提供する事業の前倒しも決めた。

　「社会的企業」を通じた地域雇用の創造を打ち出したことも大きな特徴だ。NPOなどが社会に貢献する事業をビジネスとしても成功させ、安定した雇用をつくろうという狙いである。日本でも、病気の子でも預かってくれる保育事業や、住居がない失業者の自立支援といった福祉分野の社会的企業が生まれている。行政や企業、市民が参加した環境NPOが地域の河川や公園の計画づくりを社会的企業として担う例もある。

　多様化する生活者のニーズに応じるには、行政だけでは担いきれない。住民や企業、NPOなどの知恵を寄せ合い、地域の活力を取り戻す。そこにもっと雇用の場を生み出せるはずだ。それを政治の知恵でうまく支えていかねばならない。

① 行政や企業、NPOなどで作った社会的企業が最も望ましい。

② 鳩山政権はNPOや社会的企業に頼らない雇用対策をさぐってきた。

③ 雇用対策は目下の情勢が厳しいので来年度予算に盛り込むことにした。

④ 他に仕事のない人が介護職の資格を簡単に身につけられるような制度を作る。

⑤ 地域雇用の創造のためにNPOのビジネスを成功させ雇用をつくろうとしている。

35. 筆者の主張を正しく捉えたものは?

> 　梅雨が本物になる前に、鎌倉を歩いてきた。青空を惜しむ人で大層なにぎわいだ。JR北鎌倉駅から明月院に向かう。あじさい寺は各地にあるが、ここの境内は日本古来種のヒメアジサイが薄青に染める。牛歩の列から「人が多すぎる」と声がもれた。四季を愛で、歴史や仏教を知り、静寂に浸る。老いも若きも、鎌倉の味わい方は人それぞれだ。明月院、建長寺、妙法寺とも拝観料は300円。それで得られる満足のほどは、何を見に来たかにもよろう。
>
> 　鎌倉市や神奈川県は3年後を目標に、この地をユネスコの世界遺産にすべく事を進めている。このうえ鎌倉に能書きが必要なのかと問えば、歴史と緑を守るためだという。例えば、行政指導に頼る建物の高さ制限を、きっちりルール化しやすいそうだ。
>
> 　すでに世界遺産に登録された京都や奈良との違いとして、鎌倉は武家の文化を強調する。サムライ、ショウグンの源流である。ただし、いびつに国際化し、拝観料が高いだけのカマメクラになるくらいなら、「世界」の看板は無用だ。武士は食わねど高楊枝でいい。

① 世界遺産への登録は慎重にすべきだ。

② 国際化のためには世界遺産への登録は必ず必要である。

③ 鎌倉を世界遺産にすべく事を進めていかなければならない。

④ 鎌倉の歴史と緑を守るために、世界遺産への登録は進めるべきだ。

⑤ 鎌倉は武家の文化を強調するために、世界遺産への登録が必要である。

36. Aの発話に対して、承諾の意味に捉えられるものは? [1.5점]

① A：明日のパーティーにも来てもらえないかな。

　B：それが、あいにく……。

② A：ちょっとそこの店に寄っていきませんか。

B：まあ、仕方ないか。

③A：この間お話しした取引の件、どうなりましたでしょうか。

　　B：その件は、とてもじゃないけど……。

④A：すみません、明日までこの雑誌貸してもらえませんか。

　　B：やー、実は、それがね……。

⑤A：来週の日曜日のゴルフ大会、参加してもらえないかな。

　　B：来週? 勘弁してよ。

37. 日本の衣服に関する内容である。( )に入る適切なものは? [2.5점]

> 　女性の着物には二種類の基本的なスタイルがある。とても長くゆったりとした袖のついた　(가)　は未婚女性が、そして普通の長さの袖の　(나)　は既婚の女性が着る。デザインや色使いは無数にあるが、女性が年齢を重ねるにつれ、色味は徐々に控え目になる。重要な要素は幅の広い帯、髪飾りのかんざし、そして色鮮やかな着物用の小袋、巾着である。長袖の白いエプロンは割烹着といわれ、着物を汚さないよう、台所や旅館などで着物の上から身につける。
>
> 　最もフォーマルなタイプの男性用着物は、通常は黒で着物にズボンのような　(다)　、丈の長い、ゆったりした　(라)　と呼ばれる上着からなる。男性も女性も指の分かれた足袋をはく。軽やかでカジュアルな　(마)　は男性も女性も、夏場に家でくつろぐときや、旅館に泊まるとき、祭りの際に着る。

	(가)	(나)	(다)	(라)	(마)
①	振袖	留袖	袴	浴衣	羽織
②	留袖	振袖	羽織	袴	浴衣
③	振袖	留袖	袴	羽織	浴衣
④	留袖	振袖	羽織	浴衣	袴
⑤	振袖	留袖	羽織	袴	浴衣

38. 日本の年中行事の説明として正しくないものは?

① お正月には、しめなわを張り、門松をたてて新年の門出を祝う。

② 節分には、鬼を追い払うため豆をまき、一年の無病息災を願う。

③ ひな祭りには、ひな人形を飾り、白酒と柏餅を食べて女の子の健康を祈願する。

④ 端午の節句には、武者人形を飾り、菖蒲を軒に差して男の子の健やかな成長を祈願する。

⑤ お盆には、きゅうりや茄子で精霊馬を作るなどして、先祖の冥福を祈る。

39. 〈例〉から正しい説明の組み合わせを選んだ ものは?

```
＜例＞
ㄱ. こけしは、東北地方伝統の土製人形で、繊細な姿態と色彩を特徴と
   する。
ㄴ. 相撲で競技に入る前に左右の足を交互に高く上げることを「四股を
   ふむ」と言う。
ㄷ. 祇園祭りは平安神宮創建を祝うために作られたもので、昔の京都
   の風習が窺われる。
ㄹ. 落語は滑稽な話を数人で演じて聴衆を笑わせる大衆芸能で、「落ち」
   が妙味である。
ㅁ. 漫才は二人コンビで滑稽な軽口の掛け合いを行う演芸で、「ボケ」と
   「つっこみ」の役がある。
```

① ㄱㄷ   ② ㄱㄹ   ③ ㄴㅁ   ④ ㄴㄹㅁ   ⑤ ㄷㄹㅁ

40. 日本人の伝統的な習慣や生活様式の説明として正しくないものは?

① 畳のヘリや敷居を踏んだり、その上に座ったりしないほうがよい。

② 靴を脱ぐ時は、靴のつま先を外の方に向けて置くのが礼儀である。

③ 訪問先で床の間にものを置いたり、足を踏み入れたりするのは礼儀に反する。

④ 家の新築には、1階の仏壇や神棚の真上を歩かないように2階の構造に注意する。

⑤ 食事の時、親しい仲なら自分の箸から相手の箸へと食べ物を運んでもかまわない。

이향란(李香蘭)

日本 쓰쿠바대학(筑波大学) 연구생
日本 도호쿠대학(東北大学) 석사·박사과정 졸업(문학박사)
원광대학교 사범대 일어교육과 교수(현재)
2001년도 임용고사(일본어) 출제위원
전공분야 : 일본어음성교육·일본어음운론

주요 저서
● 『악센트중심 애니메이션 日本語會話』제이앤씨(2001)
● 『일어학 개론』어문학사(2008)
● 『일본어 음성교육』어문학사(2010)

최근 논문
● 「日本語アクセント核のずれの要因について―外来語の音韻的な要因を中心に―」
　『日本文化研究第29輯』동아시아일본학회(2009)
● 「日本語の外来語アクセントの特徴」
　『日本語文學第43輯』韓國日本語文學會(2009)

개정증보판

일본어학 개론

초판 1쇄 발행일 2010년 2월 25일

지은이 이향란
펴낸이 박영희
편집 이은혜·이선희·김미선
표지 강지영
책임편집 강지영
펴낸곳 도서출판 어문학사
　　　　132-891 서울특별시 도봉구 쌍문동 525-13
　　　　전화: 02-998-0094 / 편집부: 02-998-2267
　　　　팩스: 02-998-2268
　　　　홈페이지: www.amhbook.com
　　　　e-mail: am@amhbook.com
　　　　등록: 2004년 4월 6일 제7-276호

인 지 는
저 자 와 의
합 의 하 에
생 략 함

ISBN 978-89-6184-121-4 13730

정가 15,000원
※ 잘못 만들어진 책은 교환해 드립니다.